KB147836

역사 선생님도 가르쳐주지 않는

# 조선왕조 건강실록

역사 선생님도 가르쳐주지 않는
# 조선왕조 건강실록

**초판 1쇄** 발행일 2017년 10월 20일
**초판 3쇄** 발행일 2017년 12월 30일

**지은이** 고대원 김동율 나향미 박주영 방성혜 서창용 조가영 하동림 황지혜
**펴낸이** 박희연
**대표** 박창흠

**펴낸곳** 트로이목마
**출판신고** 2015년 6월 29일 제315-2015-000044호
**주소** 서울시 강서구 양천로 344, B동 449호(마곡동, 대방디엠시티 1차)
**전화번호** 070-8724-0701
**팩스번호** 02-6005-9488
**이메일** trojanhorsebook@gmail.com
**페이스북** https://www.facebook.com/trojanhorsebook
**네이버포스트** http://post.naver.com/spacy24

(c) 고대원, 김동율, 나향미(Marie Gavart), 박주영, 방성혜, 서창용, 조가영, 하동림, 황지혜, 저자들과
맺은 특약에 따라 검인을 생략합니다.

ISBN 979-11-87440-29-1 (03900)

* 책값은 뒤표지에 있습니다.
* 잘못된 책은 구입하신 곳에서 바꾸어 드립니다.

반전과 미지의 기록《승정원일기》에서 찾은
조선 왕실 사람들 생로병사의 비밀

역사 선생님도 가르쳐주지 않는

조선왕조 건강실록

공저

황지혜
하동림
조가영
서창용
방성혜
박주영
나향미
김동율
고대원

트로이목마
TROJAN HORSE

## 二. 조선 왕실 사람들의 희로애락

## 三. 조선 의료인들의 눈부신 대활약

# 四. 조선 왕실 사람들이 향유한 의료문화

프롤로그

❖ 기록 문화의 꽃, 《승정원일기》

지난 2001년 우리나라의 《승정원일기(承政院日記)》가 유네스코에 의해 '세계기록유산(Memory of the World)'으로 지정되었다. 비교적 낯선 이름의 이 기록물이 무슨 까닭으로 세계가 보존해야 할 인류의 소중한 기록 유산으로 지정된 것일까?

승정원이란 조선시대에 왕명의 출납을 관장하던 관청으로, 지금으로 치자면 대통령 비서실에 해당한다. 《승정원일기》란 승정원에서 국정 전반에 관해 매일매일 기록한 일기로, 여기에는 조선의 정치, 경제, 외교, 문화, 사회, 과학, 의학 등에 관한 광범위한 내용이 담겨져 있다. 1997년에 세계기록유산으로 지정된 《조선왕조실록(朝鮮王朝實錄)》의 글자 수가 5,400만 자인 것에 비하면 《승정원일기》는 2억 4,300만 자를 담고 있다. 글자 수로 비교하자면 조선 왕조 전체의 역사를 기록한 《조선왕조실록》에 비해 《승정원일기》는 약 5배 더 많은 정보를 품고 있는 셈이다. 하지만 《승정원일기》는 조선 전기의 기록은 불타 사라졌고, 조선 후기의 기록만 남겨져 있으므로 동일한 날짜로 비교하자면 실록에 비해 10배 가까이 상세한 내용이 담겨 있다고 볼 수 있다.

인접한 나라 중국의 기록물과도 비교해보자. 중국 전체의 역사를 기록한 《25사(二十五史)》의 경우 모두 합쳐 약 4,000만 자로 구성되어 있다. 얼핏 보아도 《조선왕조실록》이 이보다 더 많은 분량을 담고 있고, 《승정원일기》는 6배 더 많은 분량을 자랑하고 있다. 세계 최대 연대기 기록이라는 중국의 《황명실록(皇明實錄)》은 1,600만 자이다. 그렇다면 《조선왕조실록》은 이보다 3배가 훌쩍 넘는 분량이고, 《승정원일기》는 무려 15배가 더 많은 분량인 셈이다. 우리가 선조들에게서 물려받은 기록 유산은 분량이나 내용면에서 세계적으로 사례가 드물 정도라고 한다. 그 중 국정 전반에 관한 내용을 매일같이 세세히 남긴 《승정원일기》는 과연 '기록 문화의 꽃'이라 볼 수 있을 것이다. 유네스코에서는 이러한 《승정원일기》의 가치를 알아보았기에 자랑스러운 세계기록유산으로 지정했던 것이다.


## ✣ 반전과 미지의 기록에 매료되다

《승정원일기》가 어떤 책인지를 평해보라고 한다면, '반전의 기록' 그리고 '미지의 기록'이라고 말하고 싶다. 반전의 기록이라 하는 이유는 지금까지 알려진 사실과는 정반대의 기록이 《승정원일기》에 실려 있기 때문이다. 《조선왕조실록》은 상대적으로 분량이 짧고 또 한글로 번역되어 온라인 웹사이트에 올라 있다. 따라서 누구나 쉽게 《조선왕조실록》의 내용을 접할 수 있다. 반면 《승정원일기》는 분량이 많을 뿐더러 한글로 번역되어 있지 않은 채 한문 그대로 웹사이트에 올라 있다. 그러다 보니 《승정원일기》는 한문을 해독할 수 있는 전문 연구자가 아닌 한 접근이 어려운 것이 사실이다.

앞서 《승정원일기》는 동일한 날짜에 대해 《조선왕조실록》보다 10배 가까이 더 상세한 기록이 남겨져 있다고 하였다. 《조선왕조실록》의 간략한 내용만 보지 말고 《승정원일기》의 자세한 기록까지 살펴보고 나면, 동일한 사건에 대해서 사실 관계가 달라질 수도 있다는 것을 알게 된다.

예를 들어 어느 왕실 인물의 죽음을 두고서 독살설이 팽배해 있을 수 있었다. 《조선왕조실록》의 기록만 본다면 석연치 않은 죽음 때문에 상대 정치 세력에 의해 독살된 것이 아닌가 의심을 제기할 수 있었다. 그러나 《승정원일기》에 남겨진 상세한 의학 관련 기록을 쭉 살펴보고 나면 독살이 아니라 병사했을 가능성이 훨씬 크다는 사실을 알게 된다. 기존의 독살설에 반전을 제기할 수 있는 근거가 《승정원일기》에 고스란히 담겨져 있는 것이다. 이러니 《승정원일기》를 '반전의 기록'이라고 부를 수 있지 않겠는가!

그리고 미지의 기록이라고 하는 이유는, 특정 사건이나 특정 왕실 인물에 대해 그동안 잘 알려져 있지 않았던 사실 역시 《승정원일기》에 상세히 남겨져 있기 때문이다. 즉 《조선왕조실록》에는 없으나 《승정원일기》에는 있는 기록들이 무수히 많기 때문이다. 한자의 장벽 때문에 지금까지 관심을 가지고 살펴본 연구자가 적었기에 조명 받지 못한 사건이나 인물들이 고스란히 잠자고 있다는 것이다. 아주 간략하게 알려진 사건이지만《승정원일기》의 기록을 펼쳐보면 미처 몰랐던 이야기들이 세세히 적힌 경우가 있었다. 비교적 덜 알려진 왕실의 인물이지만《승정원일기》를 살펴보니 재미있는 사건이 생겼던 경우도 있었다. 이렇게 현재에 잘 알려지지 않은 미지의 사건들이《승정원일기》곳곳에 숨겨져 있으니 어찌 '미지의 기록'이라 부르지 않을 수 있겠는가!

이렇게《승정원일기》라는 기록을 접하면 접할수록 마치 한자라는 암호로 봉인된 보물섬을 탐험하는 것과도 같았다. 어느 페이지에서는 반전이라는 보물이, 또 다른 페이지에서는 미지의 사실이라는 보물이 숨겨져 있었다. 그렇다면 선조들이 남겨준 이 방대한 분량의 역사 기록물에 대해 우리가 좀 더 자랑스러워하고 좀 더 관심을 가져야 하지 않을까?

## ✣《승정원일기》가 맺어준 팀워크

이 책의 저자는 총 9명이다. 이 9명은《승정원일기》라는 공동의 관심사에 대해 애정을 가지고 연구하면서 한자로 적힌 이 암호와도 같은 기록을 살피고 파헤친 동학(同學)이자 동지들이다.

만약 내가 역사 속의 인물인데 나에 관한 오해나 잘못 알려진 사실이 후대에 마치 사실인 양 전해지고 있다면 얼마나 억울할까? 만약 내가 역사 속 인물인데 내가 이룬 대단한 업적이 잘 알려지지 않고 있다면 이 역시 얼마나 서운할까?《승정원일기》라는 소중한 기록과 인연이 닿은 우리는《승정원일기》속 재미있는 기록을 캐내면 캐낼수록 이를 세상에 알리고 싶은 욕구를 공통적으로 느끼게 되었다. 그리고 마침내 의기투합했다. 이 기록들을 그냥 묵혀두지 말고 대중들에게 알리자고 말이다. 각자 연구한 시대나 인물은 다르지만 이 반전과 미지의 기록을 잠자게 두지 말고 세상 위로 끌어올려보자는 공동의 뜻을 모으게 되었다.

선조들이 애써 남겼던 기록을 재조명해서 현대인들에게 알린다면 아주 뜻 깊은 일이 될 것이라는 데에 뜻을 모은 것이다. 그렇게 우리는 한 팀이 되었다.《승정원일기》가 맺어준 팀이 탄생한 셈이다.


## ✣ 정치라는 안경을 벗어던지다

《승정원일기》라는 기록물 속에는 정치, 경제, 사회에 관한 이야기도 있지만 의학에 관한 이야기도 있다. 왕실의 인물들이 언제 어디가 어떻게 아팠고 그래서 어떻게 치료했는지, 매일 시행된 의료 관련 기록이 고스란히 남겨져 있다. 한의학을 전공한 우리 9명의 저자들은 이 기록에 주로 관심을 가지고 살펴보았다. 그러자《조선왕조실록》이나《승정원일기》에 관한 기존의 연구들과는 조금 다른 시선으로 이 기록들을 읽어낼 수 있었다.

《조선왕조실록》이나《승정원일기》가 역사 기록물이다 보니 주로 사학자들에 의해 연구되어왔다. 그러다 보니 역사의 여러 주인공들이 정치적인 잣대에 의해 읽히는 경우들이 많았다. 정치적인 사건의 역학관계를 담당하는 한 축으로서 관련 인물을 해석하는 경우가 많았다는 것이다.

이 책에서는 그들을 바라본 정치라는 안경을 벗어던지고자 한다. 역사의 인물들을 그냥 한 인간으로서 바라보고자 한다. 정치적인 사건을 이야기할 때에는 사건이 우선적으로 중요하고 등장인물은 부수적일 것이다. 하지만 한의학을 연구한 우리 9명의 저자들은 이와는 다른 시각을 가졌다. 오롯이 한 인간으로서의 왕실 인물을 보고자 했고 그들의 생로병사와 희로애락에 대해 이야기하고자 했다. 그러기 위해서는 정치적인 사건은 그저 그들을 잘 이해하기 위한 배경이 될 뿐이었다. 연약한 한 인간으로서 그들이 겪어야 했던 인생의 파고(波高)에 대해 좀 더 애정 어린 시선을 가지고 이야기하고자 한 것이 이 책을 저술한 우리들의 관점이다.

## ⁂ 책의 구성

이 책은 4개의 부(PART)로 구성되어 있다. 1부 '조선 왕실 사람들의 생로병사'에서는 왕실 인물들의 삶과 질병과 죽음에 대해 이야기했다. 《승정원일기》에 남겨진 의학 기록을 통해 그동안 잘 알려지지 않았거나 혹은 잘못 알려진 생로병사에 관한 이야기들을 발굴하여 실어보았다. 2부 '조선 왕실 사람들의 희로애락'에서는 왕실 인물들이 인생을 살아가면서 느꼈을 희로애락에 관한 이야기를 실어보았다. 구중궁궐 깊은 곳에 살면서 한 인간으로서 느꼈을 삶의 기쁨과 슬픔 그리고 고통에 대해서 이야기했다. 3부 '조선 의료인들의 눈부신 대활약'에서는 왕실 안팎 인물들의 뛰어난 활약상에 대해 실었다. 역사의 한 페이지를 장식할 만한 당당한 업적을 이루었으나 미처 잘 알려지지 못하고 묻혀 있는 놀라운 활약상에 대해서도 이야기했다. 마지막으로 4부 '조선 왕실 사람들이 향유한 의료문화'에서는 《승정원일기》에 남겨져 있는 왕실의 의료문화에 대한 이야기를 발굴하여 실어보았다. 왕실의 건강이 곧 나라의 건강이었다고 보았기에 이에 대해서는 모두들 관심이 깊었다. 왕실의 의료문화에는 어떤 특별한 것들이 있었는지 찾아서 이야기해보았다.

미지의 기록 《승정원일기》에는 잠자고 있는 수많은 이야깃거리가 있다. 이 중 의학과 역사를 동시에 연구한 사람들만이 찾아내어서 펼칠 수 있는 특별한 이야깃거리가 있을 것이다. 이제부터 그 이야기들을 시작해보겠다. 혹시라도 자신에 관한 억울한 이야기, 잘못된 이야기, 잘 알려지지 않은 이야기로 인해 저승에서 통탄하고 있는 선조가 있다면 이 책을 그분들에게 바치고자 한다.

저자 일동
2017년 가을

一

조선 왕실
사람들의
생로병사

# 1
# 인조는 소현세자를
# 죽이지 않았다

_ 소현세자

좌부승지 이행우가 아뢰기를,
"오늘 오시(午時, 오전11시~오후1시) 무렵 세자에게 오한으로 떠는
증후가 다시 나타나서 박군, 이형익 등을 입진하게 하였더니, '지난
21일 밤에 갑자기 오한으로 떨었으며 오늘도 다시 이러하니, 이는
틀림없이 학질 증세입니다. 우선 내일 아침에 침을 놓아 학질의 열을
내리고 다시 증후를 살펴서 약을 의논하는 것이 합당합니다.'고 하
였습니다."
라고 하였다.

《승정원일기》 인조 23년 4월 23일

## ❖ 소현세자 독살설, 의혹의 시작

"온몸이 전부 검은 빛이었고, 이목구비의 일곱 구멍에서는 모두 선혈
이 흘러나오므로, 검은 먹목으로 그 얼굴 반쪽만 덮어 놓았으나, 곁에
있는 사람도 그 얼굴빛을 분별할 수 없어서 마치 약물에 중독되어 죽은
사람과 같았다. 그런데 이 사실을 외인들은 아는 자가 없었고 주상도
알지 못했다."

인조 23년(1645년) 6월 27일 《조선왕조실록》에 실린 기록이다.

소현세자는 한 나라의 왕이 될 신분이었음에도 불구하고, 오랜 기
간 타국에서 인질생활을 겪어야 했던 사연 많은 인생을 살았다. 그뿐
아니라 34세의 젊은 나이에 요절하게 되었으니, 그 삶과 죽음이 안타
깝지 않을 수 없다.

세자의 죽음 이후 세자빈 강씨가 역모 혐의로 죽게 되고, 소현세자
의 어린 세 아들 역시 제주도로 유배되어 결국 죽게 되는 일련의 사건

들은, 소현세자의 기구한 삶이 죽음 이후에도 끝나지 않았음을 보여준다.

젊은 나이의 세자가 먼 타국에서 귀국하자마자 갑작스럽게 죽었으니 대부분의 사람들이 그 죽음에 대해서 의심하지 않을 수 없을 것이다. 더구나 소현세자의 시신을 직접 보았다는 사람의 증언이 위의 기록과 같으니 그 죽음에 대한 의혹은 점점 커진다. 조선시대 민간이나 궁중에서 가장 흔히 사용되던 독극물인 비상(砒霜)은 혈액 및 혈관에 병변을 일으켜 전신에 혈관출혈을 발생시킨다. 소현세자의 시신이 검고 이목구비에 출혈이 있었다는 기록을 바탕으로 누군가가 소현세자의 음식이나 약에 비상을 타고, 그것을 먹은 세자가 혈관이 터져 죽음에 이르렀다고 추측하기도 한다.

### ✢ 의심 많은 인조와 왕실 주치의 이형익이 의심스럽다

인조 23년 청나라에 인질로 잡혀 있던 소현세자가 조선으로 돌아오게 되었다. 인조는 세자가 심양에서 청나라 사람들과 교류하며 무역을 하고, 청나라에 있는 조선 사람들을 도와주었던 일들에 대해서 못마땅하게 생각하고 있었다. 소현세자가 백성들의 민심을 얻고, 다음 왕으로서의 입지를 굳건히 하는 것이 마음에 들지 않았다. 세자가 귀국하면서 왕의 자리를 빼앗을지도 모른다는 인조의 의심은 커져갔다. 인조의 후궁 조소용은 끊임없이 소현세자를 모함함으로써 인조로 하여금 소현세자에 대한 미움과 의심을 키우는 역할을 했다.

소현세자가 인조에게 청나라에서 가져온 벼루를 자랑하다가, 분노한 인조가 소현세자의 머리에 벼루를 던졌는데 이것을 맞은 소현세자의 머리에 상처가 덧나서 죽어버렸다는 야사가 전해질 정도로, 소현세자와 인조의 관계는 좋지 않았다. 때문에 소현세자 독살설의 배후로 가장 먼저 거론되는 인물은 인조이다.

그리고 이형익은 세자가 죽기 3일 전, 학질로 진단되었을 때부터 사망 전까지 날마다 침을 놓고 약 처방을 담당했던 어의였다. 소현세자가 만약 독살 당했다면, 세자의 치료를 담당하면서 독살 과정에 직접적으로 개입할 수 있었던 이형익을 의심하는 것은 당연하다. 더구나 이형익은 인조의 후궁 조소용의 집에 출입하면서, 조소용의 어머니와 적절치 못한 관계를 맺었다고도 알려져 있는 인물이다.

이형익은 '인조실록'에서 가장 많이 등장하는 의관으로, 정식으로 어의가 된 것이 아닌 일종의 낙하산이었다. 이후 약 16년간 '번침(燔鍼)'이라는 독특한 침술을 시술하면서 인조의 치료를 거의 전담하였다. 이형익의 번침술은 많은 논란을 야기했지만 인조의 변호로 계속되었다. 또한 소현세자가 죽고 난 이후에도 마땅히 처벌받아야 했지만 인조의 반대로 처벌받지 않았을 만큼 인조의 이형익에 대한 신뢰와 총애는 대단했다. 여러 정황상 어의 이형익은, 소현세자 죽음의 원인이 무엇이든지 간에 가장 직접적인 관련자임은 확실하다. 그리고 그 모든 일은 인조의 사주 혹은 묵인 하에 이루어질 수 있었을 것이다.

그러나 소현세자의 죽음을 독살로 판단하기에는 석연치 않은 부분이 많다. 우선,《조선왕조실록》에 나타난 기록처럼 세자가 사망하였을 때 출혈이 있었다면 당연히 다른 기록이 남아있었을 것이다. 소현세자 사망 당시 출혈이 있었다면 의관이나 궁녀들이 이미 출혈 부위를 닦았을 가능성이 크다. 그렇기 때문에 사실상 실록의 기록이 어느 정도까지 사실인지는 생각해볼 문제이다.

　인조와 세자의 관계를 알고 있는 사람들이, 검게 변한 젊은 세자의 시신을 보면서 독살이라 비약한 것일지도 모른다. 권력 욕심으로 인해 아들을 죽인 비정한 아버지가 되어 있는 인조는 억울할지도 모른다. 의사로서의 윤리를 버리고 약에 독을 탔다는 의심을 받는 이형익 역시 할 말이 많을지도 모른다. "소현세자의 병을 잘못 진단하여 잘못된 방향의 치료를 한 죄는 있을지언정 살인의 의도는 없었다."고 항변할지도 모르는 것이다.


## ✛ 오랜 귀양생활로 얻은 소현세자의 병증

인조 15년(1637년) 2월 8일, 26세의 소현세자는 두려운 마음을 안고 한양을 떠나 심양으로 향했다. 따뜻한 궁궐 안에서 온실 속의 화초로 자란 세자가 심양으로 가는 길은 신체적, 정신적으로 힘들 수밖에 없었다. 인질이라는 신분으로 청나라 군사의 막사에서 찬바람을 맞으며 노숙해야 하는 소현세자가 병이 든 것은 당연했다.

　인질로 잡혀가는 여정에서 바로 감기에 걸리기 시작하는데, 그 당시만 해도 젊고 건강했던 세자는 3일에 걸친 치료로 금방 나았다. 하지만, 4월 10일 심양에 도착한 세자는 한 달이 넘도록 질병에 시달렸다. 세자보다 세자빈 강빈의 상태가 더 심각했다. 이후 세자와 강빈의 병세가 심각해지는 경우에는 본국에 보고하고 처방전 및 약물을 받아 치료하였다.

심양에서의 인질생활 1여 년 뒤부터 세자는 산증(疝症)으로 고생하기 시작했다. 산증은 고환이 아프거나 아랫배가 당기고, 대소변을 잘 보지 못하는 증상을 말한다. 한의학에서는 이러한 산증을 찬 기운이 뭉쳐서 생긴 것으로 보는데, 볼모생활의 울화병과 체력 저하, 날씨의 차이로 인한 것이다. 청나라 장수 용골대는 "세자의 병은 갑작스러운 산증이 아닙니다. 너무 염려해서 병든 것이 분명합니다. 국왕이 세자를 보낼 때 당부한 경계가 있어 지나치게 신경 써서 손상돼 병든 것입니다. 마음을 넉넉히 갖고 신중히 조섭(調攝, 병 치료를 위해 위생을 잘 지키고 음식 조절을 잘하는 것)하시기 바랍니다."라고 했다. 그 이후에도 세자는 눈의 통증, 잦은 감기와 두통 등의 증상을 자주 앓았다. 독살이라 믿는 사람들의 생각처럼, 세자가 젊고 건강했던 것이 아니었다. 또한 귀국 후에 갑작스럽게 죽게 된 것 역시 아님을 주목해야 한다.

인조 22년(1644년), 소현세자는 오랜 귀양생활로 허약해진 몸을 이끌고, 드디어 한양으로 출발하게 되었다. 귀국하기 전 4월에서 6월까지는 청나라 구왕(九王) 도르곤과 함께 군대를 따라다녔고, 이후 8월부터는 북경에서 3달 정도 머무르다가 11월 26일에서야 귀국길에 오르게 된다. 귀국 이전부터 계속 이어져온 여정은 세자의 심신에 무리가 되었다. 심양에서 한양까지의 수천 리 길 역시 쉽지 않은 과정이었다. 평소의 지병과 여독으로 인해 세자는 아프기 시작했다.

"세자의 안색을 우러러 뵈니 자못 피곤하고 편치 못한 기색이 있으니 걱정스러움을 이기지 못하겠습니다."

청나라에서부터 동행한 칙사가 말할 정도였다.

인조 23년(1645년) 2월 17일 벽제에 도착한 소현세자는, 쿨럭쿨럭

기침이 계속 나오면서 숨이 가빠왔다. 가슴이 답답하고 정신을 못 차릴 정도의 피곤이 몰려왔다. 3월 23일경에는 천식과 숨찬 증상이 더 심해지면서, 옆구리가 당기고 가슴이 응어리지고 답답한 증상이 지속되었다. 4월이 되어 봄바람이 불고 날씨는 따뜻해지는데, 병증은 나을 기세가 없고 도리어 우측 다리가 가려워 벅벅 긁어대고 있었다. 온몸이 무겁고, 너무 피곤하여 일상생활도 힘들 지경이었다. 입이 쓰고 입맛이 뚝 떨어지고, 머리가 핑핑 돌면서 어지러웠다.

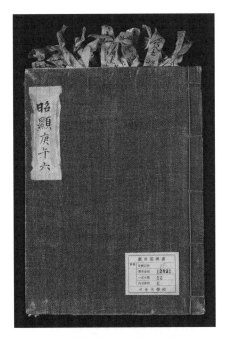

**소현세자 《동궁일기》 제6권(규장각한국학연구원 제공)**
소현세자의 《동궁일기》는 세자의 교육 담당 기관인 시강원(侍講院) 관리들이 매일 작성한 것이다. 소현세자의 성장, 교육, 일상생활 등 왕세자 책봉부터 사망까지의 일들이 꼼꼼히 기록되어 있다. 일기의 기록에 따르면, 건강했던 소현세자가 인질생활로 심한 스트레스와 각종 질병에 시달렸다고 한다.

❖ **소현세자 죽음의 진실**

소현세자의 죽음은 당시 어의의 진단처럼 학질로 인한 것도 아니었고, 세간의 소문처럼 독살로 인한 것도 아니었다. 소현세자는 만성화된 간 기능 저하로 인해 지속적인 어지럼증, 만성피로 등의 전신 증상을 호소해왔던 것으로 보인다. 만성 간 기능 저하는 혈액순환 장애로 인한 혈관염을 가져올 수 있다. 소현세자의 우측 하지의 피부 병변 역시 혈관염이 원인이 된 것이 아닌가 추측된다.

까맣게 타버린 시신의 얼굴과 사망 당시의 출혈 역시, 간 기능 저하와의 연관성을 배제할 수 없다. 이러한 소현세자의 전신적인 기력 저하는, 죽기 직전 기침 및 호흡곤란 증상을 보이는 폐렴을 유발하였다. 폐렴으로 고통 받던 소현세자는 결국 사망하게 되었다. 간 기능 저하와 함께 온 폐렴 증상의 악화가 소현세자의 직접적인 죽음의 원인이 되었다.

인조는 소현세자에게 왕위를 빼앗길지도 모른다는 의심과 미움을 숨기지 않고 드러냈지만, 그렇다고 해서 인조가 아들을 죽일 만큼 비정한 아버지는 아니었다. 타국에서의 고된 인질생활에서 얻게 된 심적 고통과 질병으로 인해, 소현세자는 짧고 한 많은 생을 마감하게 되었다.

● 참고문헌

《승정원일기》
김종덕, 〈소현세자 병증과 치료에 대한 연구〉, 서울대학교 규장각 제31집, 2007
김남윤, 〈소현을유동궁일기로 본 소현세자의 죽음〉, 서울대학교 규장각 제32집, 2008
윤석희, 〈학질의 개념과 말라리아의 관계 연구 – 소현세자의 질병기록을 중심으로〉, 경희대학교, 2012

# 2
# 무지에서 비롯된
# 조선 최악의 의료사고

_효종

놀란 백관들이 황급히 합문(閤門) 밖에 모였다. 이윽고 상이 삼공(三公, 좌의정, 우의정, 영의정), 송시열, 송준길, 내의원 제조를 부르라 명하였다. 도승지와 사관 그리고 모든 신하들이 뒤따라 들어가 상의 침전 아래 엎드렸다. 상이 승하하자 왕세자가 가슴을 치며 통곡하였다. 승하한 시간은 사시(巳時, 오전 9시~11시)에서 오시(午時, 오전11시~오후1시) 사이였다.

《승정원일기》 효종 10년 5월 4일

## ❖ 북벌의 실체는?

청나라에서 조선으로 귀국한 지 3개월 만의 일이었다. 소현세자의 사망은 많은 이들에게 적잖은 충격을 주었다. 머나먼 청나라의 수도 심양에 머물고 있던 동생 봉림대군은, 형이 귀국한 이후 학질(말라리아, 몸을 벌벌 떨며 주기적으로 열이 나는 급성 열성 전염병)을 앓던 끝에 사망했다는 소식을 듣고 목 놓아 오열하였다. 정신이 아득하고 몸을 가누기 힘겨웠지만 형님의 장례를 치르기 위해 급히 조선으로 돌아왔다.

인조는 친아들의 사망에 관한 진상 파악은 하지 않은 채 상복을 단 일주일만 입고 벗어버렸다. 그리고 서둘러 다음 세자 책봉식을 진행하였다. 신하들은 법도에 따라 소현세자의 장남 경선군이 다음 세자가 될 것이라 예상했지만, 인조는 둘째 아들 봉림대군에게 왕위를 물려주었다.

인조 27년(1649년) 5월, 청나라에 대한 복수를 이루지 못한 인조가 승하하고, 다음 임금 효종이 31세의 나이로 즉위하였다. 효종은 문무를 겸비한 총명한 왕이었으며, 세자 책봉식 이후 술은 단 한 모금도 마시지 않았다. 일평생 과도한 스트레스와 업무에 억눌려 지냈으며 당뇨로 인한 합병증으로 눈병과 피부병 등을 앓았다. 조선군의 무기를 조총과 화포로 무장시키며 성곽을 쌓아올렸고, 백성과 양반에게 세금을 많이 걷어 군자금으로 활용하였다. 백성들은 농번기에도 군사 훈련에 동원되었기 때문에 막대한 세금을 부담하기가 버거웠다.

효종 10년(1659년) 3월 11일, 효종은 송시열을 은밀하게 불러들였으니, 이를 '기해독대(己亥獨對)'라고 한다. 서인의 거두 송시열은 인조반정 때 큰 공을 세운 반정공신이었다. 인조가 승하한 이후로는 효종의 스승이자 믿음직한 충신으로서 자리를 지켰다. 효종과 송시열, 이 두 사람이 나눈 비밀스러운 대화의 내용은 무엇일까? 송시열이 유배 중에 쓴 서적《송서습유(宋書拾遺)》중에서 제7권 '악대설화'의 한 대목을 들춰보자.

"현재 조선의 군사력이 청을 따라갈 수 없다는 건 잘 알고 있소. 경은 앞으로 10년간 철저히 계획을 세워 북벌에 대한 준비를 하길 바라오."

사실 효종 본인도 두려웠던 것이다. 청나라는 10만 명의 대군을 끌고 조선으로 침입하여 '병자호란(丙子胡亂)'을 일으킨 군사 강국이었다. 300여 명의 기마 선봉대가 청나라의 심양에서 출발하여 6일 만에 지금의 평양 지역에 도달하자 인조는 한양을 포기하고 서둘러 남한산성으로의 피난길에 올랐다. 병자호란 이후 청나라의 위세는 더욱 강해졌다. 기해독대에서는 조선의 군사력을 강화시켜야 한다는 의견은 일치했으나, 어떻게 물자를 조달하고 어떤 식으로 청나라를 정벌

할 것인지에 대한 현실적인 계획을 세우지 못하였다. 북벌이라는 단어는 실체 없는 이념이었을지도 모른다. 북벌을 명분으로 내세워 즉위한 왕 효종에게 청나라라는 존재는 재위기간 내내 근심을 주는 혹덩어리이자 종기가 아니었을까.

### ✣ "얼굴에 난 종기가 심상치 않구나."

효종 10년(1659년) 4월 27일 효종의 오른쪽 수염 부근에 작은 부스럼이 생겼다. 유후성을 포함한 어의들은 대수롭지 않게 여겼다. 부스럼의 독기를 제거하는 탕약과 차를 올렸고, 고약을 연이어 발랐다. 하지만 부스럼은 점차 커서 종기처럼 크게 부어올랐고 열감과 통증이 커졌다. 바르는 고약이 효과가 없자 이번에는 종기의 독을 해독하는 효능을 가진 피마자 잎을 찧어 붙였다. 엎친 데 덮친 격으로 효종이 아끼던 세자가 학질에 걸렸다. 세자는 지속적으로 학질을 치료하는 탕약을 복용함으로써 병세를 회복했지만, 효종의 병은 큰 차도가 없었기 때문에 의관들이 심히 답답해하였다.

"병이 심상치 않구나."

5월 1일 차도가 없자 효종은 의관들에게 본인의 종기를 대수롭지 않게 여기지 말고 치료에 최선을 다하라고 명하였다. 5월 2일 전남 순창의 한 민가에서 네 개의 다리가 앞뒤로 달리고 꼬리에 두 개의 다리가 달린 병아리가 태어났다. 나라에 흉흉한 사건이 발생하기 전에 먼저 나타나는 불길한 징조였다. 5월 3일 효종이 설사를 하고 편전에 나가지 못할 정도로 몸 상태가 악화되었다. 의관들은 매우 당혹해하며 악성 종기의 고름을 터트려 배출시켜주는 탕약을 올렸다. 5월 4일 편전에 나가지 못하고 병상에 누워 끙끙대던 효종의 뇌리에 한 의관의 이름이 스쳐 지나갔다.

"신가귀! 그래, 그 자를 불러라. 그 자라면 내 병을 고칠 수 있을 것이다."

## ✢ 신가귀의 등장으로 뒤바뀐 조선의 운명

신가귀, 그가 누구던가?

효종 9년(1658년) 6월, 효종이 말에서 떨어져 다치는 낙상 사고가 발생하였다. 다리의 혈관이 터져 멍이 들었고 환부가 부어올라 종기처럼 커졌다. 효종은 의관 신가귀에게 침 치료를 시행하도록 명하였고 6월부터 7월까지 약 1개월간의 침 치료를 받았다. 신가귀는 다리에 생긴 종기를 침으로 찔러 피를 내는 방법을 활용하였다. 다리의 피고름이 많이 제거되자 붓기와 통증이 점차 가라앉았고 시간이 지나 종기가 깔끔하게 치료되었다.

그로부터 1년이 지났다. 신가귀는 앓고 있던 수전증이 점점 심해져 입궐하지 않고 집안에만 머물러 있었다. 몸이 편치 않은 상태였지만 임금의 다급한 부름을 무시할 수 없어 당일에 급히 입궐하였다. 세자와 어의들은 손을 떨고 있는 신가귀를 대면하자 침 치료를 맡기는 것이 굉장히 불안했다. 그러나 임금이 신가귀에게만 침을 맞겠다고 고집을 부리니 다른 방도가 없었다.

진시 초(약 오전 7시) 임금의 맥을 짚었다. 그 자리에는 신가귀 외에 내의원의 세 제조, 의관 유후성, 박군, 조징규, 최핵, 이후담이 함께 있었다. 임금의 상태를 살펴본 신가귀는 조심스럽게 대답하였다.

"종기의 독이 얼굴로 퍼져 농이 생겼으니 반드시 침으로 나쁜 피를 제거해야 효과를 볼 수 있습니다."

듣고 있던 유후성이 반대하였다.

"종기의 상태가 심각하니 경솔하게 침을 놓아서는 안 됩니다."

효종은 1년 전 신가귀에게 침을 맞은 후 빠른 차도를 겪어봤기 때문에, 이번에도 침 치료로 금방 회복할 것이라 여겨 유후성의 말을 무시하고 신가귀에게 침을 놓으라 명하였다.

세자는 아침 수라를 먼저 들고 침을 맞기를 권하였으나, 효종은 침을 먼저 맞은 후 수라를 들겠다고 하였다. 신가귀가 침으로 종기를 째자 고름이 조금씩 나오기 시작하였다. 임금은 고름이 많이 나오자 만족해하며 미소를 보였다.

"이제 좀 시원하니 살 것 같구나. 가귀가 아니었으면 큰일 날 뻔했다."

고름이 어느 정도 나온 다음 검붉은 피가 나오기 시작하였다.

'이 피고름만 다 빠지면 임금이 병석에서 완전히 회복하리라.'

그러나 모두의 예측은 빗나갔다. 출혈이 계속 되어 피가 샘솟듯이 콸콸 쏟아졌다. 그제야 무언가 잘못되었다는 것을 느꼈다.

"급히 혈갈을 가루 내어 들이라!"

"왜 이리 늦느냐. 혈갈을 많이! 최대한 빨리 들이라!"

응급 상황이었다. 한시가 급했다. 혈갈은 출혈을 멈추는 데 효능이 있는 기린갈나무의 진이다. 가루 낸 혈갈을 출혈 부위에 발랐으나 이미 종기의 독이 흉부까지 퍼진 상태라 효용이 없었다.

임금이 숨을 헐떡거리기 시작하였다.

"석회 가루, 혈갈 가루, 자단향 가루, 괴화 가루, 백초상 가루, 와분 가루 등, 지혈해주는 약재는 모두 들이라."

의관들이 와서 아뢰었다.

"성상의 상태가 좋지 않습니다. 청심원, 죽력, 강즙을 올렸고, 독삼탕도 달여 올렸습니다. 독삼탕을 계속 달이고 청심원, 동변, 죽력, 강즙도 계속 들이겠습니다."

환자가 혼절할 때 흔히 복용하는 청심원과 독삼탕을 달여 올렸다.

41세의 효종에게는 아직 해야 할 일이 남았으니, 10년간 군사를 키우고 북벌을 성공시켜 아버지의 한을 풀어드리는 일이었다. 보위를 이을 세자와 더 많은 시간을 함께 보내면서 찬찬히 가르쳐주려고 했던 것들도 많았다. 피가 쏟아지기 시작한 지 대략 5시간이 흘렀다. 임금의 얼굴이 점점 잿빛으로 변해가고, 호흡이 점차 거칠고 힘들어졌다. 왕실에서 처음 겪는 과다 출혈이라는 응급 상황에 의관들은 어찌할 줄 모른 채 발만 동동 구를 뿐이었다. 임금은 생이 다해가고 있음을 직감했다. 남은 힘을 모아 힘겹게 삼공, 송시열, 송준길과 내의원 제조를 불렀다.

임금에 부름에 달려온 신하들은 엎드린 채로 흐느끼며 임금의 마지막 유언을 받들었다. 효종은 세자를 잘 부탁한다는 말 한 마디를 남기고 그날 정오경 창덕궁 대조전에서 승하하였다. 허망한 죽음이었다. 아버지의 사랑을 듬뿍 받았던 왕세자는 대성통곡했다.

효종 사망 후 의관 신가귀와 유후성은 어떻게 되었을까? '현종실록'
에 따르면, 현종 즉위년(1659년) 5월 신가귀와 유후성 등 6명의 의관
을 국문하고 의금부에 하옥하였다. 신가귀가 심한 수전증을 앓아 떨
리는 손으로 침을 놓다가 혈관을 잘못 건드려 효종이 사망했다는 점
과, 유후성이 임금의 병을 작은 부스럼이라고 가벼이 여기고 신가귀
가 침을 놓으려 할 때 강하게 말리지 않은 점을 죄목으로 꼽았다. 대
신들은 임금 승하 시 그 책임이 있는 어의를 사형하는 조선의 형법에
따라 신가귀와 유후성의 참수형을 강력하게 요구했다.

하지만 현종은 이제껏 큰 공을 세워온 두 의관들을 차마 죽일 수 없

**영릉, 효종릉과 인선왕후릉(세종대왕유적관리연구소 제공)**
경기도 여주시 능서면 왕대리에 소재하는 사적 제195호 영릉은 조선 제17대 임금 효종(1619년~1659
년)과 인선왕후 장씨(1618년~1674년)의 능이다. 보통의 왕릉과 왕비릉은 바로 옆에 나란히 위치하고 있
다. 하지만 영릉은 풍수지리 상 왕릉과 왕비릉이 떨어져 있는 쌍릉의 형태를 보이는데 이는 조선 최초의
쌍릉이다.

었다. 신가귀는 효종이 침을 잘 놓는다고 칭찬을 아끼지 않았던 의관이었고, 유후성은 인조와 효종에 이어 현종 본인의 병을 도맡았던 침 실력이 아주 뛰어난 침의(鍼醫)였다. 수전증을 앓던 신가귀가 죽을 날이 얼마 남지 않자 그가 불쌍하다고 하시던 아버지 효종의 생전 모습이 눈에 선했다. 절체절명의 순간에 신가귀에게 몸을 맡긴 것도 바로 효종이었다. 몸이 편찮아 입궐하지 않을 수도 있었는데 효종의 부름에 당일에 달려와 의관으로서 최선을 다해주었기 때문에 현종은 신가귀에게 미안한 마음이 들었다.

심성이 고운 현종은 신하들의 끊임없는 상소에 시달리다가 신가귀의 형벌은 참수형 대신 교수형으로 감하고, 유후성은 의주로 귀양 보내는 것으로 이 사건을 마무리지었다. 이 당시 현종은 건강이 좋지 않았기 때문에 형의 집행을 미루고 유후성에게 침을 맞았다. 6월 10일 신가귀를 교수형에 처하였고, 현종이 병에서 회복하자 유후성을 의주로 귀양 보냈다.

이듬해 대비 장렬왕후가 병을 앓자 현종은 다시 유후성을 불러 어의로 복직시켜주고 침을 놓게 하였다. 대비의 증세가 호전되자 신하들의 반발을 무릅쓰고 '정1품 보국숭록대부'라는 벼슬을 내렸다. '보국숭록대부(輔國崇祿大夫)'는 《동의보감》을 저술한 허준이 사망하자 그의 죽음을 애통하게 여긴 광해군이 내려준 벼슬이다. 조선에서 보국숭록대부에 봉해진 의관은 허준과 유후성 오직 두 사람 뿐이라 하니, 현종이 얼마나 유후성을 아꼈는지 짐작할 수 있다. 그 이후로도 현종은 휴가를 신청한 유후성에게 잘 쉬다 오라며 말을 직접 내어주는 등 파격적인 대접을 해주었다.

침으로 종기를 째는 치료를 받다가 과다 출혈로 사망한 효종의 이야기는 조선 최악의 의료사고로 꼽을 수 있다. 현대 의학으로 설명하자면, 효종은 당뇨병성 미세혈관병증을 앓았다. 당뇨병성 미세혈관병증은 당뇨병의 합병증이면서 혈관이 얇아지는 것이 특징이다. 혈관이 막혀서 피가 잘 통하지 않아 얼굴, 손, 발이 장미색으로 변하고, 차가워지고, 심해지면 궤양이 생기기도 한다. 혈관이 잘 터져 출혈이 쉽게 생기고 지혈이 잘 되지 않을 수 있으므로 당뇨병을 앓고 있는 환자는 넘어지거나 부딪히지 않게 조심해야 한다.

효종의 경우도 혈관이 점차 막혀서 두면부에 종기가 생겼을 것이라 추정된다. 종기를 쨀 때 의관 유후성의 경고를 한 번 더 생각해봤더라면 더욱 좋았을 뻔했지만, 누가 침 시술을 하든지 간에 출혈로 사망할 가능성이 있었기 때문에 운이 좋지 않았던 신가귀의 입장에서는 억울하지 않았을까.

● **참고문헌**

《승정원일기》
이원준, 《야사로 읽는 조선 왕들의 속마음》, 이가출판사, 2015
강도현, 〈'승정원일기'의 의안을 통해 살펴본 효종의 질병과 사인〉, 경희대학교 일반대학원 석사학위논문, 2010.

# 3
# 인현왕후 죽음의 진범
_ 인현왕후

내의원에서 아뢰기를,
"의녀에게 전해 듣기로는 중궁전의 다리가 아픈 징후는 오른쪽이 더
심한데, 환도 혈 윗부분의 허리뼈 근처에서 현저하게 붓기가 있고 통
증을 참기가 어려울 지경이며 야간에는 통증이 배로 극렬해진다고
합니다."
라고 하였다.

## ❖ 장희빈, 저주를 퍼붓다

숙종 20년(1694년) 희빈으로 강등되어 취선당으로 쫓겨나다시피 한 후 장희빈은 이를 갈았다. 무녀와 점쟁이를 불러 인현왕후를 죽이기 위한 모의를 시작했다. 취선당의 서쪽에 신당을 차려 인현왕후의 성씨와 생년일시를 써서 걸어놓고 여러 색깔의 비단으로 귀신 모양을 만들어 앉힌 후 밤낮으로 빌었다. 또한 인현왕후의 초상화를 그려 벽에 붙이고 하루 세 번씩 초상화에 화살을 쏘았다. 종이가 헤지면 또 다른 초상화를 벽에 걸어 화살 쏘기를 계속했다.

또한 흉측한 해골을 구해와 이를 가루 내어 인현왕후 거처의 섬돌 아래에 몰래 묻었다. 또 이 해골 가루를 솜에 뿌린 후 비단 속에 넣어 옷을 지어 인현왕후에게 선물이라며 올렸다. 그러나 왕비는 이를 받지 않았다. 할 수 없이 날마다 신당에서 죽기를 빌고 또 빌었다.

수년간 지극정성으로 퍼부은 저주가 효험이 있었던 것일까? 마침내 인현왕후에게 병이 찾아왔다. 숙종 26년(1700년) 인현왕후에게 갑자기 허리 부위가 붓고 아픈 병이 생겼다. 신이 난 장희빈은 해골 가루를 넣어 만든 비단 옷을 다시 한 번 더 인현왕후에게 올렸다. 직접 올리면 받지 않을 것이 뻔하므로 이번에는 세자에게 옷을 쥐어주며 왕비에게 올리도록 했다. 아무것도 모르는 세자는 친모가 전해준 옷을 부디 받아 달라며 눈물로 간청했다. 인현왕후는 할 수 없이 저주가 서린 비단 옷을 받아들었다. 이후 인현왕후의 병은 더욱 심해졌고 숙종 27년 마침내 사망에 이르렀다.


## ✛ 남편의 모진 박대

인현왕후는 천연두로 사망한 인경왕후의 뒤를 이어 숙종 7년(1681년) 열다섯 살의 나이에 숙종의 두 번째 왕비로 책봉되어 궁에 들어왔다. 당시 남편인 숙종의 마음은 온통 후궁 장씨에게 쏠려 있었다. 장씨가 아들을 생산하자 숙종은 이 아들을 세자에 책봉하고자 했다. 이를 둘러싼 서인과 남인 간의 싸움 끝에 숙종 15년(1689년) 인현왕후는 그만 폐서인이 되어 궁에서 쫓겨나고 말았다.

숙종은 쫓아낸 인현왕후를 무척이나 박대했다. 폐서인시킨 지 얼마 후에 상소가 올라와 폐비가 먹고 살 수 있도록 쌀을 내려줄 것을 청했다. 하지만 숙종은 타당한 일이 아니라면서 이를 거절했다. 일년 후 다시 상소가 올라왔다. 폐비가 외롭게 살면서 입고 먹을거리를 스스로 대어가고 있으니 전하께서 부디 식량을 내려주시기를 간청했다. 그러나 숙종은 매우 경솔한 상소라면서 이를 또 거절했다. 다른 신하가 연이어 상소를 올려 폐비의 집에 친척도 드나들지 않고 잡초

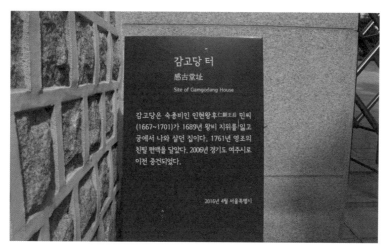

**안국동 덕성여고 정문에 위치한 감고당터 표석(방성혜 제공)**
인현왕후는 폐위된 후 친정집인 감고당에서 거처했다. 감고당 건물은 원래 서울시 종로구 안국동에 있었으나 1966년 도봉구 쌍문동으로 옮겨졌고, 2006년에는 여주시로 옮겨졌다.

가 무성하며 땔나무와 쌀이 곤궁하니 부디 옷과 양식을 내려주는 은혜를 베풀어 달라 청했다. 그러자 숙종은 다시는 이런 상소를 올리지 말라 명했다.

일 년 후 또 상소가 올라왔다. 비록 폐비가 되기는 하였으나 한때 국모였던 분이니 여염집에 살게 하지 말고 예로써 대우하여 별궁에 거처케 한 후 식량을 내려 달라 청했다. 그러자 숙종은 상소를 올린 신하를 삭탈관직시켜버렸다. 그리고 다시 한 번 더 폐비의 일을 거론하는 자가 있다면 중벌로 다스리겠다고 엄포를 놓았다.

이렇게 숙종은 인현왕후를 쫓아낸 후에도 모질게 박대했다. 그러니 인현왕후는 폐서인이 된 후 매우 곤궁하게 살아야 했다. 끼니를 제대로 잇지 못하는 날이 부지기수였다.

5년간의 모진 세월을 보낸 후 숙종 20년(1694년), 인현왕후는 마침내 복위되었다. 하지만 그동안의 혹독한 세월은 병을 안겨주었다. 다시 입궁하여 왕비 책봉의 예를 치른 지 얼마 지나지 않아 복통과 구토의 증세가 찾아왔다. 또한 옆구리 부위에 웬 덩어리가 생겨 있었다. 지난 세월의 박대가 미안했던 숙종은 내의원으로 하여금 극진히 치료하도록 명했고 다행히 복통과 구토의 증세는 조금씩 호전되어 갔다.


## ✛ 죽음에 대한 단서

6년의 세월이 흐른 후 인현왕후에게 또다시 병이 찾아왔다. 이번에는 다리의 통증이었다. 서른네 살에 시작된 이 병은 일 년 반의 시간동안 인현왕후를 무척이나 괴롭혔고, 결국 서른다섯 살의 젊은 왕비를 저승길로 이끌고 말았다.

이후 장희빈이 왕비를 저주한 사실이 발각되어 희빈 역시 사망에 이르게 되었다. 《조선왕조실록》의 기록에 의하면, 인현왕후의 발병에 관한 기록은 총 19건인데, 이 중에서 증상에 관한 구체적인 언급은 8건에 불과하다. 다리의 통증이 있다, 복부까지 부었다, 옆구리에 고름이 생겼다, 수라를 들지 못한다 등의 언급에 그치고 있어서 인현왕후가 무슨 병으로 사망했는지 자세히 파악하기가 힘들다. 하지만 동일한 기간 동안의 《승정원일기》를 살펴보면 왕비의 질병에 관해 무려 2,000여 건의 언급이 있으며, 이 중 증상에 관한 구체적인 언급은 450여 건에 육박한다.

장희빈이 인현왕후를 저주했던 사실과 《조선왕조실록》의 간략한 기록 때문에 자칫 인현왕후가 장희빈의 저주 탓에 원인을 알 수 없는 괴병에 걸려 죽었다고 생각할 수 있다. 하지만《승정원일기》속에는 인현왕후가 어떤 병에 걸려서 어떻게 죽음에까지 이르렀는지 그 상세한 과정이 적혀 있다. 과연 장희빈의 저주 탓에 사망한 것인지 혹은 죽을 수도 있는 병에 걸려 사망한 것인지 지금부터 그 역사의 페이지를 펼쳐보자.


## ∴ 환도 혈의 통증이 매우 심하다

숙종 26년 3월 26일, 중궁전을 담당하는 의녀는 왕비의 병세에 대해 황급히 아뢰었다.

"중전마마의 다리에서 통증이 생겼는데 특히 오른쪽 환도 혈 윗부분의 허리뼈 근처에서 붓기와 통증이 매우 심하옵니다."

환도 혈이란 고관절에 위치한 혈자리의 이름이다. 즉, 고관절 부위에 통증의 근원이 있었던 셈이다. 중전의 몸에서는 열이 끓었고 시간이 지날수록 통증의 정도도 더 심해졌다. 심지어는 전신에서 경련이 생겨 의관과 의녀를 화들짝 놀라게 만들었다.

"의녀가 전하는 말을 들으니 중전마마께서 새벽부터 다리의 근육이 떨리는 증상이 있었는데 이제는 온몸을 떨고 흔드니 신들이 놀라고 두렵습니다."

이 소식을 장희빈이 들었다면 이는 저주의 효과가 나타난 것이라며 더욱 신이 나서 화살을 쏘고 기도를 올렸을지도 모르겠다. 이렇게 궁궐을 깜짝 놀라게 만든 경련 증상은 20일 동안 이어지다가 겨우 진정되었다. 경련이 진정되자 이번에는 통증이 있던 환도 혈 부위에서 고름이 가득 차오르기 시작했다. 절개용 침을 써서 환부를 찢고 고름을 짜내었다. 그러나 병세는 쉬이 가라앉지 않았다.

"허리뼈 아래쪽 부위의 종기를 찢은 후에 고름이 잘 흘러나오고 있기는 하나 중전마마는 아직 기운이 없으시고 다리의 통증은 여전하며 침수 또한 불안하다고 하옵니다."

그렇다. 인현왕후의 병은 바로 종기였다. 고관절의 환도 혈을 가득 채우고 있는 저 고름은 바로 종기 때문에 생긴 것이었다. 환부를 찢고 배농을 했음에도 불구하고 병세는 더욱 퍼졌다. 이제는 오른쪽 옆구리 부위에서도 고름이 차오르기 시작했다. 이 곳 역시 침으로 찢어서 배농했다.

"중전마마의 오른쪽 옆구리 아래쪽의 통증이 여전히 고통스럽고 종기를 찢은 곳의 아래쪽이 높이 부어서 손으로 누르면 피부와 근육이 서로 분리될 지경입니다. 여러 어의가 상의한 바로는 이는 종기의 독이 고여 있다가 주위로 퍼져 들어간 소치로 보입니다."

내의원에서 온갖 노력을 기울였지만 인현왕후의 병세는 잡히지 않았다. 오히려 복통, 구토, 설사까지 겹쳐서 일 년간 왕비를 계속 괴롭혔다. 구토로 인해 수라를 들지 못해서 죽으로 겨우 연명했으나 이마저도 토하기 일쑤였다. 결국 인현왕후는 가슴이 답답하고 손발이 싸늘해지며 붉은색의 소변이 나오더니 숙종 27년 8월 14일 일 년 반에 걸친 고단한 투병을 마치고 저승길로 향하였다.

인현왕후는 장희빈의 저주 때문에 죽은 것이 아니었다. 고관절 깊이 위치한 환도 혈에 생긴 종기를 앓다가 죽은 것이었다. 독기를 온전히 제거하기가 힘든 깊은 곳에 종기가 생겼기에 병세가 옆구리와 복부에까지 퍼졌던 것이다. 처음에는 고관절 부위에서 종기가 생겨 통증과 고름이 나타났고, 중간에 뇌수막염이 생겨 경련의 증상이 나타났으며 점차 독기가 복부로 퍼져 복통, 구토, 설사가 나타나는 복막염이 되었고, 마침내는 독기가 심장에까지 미쳐 사망에 이르렀던 것이다. 인현왕후가 사망한 이유는 장희빈의 저주가 아니라 바로 환도 혈에 생긴 악성 종기였던 것이다.

**인현왕후 초상화(경북 울진 불영사 소장)**
경북 울진 불영사에는 인현왕후의 영정이 안치되어 있다. 인현왕후가 자결을 결심한 후 독약을 앞에 두고 울다 지쳐 잠깐 잠이 들었는데 꿈에 불영사의 노승이 나타나 3일만 기다리면 좋은 일이 있을 것이라고 말한 후 홀연히 사라졌다. 인현왕후가 이 꿈을 기이하게 여겨 3일을 더 기다렸더니 과연 궁에서 전갈이 당도하여 복위하게 되었다. 왕비가 환궁한 후 그 불은에 보답하기 위해 불영사 사방 십 리 땅을 하사했다는 이야기가 전해지고 있다.

그러나 이는 의학적인 사망 원인일 뿐, 인간적인 사망 원인은 따로 있다고 본다.

인간이 받는 스트레스를 수치화했을 때, 1위가 배우자의 사망, 2위가 이혼, 3위가 별거라고 한다. 인현왕후는 본인의 의사에 의해 합의 이혼을 했던 것이 아니라 일방적으로 이혼 통보를 받았던 셈이다. 게다가 숙종은 먹을 쌀조차 챙겨주지 않았다. 본인의 외도 때문에 본처를 강제 이혼시키면서도 생활력이 없는 본처에게 위자료도 주지 않았던 셈이다. 숙종은 이별을 하면서 인간적인 예의를 지키지 않았다. 그러니 인현왕후의 심정이 얼마나 처참했을까?

복위되어 환궁한 직후 인현왕후가 복통과 구토의 증세를 앓았을 때 옆구리에 웬 덩어리가 생겨 있었다. 인현왕후가 참고 견뎌야 했던 그 억울함이 쌓이고 쌓여 덩어리가 되어버린 것은 아닌지 모르겠다. 젊은 아내가 종기라는 병을 이겨내지 못하고 사망한 데에는 이 모든 비극을 연출했던 그 남편에게 인간적인 책임이 있다고 볼 수 있지 않을까?

● **참고문헌**

《승정원일기》
작자 미상, 《인현왕후전》, 두산동아, 2010
방성혜, 〈인현왕후의 발병에서 사망까지 '승정원일기'의 기록 연구〉, 한국한의학연구원논문집, 2012;18(1).

# 4
# 걸어 다니는
# 종합병원

_ 숙종

임금께서 의관에게 이르기를,
"사람이 자고 먹는 것을 제때에 하여야 하는데 나는 그렇지 못하다.
성질이 너그럽고 느슨하지 못하여 일이 있으면 내던져두지 않고 출납
하는 문서를 꼭 두세 번씩 훑어보며 듣고, 결단하는 것도 지체함이
없다. 오후에야 비로소 먹기도 하고 밤이 늦어도 잠 못 자기 일쑤다.
그러니 화증이 날로 심하여 이 지경에 이른 것이다. 내가 병의 원인을
모르는 바는 아니지만 어쩔 도리가 없다."
하셨다.

《승정원일기》 숙종 29년 8월 13일

## ⚜ 감기와 해수병을 달고 살았다

숙종 30년(1704년, 44세) 11월 1일, 임금이 숙직 의관에게 기침 감기가 시작한다고 일렀다. 어느덧 찬바람이 불고 추위가 찾아오면 기침으로 속을 끓이는 해수병이 도지기를 몇 해가 된 터였다. 급히 삼소음(蔘蘇飲)을 이틀간 달여 먹고는 초기 감기 증상은 해소되었으나 기침은 줄어들 기미가 보이지 않았다. 숙종은 감기는 풀렸으나 기침은 뿌리부터 버티고 있으니 비방을 구하라 다그쳤다.

내의원에서는 진즉부터 감기 이후에 조리하는 탕약을 여러 달 올렸으며, 숙종의 기침이 추운 계절이 올 때마다 빈번히 발작하는 것을 알고 겨울이면 달인 탕약보다는 환약을 겨우내 드시게 하였다. 비가 오고 나서 찬바람마저 부니 내의원에서는 마음이 더 급해졌다. 전부터 효험을 보았던, 기침과 함께 달아오른 화기를 내리는 청폐탕(淸肺湯)을 10일분 먹고서야 기침이 잦아들었다. 하지만 12월 10일 한 달만에 기침은 다시 시작된다. 숙종은 걱정이 앞섰고 화를 참을 수 없었다. 내의원을 책임지고 있는 제조를 불러 작심하고 하교하였다.

"나의 화병이 뿌리 내린 지 이미 오래고 나이도 쇠하여 더욱 깊은 고질병이 되어간다. 젊어서는 그 피로함을 모르겠더니 몇 년 사이 병세가 더하고 차도가 없다. 어제보다 오늘이 더하고 작년보다 올해가 심하다. 업무를 보면 화열이 위로 올라 비록 한겨울이라도 손에서 부채를 놓을 수가 없다. 피부는 까칠하고 머리는 맑지 않고 심지어는 가슴이 답답하기 그지없다. 이번 겨울부터는 화기가 오르면 코와 목이 마르고 기침이 빈번히 나오니 그 조짐이 좋지 못하다. 대개 화병을 고치는 방법은 호흡을 가다듬는 것이 최상이고 탕약과 환약은 그 다음인데, 날마다 일에 시달려 몸을 돌볼 겨를이 없고 단지 풀뿌리로 그 효과를 바라니, 이 어찌 한 국자의 물로써 수레에 실린 장작불을 끄려는 것과 다를 바가 있는가? 실로 걱정스럽다."

중년 이후 건강을 자신하지 못하는 임금의 토로에 대신들은 머리를 조아릴 뿐이었다. 이후로도 10일이 지나서야 겨우 기침은 멈출 수 있었다.

소년 왕 숙종은 14세에 친정(親政)을 시작하였다. 46년간의 장기 집권은 오랜 병치레와 함께 하였다. 특히 즉위년(1674년)부터 집권 말기까지 호흡기 질환으로 고생하였다. 감기와 해수병을 1년에 한두 차례, 많게는 다섯 차례까지 앓았다. 치료한 지 2, 3일 만에 낫기도 하고 한두 달 걸리기도 하고, 해를 넘겨 여러 합병증을 보이기도 하였다.

## ✥ 감기 후 황달을 앓다

숙종 2년(1676년, 16세) 9월 12일 임금은 또 감기를 앓았다. 목이 아프고 머리도 아프고 가슴이 답답하며 몸살 기운도 있었다. 그런데 이번 감기는 좀 이상했다. 평소와는 다른 증세가 보이기 시작했다. 내의원에서 올린 감기약을 먹고 목이 아프고 머리 아픈 증상은 사라졌으나 입맛이 돌아오지 않고 미열이 며칠째 계속되었다. 9월 25일 어의가 편전에 들자 숙종은 자신의 이상한 증세에 대해 알렸다.

"이번 감기는 참으로 이상하도다. 예전과는 다르게 입맛이 뚝 떨어지는데다가 소변의 색깔 또한 누렇고 붉은 색이다."

숙종의 말을 들은 어의는 용안을 자세히 살펴보았다. 임금의 얼굴을 살핀 어의의 표정이 급변했다. 용안이 평소와 달리 황색이었다. 게다가 눈동자 흰자위에서도 황색이 뚜렷하게 보였다. 숙종은 지금 보통의 감기에 걸린 것이 아니었다. 이것은 황달이었다.

황달을 감기 뒤에 나타난 합병증으로 진단하고 급히 열을 내리고 수습(水濕)을 제거하는 시령탕(柴苓湯)에 인진쑥과 산치자를 가미한 탕약을 급하게 올렸다. 3일 만에 속이 울렁거리는 증상이 완전히 가라앉고 식욕부진도 전날에 비해 좋아졌다. 얼굴의 누런빛도 조금씩 줄기 시작하고 피부도 윤택해지자 인진쑥과 산치자의 양을 줄여서 이틀을 더 복용케 하였다. 황달이 발생하고 5일 만에 누런빛은 거의 없어졌다. 하지만 수라는 들지만 평소와 같이 회복되지 않았기에 허약해진 비위(脾胃)를 튼튼히 하고 수습을 제거하는 약을 12일간 더 복용토록 하였다. 10월 13일 황달은 완전히 나았으니 더 이상 약을 들이지 말라고 하교하였다. 이처럼 감기 뒤 끝에 나타난 급성간염으로 추정되는 황달을 빠른 진단과 인진쑥, 산치자를 이용한 적절한 처방 변화로 신속하게 해결했다.


## ✢ 중년 이후 위장병으로 고생하다

숙종 22년(1696년, 36세) 10월, 궁으로 급보가 날아들었다. 일찍이 홀로 되어 외아들을 잃은 슬픔이 병이 되어 시름시름 앓던 숙휘공주가 마침내 사망했다는 것이었다. 숙종은 친고모 숙휘공주를 남달리 생각했다. 공주는 숙종과 동갑내기였던 외아들이 젊은 나이에 요절하자 숙종을 친자식처럼 여겼다. 숙종 또한 여자가 잘못 들어와 남편과 자식이 죽었다는 시대의 원망으로 마음고생이 많았던 고모였음을 잘 알고 있었다. 지난 4월에 공주의 병이 깊어지자 친히 병문안을 가기도 하였으나 별다른 차도 없이 세상을 떠나고 말았다. 숙종은 두창(천연두)에 걸려 사경을 헤맬 때 아들을 위해 목욕재계하며 치성으로 빌다가 몸져누웠다 돌아가신 어머니 명성왕후를 생각하니, 고모의 죽음이 더욱 안타깝고 슬프기 그지없었다. 숙종은 당장 명을 내렸다.
"앞으로 7일간 생선과 육류를 올리지 말고 간소한 반찬으로 올리라."
　하지만 임금의 명을 전해 들은 내의원에서는 한사코 이를 만류했다. 왜냐하면 임금이 평소에도 소화력이 약한데 며칠씩 식음을 전폐하다시피 한다면 더욱 비위가 약해질 것을 우려했기 때문이었다. 부득이 생선이나 육류를 쓰지 않는 간단한 반찬으로 올리는 소선(素膳)을 하루나 이틀로 줄일 것을 간곡히 권유하였다.
　내의원의 바람과는 달리 숙종의 위장병은 더해만 갔다. 숙종 26년

마흔이 넘어가면서 매해 지속적으로 식욕을 잃고 명치가 답답하며 소화가 안 되는 일이 잦아진다. 이는 숙종 46년 60세로 승하할 때까지 이어졌다. 흉격이 답답하면 따뜻한 차를 마시고 땀을 내어 해소하기도 했지만, 미약한 감기에도 수라 들기를 싫어하는 증상을 자주 보였다. 숙종의 위장병은 꼼꼼하고 급하며 과단성 있는 성격에 과중한 업무 스트레스와 불규칙한 식사와 잠자리로 인해 비위가 약하고 담화(痰火)가 흉격을 막은 것이 원인으로 보인다.


## ✥ 종기로 고생하다

숙종 35년(1709년, 49세) 10월 10일, 숙종은 좌측 사타구니에 뭔가 몽우리가 잡히지만 아프지는 않고 때때로 한기를 느낀다고 입진한 어의에게 말하였다. 10월 19일 오래 앉아 있기가 불편한 정도였지만 약초를 데워 찜질을 하고 뜸을 떠서 효과를 보는 듯했다. 하지만 12월 1일 좌측 사타구니에 생긴 종기에서 진물이 나오면서 우측 사타구니까지 번졌다. 이틀 후에 내의원 대신들과 어의를 비롯한 의관들이 오시(오전11시~오후1시)에 희정당에 모두 모였다. 임금의 용포를 벗기고 생식기 주변을 들여다보았다.

"좌측의 종기는 곪아 터졌고 우측은 충분히 곪지 않았습니다."

"고름이 터진 후에는 마땅히 새살이 잘 돋도록 기력을 북돋아주어야 하고, 고름이 잡히기 전에는 잘 사그라지게 하는 약을 써야 하는데 이러지도 저러지도 못하니 매우 난감합니다."

"부득이 팔미원 같은 약으로 보하면서도 종기를 삭게 하는 고약을 붙이는 것이 좋겠습니다."

이후 소뼈, 수달 쓸개를 종기 입구에 고약처럼 바르는 등 여러 처치를 하고서야 이듬해 1월 5일 좌측 사타구니의 종기는 아물게 되고, 우측도 조금씩 변화를 보였다. 하지만 5월에 다시 재발하게 되고 사망할 때까지 지속된다.

숙종에게 종기는 이번이 처음이 아니었다. 숙종 1년, 6년, 14년, 15년, 16년, 22년, 23년에 연이어 나타났다. 하지만 숙종 30년 이후부터는 매해 종기를 앓고 증상이 지속되었다. 주로 배꼽 아래로 엉덩이, 항문, 생식기 등 하초(下焦) 부위에 종기가 많았고, 귀 주위에도 자주 발생한다. 숙종은 신장을 포함한 하초의 기능이 매우 약했다고 볼 수 있다.


### ✛ 7년의 병고 끝에 승하하다

숙종 39년(1713년, 53세) 10월 13일, 늘 그래왔듯이 찬바람이 불면서 숙종에게 감기, 해수 증상이 나타났다. 이때부터 숙종 46년 승하하는 날까지 《승정원일기》에는 내의원의 기사가 하루에도 서너 차례 보인다. 3일 만에 감기 증상은 좋아지지만 기침은 20여 일을 더 끌었다. 그사이 입맛이 떨어지고 소화가 안 되고 밤에 잠을 못 자면서 피로가 더해졌다.

숙종 40년 1월 다리가 붓기 시작하고, 9월에는 낭옹(고환에 생긴 종기)이 숙종을 괴롭혔다. 숙종 42년 4월부터 소변에 피가 보이고 코피를 흘리고, 7월부터 피부가 가렵고, 11월부터 눈이 침침하고 작은 글씨가 잘 보이지 않기 시작했다. 숙종 43년 3월에는 눈병으로 온양온천에 행차하나 효험을 보지 못하고 돌아온다.

더 이상 정사를 돌볼 수가 없었다. 숙종 43년(1717년) 7월 19일 대신들을 불러 이르기를, "지금 왼쪽 눈병은 더욱 심하여 전혀 물체를 볼 수 없고, 오른쪽 눈은 물체를 보아도 희미하여 분명하지 않다. 소장(疏章)의 잔글씨는 전혀 보이지 않아 마치 백지를 보는 것 같고, 비망기(備忘記)의 큰 글자도 가까이에서 보면 겨우 판별할 수 있지만 그래도 분명치 않다. 지금 만약 눈을 쉬게 한다면 장님은 면하지 않을까 한다." 하였다. 불과 열흘 만인 8월 1일, 숙종은 눈병으로 왕세자(훗날 경종)에게 대리청정을 시행하였다.

**명릉(숙종릉, 인현왕후릉)과 정자각(고대원 제공)**
경기도 고양시 덕양구 용두동에 위치한 고양 서오릉(西五陵)에는 숙종과 제1 계비 인현왕후의 쌍릉과 언덕 뒤편에 제2계비 인원왕후의 단릉으로 이루어진 명릉(明陵)이 있다. 근처에 숙종의 원비인 인경왕후의 익릉(翼陵)과 숙종의 후궁이자 경종의 어머니인 희빈 장씨의 대빈묘(大嬪墓)가 있다.

숙종 말년에 나타난 부종(浮腫)은 한의학에서 폐(肺), 비(脾), 신(腎) 세 가지 장기의 이상으로 발생한다고 본다. 호흡기 질환, 소화기 질환, 신장 기능을 포함한 하초가 약했기에 말년에 만성신부전으로 이어졌으리라 본다.

숙종 46년 3월부터 숙종은 정신이 혼미해지기 시작했다. 하지부종과 함께 배가 불러오고 복수가 차기 시작했다. 4월 24일 왕실 인물의 목숨이 위중할 때 열리는 임시 관청인 시약청(侍藥廳)이 설치되었다. 떨어진 기력으로 침 치료 없이 배꼽에 뜸을 뜨는 연제법(煉臍法)과 수라를 거의 들지 못하여 차와 미음으로 탕약을 대신하였다. 인삼차를 자주 올리고 원기 회복을 위한 인삼과 비위의 열을 내리고 소화를 돕는 좁쌀을 푹 고아 체에 걸러서 만든 인삼속미음을 자주 올렸다. 마침내 숙종 46년(1720년) 6월 8일 60세 일기로 경덕궁 융복전에서 승하하였다.


## ∴ 권력은 얻었으나 건강은 잃었다

숙종은 꼼꼼하며 과단성 있는 성격이었다. 느긋함과는 거리가 멀었기에 일이 지체되는 것을 싫어했으며 빨리 빨리 결정하고 밀어붙였다. 거기에 성실하기까지 하였다. 세자 시절부터 공부를 게을리 하지 않고 늦은 시간까지 책을 읽고 많은 학습량을 소화했다. 세 번에 걸쳐 환국(換局)을 하고 한 번의 처분(處分)으로 신하들을 제압하고, 두 번씩이나 왕비를 바꾸고 세자의 생모를 죽이는 냉혹한 모습도 보였다.

이에 반해 인간 숙종은 온갖 병에 시달리며 고달팠던 몸을 가지고 있었다. 불규칙한 식사와 잠자리는 위장병과 화병으로 이어지고 해수병은 일생을 함께 하였다. 그가 피부에 앓았던 종기는 엉덩이, 생식기, 사타구니, 항문 주위로 지저분한 곳에 넘쳐났고, 중년 이후 통풍으로 팔, 다리, 무릎 등 여기저기가 붓고 통증이 매우 심하였다. 말년에는 만성신부전으로 부종, 위장병, 피부병, 통풍 등으로 날마다 괴로워했다. 눈이 어두워 화장실 가기도 힘들어 누워서 지내야 했던 7년의 병고는 숙종을 한없이 나약하게 만들었다.

임금 숙종은 정치에 능수능란했지만, 인간 숙종은 46년 집권 내내 질병에 시달린 나약한 인간일 뿐이었다. 정치에 능하고 신하들을 호령했으며 성정이 강했던 숙종이 왜 이리도 잦은 병고에 시달려야 했을까?

14세에 소년 왕으로 임금의 자리에 오르면서부터 과중한 업무와 스트레스를 마다하지 않고 온몸으로 받았으며, 신하들에게 허점을 보이지 않고 아버지와 할아버지의 신하에게 끌려다니는 정치를 바꾸고자 온몸을 불살랐기 때문이 아니었을까?

그런데 가만히 보면 현대에도 이렇게 숙종처럼 사는 성인들이 꽤나 많은 것 같다. 일에는 큰 성취를 이루었을지 모르겠으나 대신 건강을 희생하는 사람들이 우리 주위에 꽤 있다. 숙종의 말년을 돌이켜 보더라도 숙종은 큰 고통 속에서 생을 마무리해야 했다. 이는 군왕으로서 권력은 얻었을지 모르겠으나 건강을 잃었기 때문이었다.

● 참고문헌

《승정원일기》

고대원, 〈조선 숙종의 치병에 관한 '승정원일기'의 기록 연구〉, 경희대학교 박사논문, 2015.

정연형, 김동율, 임현정, 차웅석, 〈조선왕가의 식치에 사용된 인삼속미음의 기원 및 의미에 관한 고찰〉, 한국식생활문화학회지, 2015:30(4).

# 5
# 대머리 임금님,
# 회춘하다

_ 영조

임금이 명하니 홍봉한이 잠시 손으로 문질러본다.

"정말 머리카락이 나고 있습니다, 전하!"

"머리카락이 어떤가?"

"검은 머리카락이 삼분의 일입니다!"

임금은 바로 내의원에 약을 대령하게 했다. 이윽고 약이 대령되니 임금이 마셨다.

《승정원일기》 영조 49년 2월 26일

## ❖ 대머리 임금님, 영조

'둥, 둥, 둥, 둥'

아침을 알리는 북 소리가 새벽 바람을 가르며 33번 울렸다. 왕이 일어나고 그의 인기척이 들리면 왕의 세숫물과 옷, 식사 등을 대령하는 시녀들이 분주히 움직이기 시작한다. 왕의 아침이 시작된 것이다. 오늘 하루도 왕을 기다리는 것은 신하들과의 정치, 쌓여 있는 상소문과 검토해야 할 법령들, 그리고 왕을 만나고 싶어 하는 수많은 방문객들이다. 바쁜 하루를 맞이하기 위해 몸과 마음뿐만 아니라 왕의 머리카락까지도 정갈하게 한 올 한 올 단정하게 매만져진다.

조선시대에 머리카락은 신체 일부 그 이상이었다. 머리는 자르더라도 머리카락은 못 자른다는 조선 말 선비들의 기강은 하루아침에 세워진 것이 아니었으리라. 머리카락은 부모님이 물려준 소중한 몸의 일부임과 동시에 남성에게는 위엄과 명예를, 여성에게는 멋과 덕을 드러낼 수 있도록 아끼고 다듬어야 할 대상이었다.

영조 45년(1769년)의 실록 기록에 의하면, 당시 나이 만 75세였던 영조는 전두부 탈모를 갖고 있었던 것으로 보인다. 본인 스스로가 "머리 앞쪽이 머리카락이 없다(禿)."라고 밝히고 있기 때문이다. 아마 M자형 이마로부터 시작된 남성형 탈모가 70대가 되기 훨씬 이전부터 진행되어 왔을지 모른다.

평소 성인이 된 왕들은 가지런히 상투를 틀고 망건을 두른 위에 상투관이나 관모를 착용했다. 그렇기 때문에 왕의 민머리가 신하들 앞에 드러나는 경우는 극히 드물었을 것이다. 그럼에도 불구하고 영조는 머리카락이 빠지고, 다시 돋아나는 사사로운 일에도 일희일비하며 예사롭지 않은 반응을 보이고는 했다.


### ✣ 왕의 머리를 문지르다

영조의 민둥머리에 머리카락이 다시 돋아났다는 기록은 영조 43년(1767년)과 45년(1769년)에 걸쳐 반복적으로 서술되고 있다. 노회한 영조에게 처음으로 검은 머리카락이 돋아난 기록은 영조 43년 1월 6일, 다음과 같다.

"의관이 진맥을 해보니, 좌우 삼부맥이 모두 조화롭고, 매끄럽기가 또한 전과 같습니다."

"그러한가? 나의 머리에 요즘 새로운 흑발이 나고 있는 것이 그 때문인가!"

이 말에 모든 신하들이 깜짝 놀라 왕을 우러러보았다고 기록은 전한다. 그도 그럴 것이 70세를 훌쩍 넘긴, 왕의 매끈한 두피 위로 그것도 검은 머리카락이 나고 있다니 지금도 흔하게 볼 수 있는 광경은 아닌 것이다. 사기가 진작된 영조는 같은 해 2월과 9월 반복해서 새로 나는 머리카락 이야기를 꺼내며 본인의 건강을 뽐내곤 했다.

"머리 앞쪽에서 검은 머리가 난다. 기이하지 않은가?"

"일반 사람들은 40~50세가 되면 정수리가 대머리가 되는데 성상께서는 검은 머리카락이 새로 생기시니 진실로 기쁜 일이옵니다."

75세의 영조는 머리가 새로 나는 것 외에도 걸음걸이가 가벼워지고 빠진 이가 다시 나는 등 그야말로 '회춘(回春)'을 몸소 체험하는 중이었다. 회춘에 대한 다음과 같은 영조의 언급이 종종 보인다.

"대머리였던 앞쪽 머리에 차츰 머리카락이 생기고 있다."

"맥이 청년시절과 같다. 검은 머리카락도 다시 나고, 걸음걸이가 옛날 같다."

"흰머리가 검어지고 치아가 다시 생기니 기이하다."

새로운 머리카락이 날 때마다 영조의 두피는 근질근질 했던 모양이다. 자신을 방문한 의관에게, 머리가 날 때 동반되는 두피의 소양감에 대해 자주 묻고 얘기하곤 했다. 의관은 이러한 가려움증을 혈기(血氣)가 왕성해져서 생기는 긍정적인 현상으로 설명했다.

이날도 역시 영조의 두피가 근질거리기 시작했다.

"근래에 머리가 매우 가려운 것이 머리카락이 또 나려고 하는 것 같다. 여길 한 번 보거라."

영조가 회춘을 뽐낼 때마다 곁에서 마치 자신의 일인 것처럼 기뻐하며 종사의 경사를 외치던 이가 있었으니, 그는 바로 영조의 사돈이자 사도세자의 장인, 혜경궁 홍씨의 아버지였던 홍봉한이었다. 당시 홍봉한은 영의정에 두 번째로 임명되어 영조를 지근거리에서 보좌하던 중이었다. 영조의 명을 받은 홍봉한은 드디어 왕의 머리카락을 헤집고 직접 문지르기까지 했다. 그리고는 환한 탄성을 내뱉었다.

"머리카락이⋯, 머리카락이 나고 있습니다! 머리카락의 삼분의 일은 검은색이옵니다."

짧지 않은 정치 역정을 돌고 돌아 사도세자의 비극도 7년이 넘는 역사의 뒤안길로 묻혀버린 그때. 노회한 왕은 그렇게 머리카락 하나에 울고 웃고 있었다. 그리고 그 옆을 지키고 있는 것은 사랑하는 세손도, 애첩도 아닌 긴 시간을 함께 한 정치적 동반자, 홍봉한이었다.

## ✛ 영조의 회춘에 공을 세운 건공탕

회춘한 영조가 자주 복용했던 탕약의 이름은 바로 '건공탕(建功湯)'이었다.

"건공탕 세 첩을 먹으니 맥이 청년 시절과 같다. 한 첩을 더 먹으면 검은 머리카락이 다시 생기고, 또 한 첩을 더 먹으면 걸음걸이가 옛날과 같아진다."

영조는 평소 건공탕의 효과를 자주 칭찬하며 즐겨 복용했다. 건공탕이 기록된 최초의 기록은 《승정원일기》 영조 34년(1758년) 12월 21일의 기록이다. 영조가 며칠 전부터 복통, 트림, 속이 답답한 증상 등을 호소하자 내의원에서는 인삼, 백출, 건강, 감초 등이 포함된 가감이중탕(加減理中湯)을 처방하여 올렸다. 이를 복용한 후 차도가 있자 영조는 기뻐하며 '이중건공탕(理中建功湯)'이라는 이름을 하사한 것이 건공탕의 첫 등장이었다.

'건공탕'이라는 이름은 《승정원일기》에 총 1,732번 나오는데 1,732건 모두가 영조의 기록이었다. 건공탕의 본래 이름인 이중탕의 경우도 《승정원일기》에 기록된 460건 중 80퍼센트가 넘는 373건이 영조의 기사임을 볼 때, 건공탕 혹은 이중건공탕이 영조에게 각별했던 탕약이었음은 두말할 나위가 없다. 영조는 승하하기 하루 전 날까지도 한 번에 한 첩씩 하루에 세 번 건공탕을 마셨다.

《동의보감》에 의하면 건공탕 즉, 이중탕은 비위가 허한(虛寒)하여 배가 그득하고 아프며 자주 설사하는 데 쓰는 처방으로 설명되어 있다. 비위 즉, 소화기계를 건강하게 만들어주는 탕약이 빠진 머리카락을 다시 나게 하는 원리는 어디에서 찾을 수 있을까? 대답을 얻기 위해 《동의보감》 '잡병편 모발문'을 펼쳐보면 다음과 같은 설명이 나온다. 내용은 수염과 머리카락이 누렇게 떨어지는 증상인 수발황락(鬚髮黃落)에 관한 이야기다.

'허손병(虛損病)의 첫째는 폐가 상하여 피부가 쭈글쭈글해지면서 머리털이 빠지는 것이다. 이런 데는 팔물탕을 쓴다. 맥이 현하고 기가 약해서 피모가 마르는 데는 황기건중탕을 쓰는데, 사물탕도 쓴다.'

여기서 지적하고 싶은 것은 두 가지이다. 첫 번째는, 기혈을 보하는 가장 대표적인 처방인 팔물탕(八物湯)은 사군자탕과 사물탕의 합방으로 구성되어지는데, 흥미롭게도 사군자탕의 구성은 인삼, 백출, 복령, 감초로, 인삼, 백출, 건강, 감초의 조합을 가진 이중탕과 매우 유사하다.

두 번째는 '잡병편 허로문'의 대표 통치방 중 하나인 소건중탕에 꿀

**어제건공편작호상알공(한국학중앙연구원 제공)**
의인화한 건공탕과 편작이 영조의 건강에 서
로 공이 있음을 다툼을 빗대어 지은 영조의
산문첩 표지

로 축여 볶은 황기 4그램을 넣는 처
방인 황기건중탕(黃芪建中湯)을 쓴
다는 점인데, 소건중탕은 작약과 육
계, 엿과 감초로 이루어진 처방으로
항진되어 있는 간(肝)의 기운을 꺾
어주고 비위를 보하여주는 역할을
한다. 고로 세부적인 기작은 다르나
영조가 처방 받은 이중탕과는 비위
에 작용한다는 공통점을 가지고 있
다.

정리하면, 정신적 피로나 육체적
피로로 몸이 쇠진한 증상을 뜻하는
허손증은 탈모의 한 가지 원인이 될
수 있으며, 그 중 피모(皮毛)를 주관
하는 폐뿐만 아니라 비위의 기능 또
한 중요한 역할을 한다는 점으로, 이를 통해 이중탕이 영조의 머리카
락을 다시 나게 할 수 있던 이유를 추측할 수 있다. 소화기를 건강
하게 하는 처방으로 탈모를 치료하는 원리, 이것이 진정한 한의학의
묘미가 아닐까?

### ❖ 머리카락을 다시 나게도, 빠지게도 할 수 있는 인삼

건공탕을 언급할 때 빠질 수 없는 것이 바로 인삼이다. 영조 49년

(1773년) 3월 4일의 기록에서 영조는 병술년, 즉 영조 42년(1766년) 이후로 본인이 먹은 인삼이 100근에 이른다고 말하고 있다. 1근은 600그램이므로 100근이면 60,000그램에 이른다. 1년에 8.5킬로그램이 넘는 양을 7년 가까이 복용한 것이다. 이중탕 한 첩에 처방되는 인삼의 양이 8그램 정도이므로 하루 복용량인 두 첩으로 계산하면, 1년에 5.8킬로그램, 세 첩으로 계산하면 약 8.7킬로그램이 된다. 아마도 영조는 1일 3첩에 해당하는 건공탕을 7년간 거의 매일 수시로 복용한 것으로 볼 수 있다. 그렇다면 누구나 하루 세 번 인삼을 혹은 이중탕을 장기간 복용하면 영조와 같이 회춘하고 빠졌던 머리가 다시 나게 될까? 결론부터 이야기하면 그렇지는 않다.

《동의보감》의 '모발문'을 참고하여 보자면, 기록된 25종의 처방과 18종의 단방 중 인삼이 들어가 있는 처방은 청금단, 환원추석환, 칠선단, 가미창출고, 자영산 등 5종 정도이다. 이 중에도 자영산을 제외하고는 인삼이 처방 내에서 단독으로 주요한 작용을 하는 군약이라고 보기는 어려운 처방들이다. 게다가 자영산은 내복약이 아니라 두피에 바르는 외용 처방이다.

《동의보감》에서는 머리카락을 '혈(血)의 나머지이다'라고 칭하면서 혈이 부족해지거나 열(熱)을 받는 상황을 경계한다. 화(火)가 성해서 혈이 마르는 것, 담(膽)에 노화(怒火)가 생겨 머리가 말라 바스러지는 것, 기름지고 맛좋은 음식을 먹어서 가슴에 열과 습담(濕痰)이 생기는 것 모두 탈모의 원인으로 지적한다.

영조와 같이 비위가 허한(虛寒)한 증상 혹은 체질을 가졌다면 인삼을 처방 받는 것이 적당하겠지만, 반대로 위에서 말한 이런 경우에 인삼을 복용한다면 긍정적인 영향보다는 부정적인 영향을 줄 수도 있다. 같은 탈모라도 정확한 진단을 통해 본인의 상태에 가장 적합한 처방을 받아야 하는 것이 바로 이 때문이다.

● 참고문헌

《승정원일기》

허준, 《동의보감》, 법인문화사, 1999

신명호, 《조선 왕실의 의례와 생활 궁중문화》, 돌베개, 2002.

김정선, 《내몸 사용설명서》, 랜덤하우스코리아, 2009.

김종서, 〈건공탕(建功湯)에 반영된 영조(英祖)의 노년 건강과 심사〉, 한국학중앙연구원 장서각, 제20집, 2008.10, 81~116

김종서, 〈영조(英祖)와 건공탕(建功湯)의 의미〉, 한국학중앙연구원 장서각, 제16집, 2006.12, 85~123

# 6
# 젊은 대비의 단식 투쟁
_ 선의왕후

내의원에서 왕대비전에 아뢰기를,
"대비께서 지난 반 년 동안 애통해하신 까닭에 몸이 극도로 쇠약해
지셨으니 무엇보다 상선(常膳)을 회복하는 것이 시급합니다. 그런데
도 여전히 수라를 허락지 않으시니, 병이라도 생기시면 강계(薑桂)와
같은 약을 쓰더라도 고칠 수 없을 것입니다."
라고 하였다.

《승정원일기》 영조 즉위년 12월 29일

## ✣ 프로 단식러의 첫발

"남편을 잃은 지어미가 어찌 밥이 목구멍으로 넘어가겠느냐."

남편이 세상을 떠난 것이 엊그제 같은데, 시간은 야속히 흘러 어느새 해가 바뀌려 하고 있었다. 그녀의 나이 스무 살, 남편의 죽음은 그녀의 모든 것을 빼앗아버린 것 같았다. 마치 이대로 남편을 따라 세상을 떠나기라도 하려는 것처럼 젊은 대비는 한사코 식사를 거부해 왔다.

젊은 대비 선의왕후 어씨, 그녀는 숙종 44년(1718년) 14세의 나이로 경종의 두 번째 세자빈으로 간택되었다. 어린 세자빈은 하루 빨리 원자를 생산하여 입지를 다져야 하는데 큰 문제가 있었다. 경종이 전처 단의왕후와의 사이에서 후사를 보지 못한데다가 후궁도 들이지 않았던 탓에 성기능에 문제가 있다는 소문이 이미 궁 안에 퍼져 있었던 것이다.

'빈궁마마도 참 불쌍하시지.'

궁의 많은 이들이 그렇게 수군대었다.

선의왕후는 후사가 없는 스트레스는 있었을지언정 몸은 건강했던 것으로 보인다. 그녀는 14세에 세자빈으로 입궁하여 26세의 젊은 나이로 승하할 때까지 총 12년간의 궁궐생활 중 세자빈 시절에 설사, 구토, 두통 등으로 한 달여 간의 짧은 진료를 받은 것과 중전 때인 경종 3년(1723년) 3월경 다리가 시큰거려서 세 차례 뜸 치료를 받은 것 외에 《승정원일기》의 기록에서 일절 건강상의 문제는 발견되지 않는다.

그러나 경종이 승하한 뒤 선의왕후는 내의원의 집중 관리대상이 되고 만다. 남편의 죽음을 애도하는 절차로 짧게 끝날 것이라고 생각했던 식사 거부가 영조 즉위년 9월부터 그해 말까지 4개월 가까이 계속된 것이다. 이 시기 《승정원일기》에는 대비에게 수라를 회복할 것을 청하는 내의원 신하들의 부탁이 무려 50여 차례나 발견된다.

"제 심간(心肝)이 뚝 떨어져버리는 것 같습니다."

"속히 식사를 회복하지 않으시면 작은 병에도 곧 목숨이 위태로우실 것입니다."

이러한 청의 간곡함은 당시 젊은 대비의 식사 거부가 얼마나 완강했는지를 짐작케 한다.

그런데 과연 그녀의 오랜 단식은 사랑했던 남편에 대한 지극한 슬픔 때문만이었을까? 혹시 숨은 속사정이 있었던 것은 아닐까?


## ✦ 영조의 목숨을 노리는 소론, 그 배후는 형수?

선의왕후는 경종 1년(1721년) 연잉군(훗날 영조)의 세제 책봉에 반대하며 소현세자의 증손인 관석을 입양하려 하였다. 또한 연잉군의 세제 책봉 이후에도 끊임없이 양자 입양을 추진함으로써 연잉군 세제 책봉에 대한 자신의 입장을 분명히 하였다. 이후 조정은 연잉군을 뒷받침하는 노론과 경종을 지키려는 소론으로 나뉘어졌다. 이러한 당쟁의 소용돌이 속에서 경종은 왕이 된 지 불과 4년 만에 세상을 떠나고 만다.

갑작스러운 경종의 죽음을 두고 일각에서 영조의 독살설이 제기되었고, 선의왕후는 영조에 대한 적대감이 더욱 커졌을 것이다. 실제로 선의왕후는 영조 즉위 초부터 임금을 위한 예식과 절차를 거부하였다. 영조 역시 대비(大妃)가 된 선의왕후에게 올려야 할 물품을 백성을 위한다는 명목으로 매번 삭감하였고, 진연(進宴)도 수차례 핑계를 대며 연기하는 등 선의왕후에 대한 예를 제대로 지키지 않았다.

두 사람의 긴장 국면이 지속 중이던 영조 4년(1728년) 3월, 소론과 남인들이 정권 탈취를 시도한 '이인좌의 난'이 일어나고 이 사건의 유력한 배후로 선의왕후가 지목된다. 또한 그해 11월, 영조의 아들 효장세자와 딸 화덕옹주가 사망하는 사건이 발생한다. 이 사건의 전말은 영조 6년(1730년) 3월 드러나는데, 세자와 옹주를 모시던 궁인이 궐 밖의 인척과 모의하여 독약인 여우의 뼛가루를 세자와 옹주에게 먹였으며 이들을 심문하는 과정에서 지목된 공범이 선의왕후를 모시던 '순혜'라는 상궁이었다는 사실이 밝혀진다.

이러한 소란이 채 잠잠해지기도 전인 영조 6년 4월 15일 밤, 영조 암살 미수 사건이 일어나고 영조는 다음날 잡힌 죄인 최필웅을 친국(親鞫)하였다.

"역모를 꾀하는 무리가 최필웅에게 궁방(弓房)의 화약(火藥)을 훔쳐 오게 했다. 이미 궁인을 시켜 저주한 것도 부족하여 또 불을 지르고자 했으니, 그놈들의 마음이 갈수록 더욱 심해지고 있다."

이 사건 이후 선의왕후는 거처를 경희궁 어조당으로 옮겼는데, 이는 암살 사건의 주모자로 지목된 선의왕후를 영조가 유폐(幽閉)한 것이라는 설이 있다.


## ❖ 두 번째 단식의 결말은 단명(短命)

야사에 따르면 별다른 지병도 없었던 선의왕후가 어조당에 유폐된지 두 달 만에 사망한 것은 그녀가 억울함을 호소하며 식사를 거부하였기 때문이라고 한다. 이 설은 제법 설득력이 있는데, 그녀에겐 이미 영조 즉위 직후 한 차례의 단식 투쟁 경험이 있었기 때문이다.

《승정원일기》영조 1년부터 6년까지의 기록을 살펴보면, 선의왕후는 영조 즉위 초의 오랜 단식으로 몸을 상해 다소 기운이 없긴 하였지만 치료를 요할 정도로 심각한 증세를 보인 적은 없었다. 영조 3년(1727년) 5월경 체기(滯氣)와 속이 더부룩한 증상으로 도담탕(導痰湯)을 복용하였지만 2주 정도의 치료로 호전된 후 더 이상의 문제를 호소하지 않았다. 이는 그녀에게 특별한 지병이 있었다고 보기 힘든 대목이다.

그런데 영조 6년 5월, 즉 어조당에 유폐된 지 얼마 지나지 않아서부터 그녀의 건강이 급격히 악화되기 시작한다. 선의왕후는 5월 중순부터 체기, 호흡곤란, 오한 등을 호소하였고, 여러 차례 탕약을 복용하였으나 증상이 점점 악화되었다. 내의원에서는 서습(暑濕)으로 인한 기의 울체(鬱滯)를 원인으로 보고 인삼양위탕(人蔘養胃湯)에 여러 약재를 가감해가며 투여하였으나 호전과 악화를 반복하며 좀처럼 나아질 기미를 보이지 않았다.

그러던 5월 30일, 영조는 "대비의 증후가 탕제를 열 첩 복용하였을 때는 효과가 있는 듯하더니 스무 첩을 먹은 후에는 더 이상 효과가 없어 날로 열이 나며 식사를 하기 싫어하니 우선은 정지하라."고 명한다. 그리고 이로부터 불과 한 달이 지난 6월 29일 새벽, 선의왕후는 몸을 부들부들 떨고 통곡을 하다가 사망하게 된다.


### ❖ 사라진 두 달, 부실한 기록물 관리

영조 52년간의 긴 재위기간 중에서 《승정원일기》에 기록이 남아있지 않은 달은 총 네 달로, 영조 48년(1772년) 3월, 6월 그리고 영조 6년(1730년) 6월, 7월이다. 여기서 흥미로운 시기는 영조 6년의 두 달인데, 영조와 선의왕후의 관계에 대한 배경을 알게 되면 '왜 하필 이 시기의 사초(史草)만 사라졌을까?' 하는 의심을 지우기 쉽지 않다.

영조 6년 6월은, 5월 30일 영조의 선의왕후 치료 중지 명이 있고 난 후 사망까지의 기간으로 선의왕후의 한 달간 병의 진행 경과와 사망 원인이 기록될 수 있는 중요한 기간이며, 7월은 6월 29일 승하한 선의왕후의 장례 절차와 예법 등이 기록될 수 있었을 것이다. 사망 전 왕후의 병증 및 사망 후 왕후의 장례에 관해 《승정원일기》의 기록은 남아있지 않지만, '영조실록'에서는 단편적으로 그 내용을 확인해볼 수 있다.

영조 6년 6월 27일, "선의왕후의 환후(患候)가 위중하므로 내의원의 신하들이 친정아버지 어유구로 하여금 입시(入侍)할 것을 청하니, 임금이 그대로 따랐다."고 기록되어 있고, 6월 28일, "선의왕후가 구역증(嘔逆症)이 나고 몸을 떨면서 증후(症候)가 위급하였다."고 적혀 있다. 의관이 아뢰기를, "선의왕후께서 헛소리를 하시는 듯합니다." 하니 영조가 "증후가 별로 아픈 곳은 없는 듯한데, 울음소리 같은 음성을 내며 손으로 물건을 치는 듯한 형용을 한다."고 크게 아파보이지 않는다는 의견을 말하자 도제조(都提調) 홍치중이 "보통 이러한 증후가 많으니, 그다지 염려할 것은 없습니다."라고 하여 일단락되었다. 그러나 잠시 후 의관들이 다시 병후의 위중함을 아뢰니 그제야 영조는 "선의왕후의 병환이 위급함에 종묘와 사직단에 대신을 보내 기도를 거행케 하라." 하였으나 때는 이미 늦어 다음날인 6월 29일 새벽 4시경 승하하게 된다.

선의왕후가 승하한 당일, 영조는 국상을 주관하는 총호사(總護使) 이집에게 "연달아 국상(國喪)을 만나 경비가 고갈되었고 이미 궁에 준비된 물품이 있으니 해당 관청에서 올린 물품은 받아들이지 말라. 제사에 사용할 은기(銀器)는 경종의 국상 때 쓰던 것이 있으니 제조하지 말 것이며, 선의왕후께서 백성을 위하여 경비를 아끼는 지극한 뜻을 모두 알리도록 하라."고 명하여 형수의 마지막 가는 길까지도 최소한의 예만 갖추었다. 하지만 정작 자신은 선의왕후의 국상 기간에 후궁 숙의 이씨를 빈(嬪)으로 삼고 성대한 혼인잔치를 열었다고 하니 백성을 위한 경비를 마련한다는 허울 좋은 명분은 선의왕후에게만 적용되었다고 봐야 하겠다.

'영조실록'에는, 영조 6년 7월 선의왕후 사후의 입관(入棺), 상

**의릉, 경종릉과 선의왕후릉(김동율 제공)**
서울시 성북구 석관동에 위치한 사적204호 의릉, 선의왕후 어씨와 경종이 각각 묻혀 있는 쌍릉 형식으로 조성되어 있다. 일반적인 쌍릉은 좌우로 조성하지만 의릉(懿陵)은 비껴서 능역을 조성했다.

복 입는 법, 선의왕후를 진료한 의관에 대한 책임을 묻는 국문(鞫問), 선의왕후의 시호 등을 정한 것이 비교적 상세히 기술되어 있다. 이에 반해 선의왕후의 병에 대한 이야기는 전혀 언급이 없다가 죽을 때가 다 되어서야 뜬금없이 튀어나온 느낌이 없지 않아 젊은 대비의 사망 과정에 대한 의심을 거두기 힘든 것이 사실이다.

사이가 좋지 않았던 시동생의 형수에 대한 무관심으로 볼지 또는 죽음을 방조한 것으로 볼지에 대한 판단은, 실록의 단편적 내용만을 본 후손들 각자의 상상력의 몫으로 남겨져 있을 뿐이다.

● **참고문헌**

《승정원일기》
《조선왕조실록》 '영조실록'
이수광, 《조선을 뒤흔든 16인의 왕후들》, 다산초당, 2008.
김용관, 《영조의 세 가지 거짓말》, 올댓북, 2010.

# 7
# 마마, 갓 태어난 원자가
# 또 사망하였습니다

_ 여러 왕비들

왕이 말하길,
"오늘 해시(亥時, 오후9시~오후11시)에 새로 태어난 공주가 갑자기
사망하였다."
하였다.
내의원이 구전으로 아뢰기를,
"공주 아기씨의 죽음은 너무도 뜻밖의 일입니다. 놀랍고 슬픈 마음
을 어찌 감당하실 수 있겠습니까. 신들이 걱정스러움을 견딜 수 없어
인삼 2돈을 넣은 속미음을 대전, 궁중전으로 달여 들이겠습니다."
하였다.

《승정원일기》 고종 11년 9월 28일

## ✛ 3명의 자식을 모두 잃고 나 또한 일찍 떠나는구나!

'그래. 내 남편은 신하들의 압박에도 끝까지 후궁을 들이지 않고 나만 바라보았었지. 지금 내 비록 병으로 일찍 죽게 되나 돌이켜보면 행복한 인생이었어.'

'뱃속에서 키웠으나 일찍 떠났던 자식들 곁으로 드디어 가겠구나. 하늘도 무심하시지. 생명을 주시고는 왜 그리 일찍 데려가셨을꼬? 짧은 내 삶에 한이 있다면 나보다 먼저 간 자식들이구나. 비록 이승에서는 너희들을 제대로 키우지 못했지만 저승에서 만나면 이 어미가 젖도 물려주고 너희들 재롱도 보면서……'

숙종 6년(1680년) 10월 26일, 인경왕후는 천연두에 걸린 지 8일 만에 숨을 거두고 만다. 이때 그녀 나이 겨우 스무 살이었다.

열 살 어린 나이에 세자빈으로 간택되어 다음해 3월 왕세자빈으로 책봉된 인경왕후는 숙종의 첫 번째 왕비이다. 숙종에게는 세 명의 왕비가 있었는데 첫째 부인이 인경왕후이고 그 뒤로 인현왕후와 인원왕후가 있다. 사실 숙종 하면 장희빈과 인현왕후와의 삼각관계가 제일 먼저 떠오를 것이다. 하지만 이들 전쟁의 서막이 오르기 전 젊은 나이에 승하한 인경왕후가 있었다. 인경왕후의 죽음으로 인현왕후가 다음 왕비로 책봉되었는데 인현왕후는 아이를 갖지 못하였다. 이 때문에 인현왕후를 중심으로 하는 서인과 희빈 장씨를 중심으로 하는 남인이 대립하게 되었던 것이다. 그후 인현왕후가 폐위되었다 다시 복위하는 '기사환국(己巳換局)'과 '갑술옥사(甲戌獄事)' 등 조선 역사의 비극이 초래되었다.

안타깝게도 인경왕후가 생전에 낳았던 자녀들은 모두 일찍 사망하였다. 《조선왕조실록》에는 숙종 3년(1677년) 4월 27일에 태어나 숙종 4년 윤 3월 13일에 사망하게 되는 첫째 공주, 숙종 5년 10월 23일에 태어나 다음날 바로 사망하게 되는 둘째 공주만 기록되어 있다.

하지만 《승정원일기》를 살펴보면, 숙종 6년(1680년) 7월 26일 인경왕후가 소산(小産)하였다는 기록이 있다. 소산이란 반산(半産)과 같은 말로 임신 3개월 이후에 저절로 태아가 사망하여 임신이 유지되지 않는 자연 유산 또는 자연 조산을 말한다. 이와 관련된 자세한 기록이 없어서 유산인지 조산인지 알 수는 없지만 인경왕후는 총 3회 임신하였고, 3명의 아이 모두를 일찍 잃는 슬픔을 간직한 채 자신 또한 스무 살 어린 나이로 사망한다.

그러나 후궁도 들이지 않을 정도로 자신만 바라보았던 왕 숙종이 왕비가 죽은 후 매우 슬퍼했다는 기록이 있으므로, 한편으로는 살아생전 남편의 사랑을 독차지한 행복했던 왕비였다고 할 수 있겠다. 인경왕후는 자신이 보았던 일편단심 해바라기 같은 남편 숙종의 미래가 두 여자에 의해 어떻게 흘러가게 되는지 상상조차 못하고 떠나갔을 것이다.


## ✤ 11명의 자녀 중 단 한 명만 살아남았던 비운의 아버지, 철종

헌종(憲宗)은 헌종 15년(1849년) 23세 젊은 나이에 후사 없이 죽었다. 왕이 갑작스럽게 죽자 당시 세도권력을 휘두르던 안동 김씨와 풍양 조씨 세력은 당황했다. 죽은 왕의 6촌 안에 드는 왕족이 하나도 없었기 때문이다. 그나마 먼 친척인 7촌 이상의 왕족은 몇 명 있었다. 후계의 왕은 항렬로 따져 동생 또는 조카뻘로 왕통을 잇는 것이 원칙이다. 그런데도 안동 김씨 세력은 조씨 세력을 누르고 자신들에게 유리한 쪽으로 계산을 한 뒤, 유배되어 강화도에 살던 헌종의 7촌 아저씨뻘인 19세 청년 원범(元範)을 왕위에 올린다. 이렇게 우여곡절 끝에 추대된 왕이 흔히 강화도령이라 불리는 조선의 25대 왕 철종이다.

철종은 왕가의 법도를 무시한 안동 김씨 세력을 통해 왕이 되었고, 이로 인해 종묘에서 조카뻘 되는 헌종에게 절을 하는 우스꽝스러운 꼴을 보이게 된다. 우리나라 역사 상 법도에 어긋나게 왕통이 이어진 것은 세조 다음으로 두 번째 일이었다. 왕조라는 틀에서 이런 처사가 일어났다는 것은 당시 조정의 기강이 극도로 문란했음을 보여준다.

"뭐라? 또 새로 태어난 왕자가 사망하였다고? 벌써 몇 번째 일이란 말인가. 어찌 이런 일이 계속 되는가!"

철종은 총 11명의 자녀를 낳게 되는데 어찌된 일인지 단 한 명만 제외하고 모두 태어난 지 얼마 되지 않아 죽게 된다. 철종의 왕비인 철인왕후 소생 왕자 1명, 귀인 박씨 소생 왕자 1명, 귀인 조씨 소생 왕자 2명, 궁인 이씨 소생 왕자 1명, 숙의 방씨 소생 공주 2명, 숙의 김씨 소생 공주 1명, 궁인 박씨 소생 공주 1명, 궁인 이씨 소생 공주 1명 등 총 10명 모두 일찍 사망하였다. 철종의 살아남은 자식은 숙의 범씨 소생 공주인 영혜옹주뿐이었다. 그러나 장성했던 유일한 딸인 영혜옹주도 박영효에게 출가한 지 3개월 만에 열네 살의 어린 나이로 죽고 말았다.

기구한 내력으로 위태위태하게 겨우 목숨을 부지하며 살아오다 갑작스럽게 왕이 된 철종. 그에 대해 가장 밑바닥에서 가장 높은 자리인 왕의 위치까지 올라가 모두가 부러워하는 삶을 누렸을 것이라 생각하기 쉽다. 하지만 안동 김씨 세력 때문에 제대로 왕 노릇 한번 못하고, 예전의 자유로운 삶을 오히려 그리워하며 허수아비 같은 자신의 신세를 한탄하며 보냈다.

사람들은 흔히들 철종이 학문적으로 바탕이 없었으므로 왕의 역할을 하기에 능력이 없을 뿐더러 여색에 빠져 정치에 소홀하였다고 말한다. 하지만 껍데기만 왕일뿐 자신이 나서서 무엇 하나 제대로 할 수 없는 상황에서 자식이라도 낳아 그를 제대로 된 왕으로 키우는 것을 유일한 희망으로 삼아 후궁을 많이 들였을 수도 있다. 자식이 왕위를 이어 자신이 못다 한 제대로 된 왕 노릇을 하게 만들었으면 한이라도 덜할 터인데, 하늘은 그에게 남은 단 하나의 희망조차 제대로 품어보지도 못하게 만들 만큼 야속했다.

500년 가까이 이어왔던 이씨 왕실의 씨가 이렇게 말라가는 가운데 철종은 철종 14년(1863년) 12월 8일에 33세의 나이로 세상을 떴다. 자신의 뜻과 상관없이 갑자기 왕위에 올라 결국 잘못된 정치를 바로잡지도 못하고 후사도 잇지 못한 채 허무하게 죽어버린 것이다. 꼭두각

시 왕, 허수아비 왕, 외로운 왕, 강화도령 등 철종을 일컫는 별명은 많지만 자식의 죽음을 10번이나 겪어야 했던 그는 진정 비극의 왕이라 칭할 수 있을 것이다.


## ✤ 5명의 자식을 떠나보내며 애통해 한 어머니 명성황후

"중궁전이 오늘 인시(寅時, 새벽3시~5시)에 대군을 낳았다. 대비들께서 크게 기뻐하셨다. 이번에 너무 수월하게 순산하게 되니 더욱 기쁘고 다행스럽구나."

"이번처럼 해산이 순조로웠던 것은 사가에서도 드물게 있는 일인데 왕가의 경우야 말할 것이 있겠습니까. 세자궁도 이미 5세가 된 터에 대군까지 이번에 다시 탄생하였으니 더욱 간절히 경축드리옵니다."

"왕손이 번성해나가는 경사가 있어 대군이 탄생하였고 순산한 후에 중궁전의 옥체가 더없이 평안하니 너무도 기쁘고 축하할 일입니다."

고종 15년(1878년) 2월 18일, 왕자를 순산한 명성황후는 주위의 많은 축하를 받았다. 그도 그럴 것이 앞서 겪었던 5번의 임신과 출산 중 살아남은 자식은 단 1명이었기 때문이다. 이는 명성황후 생의 마지막 출산이 되는데, 안타깝게도 이 마지막 왕자 또한 태어난 지 105일 만인 6월 5일에 갑자기 사망하게 된다.

명성황후의 출산과 관련된 의학기록을 살펴보면,《조선왕조실록》에는 5번 출산하여 1남만 살아남았다는 기록이 있다. 하지만《승정원일기》의 기록을 살펴보면, 황후는 총 6번의 임신과 출산을 하였다. 고종 7년(1870년)에 명성황후가 첫 번째 임신을 하였고, 임신 9개월이 조금 지난 만삭의 상태에서 조산하게 된 사실이 《승정원일기》에 나타나 있다.

총 6번의 임신과 출산을 하였으나 5명의 자식을 일찍 떠나보내게 되어 슬펐던 어머니 명성황후. 황후는 일찍 아비의 죽음을 겪고 형제 하나 없이 홀어머니와 둘이서 외로운 어린 시절을 보냈기 때문에 다른 이들보다 혈육에 대한 애착이 컸을 것이다.

앞서 10명 자식의 죽음을 지켜봐야 했던 철종도 물론 슬펐겠지만, 자신의 뱃속에서 키우고 힘든 출산 과정을 직접 겪으며 낳았던 5명의 자식의 죽음을 경험한 어미의 마음은 어떠했을까. 게다가 하나뿐인 세자도 건강이 썩 좋지 않았다. 이 때문인지 황후는 세자 척(坧)을 위해 고사를 지내고, 명산의 사찰에 기도하고 시주하느라 많은 재물을 쏟아부었다. 그녀가 무속인에 기대어 굿을 많이 한 것에 대해 후대의 평은 좋지 않다. 하지만 5명의 자식을 일찍 잃고 남은 단 한 명의 자식 또한 건강이 좋지 않자 그를 위해 기도하는 어미의 심정을 헤아려 보면 어느 정도 고개가 끄덕여지기도 한다.

### ✥ 조선 후기 왕실의 높은 영아 사망률 및 출산력 감소와 조선의 쇠퇴

'종사지경(螽斯之慶)'이라는 말은, 조선 왕실에서 왕실 자손이 번성하는 경사를 뜻하는 말이다. '종사(螽斯)'는 여치과에 속하는 곤충으로 한꺼번에 99개의 알을 낳는다고 한다. 즉 이 '종사지경'이라는 말 자체에 왕실 가족이 생각하는 다산의 중요성이 상징적으로 묘사되어 있다.

태조 이성계는 조선을 건국하면서 새로이 형성된 조선 왕실은 주(周)나라 왕실을 모범으로 삼아 왕실의 자손들이 번성하고, 대대로 복록을 누리기를 바랐다. 즉 왕실에서 '다산'은 곧 '왕실의 번영'을 의미하고, 이는 조선의 건국이념과도 맞닿아 있으며 왕실의 번영은 곧 조선이라는 국가의 번영을 의미한다고 볼 수 있겠다. 그러므로 왕실 자손의 탄생은 왕과 왕비를 포함한 왕실 어른들의 최대 관심사 중의 하나였다. 이러한 이유에서 조선 왕실에서는 왕위 계승자인 원자의 탄생이 늦어지는 것을 종묘사직의 위기로 받아들였다.

이처럼 중요한 왕실의 자녀수는 인조 이전과 인조 이후로 확연히 구분될 정도로 차이가 있다. 인조 이전에는 각 왕들의 평균 자녀수가 12명이었는데, 인조 이후에는 6명으로 줄어 이전의 절반 정도의 출산밖에 이루어지지 않았다. 또한 인조 이후에는 자녀들의 사망률이 높아지면서 왕실의 생존 자녀수가 급격하게 떨어지게 된다. 출산은 적게 하면서 사망은 많아졌기 때문이다. 이는 왕비의 출산력 저하에다 후궁수의 감소로 후궁 출산력까지 떨어진 것이 영향을 미친 것으로 보인다.

조선 후기로 갈수록 유교적 종법질서에 영향을 받은 처첩관념의 심화로 인해 간택 후궁수가 조선 전기에 비해 감소되었던 것이다. 또한 유교적 예의 실천이 일상생활의 영역까지 심화되면서 제례기간 등의 왕의 금욕기간이 늘어나게 된 것도 자녀수 감소에 영향을 미친 것으로 보인다.

그렇다면 조선 후기 왕실에서는 왜 영아 사망률이 높았던 것일까?

이에 대해 한마디로 설명하기는 어렵다. 너무 다양한 변수가 존재하기 때문이다. 다만 앞의 이유로 출산 자녀수가 줄어들었기 때문에 그중 건강한 자녀의 수도 확률상 떨어지게 되었을 것이다. 이런 상태에서 그들이 계속 자녀를 낳다 보니 건강하지 않은 아이를 출산하여 영아 사망률이 높아지지 않았을까 추측해볼 수 있다. 이 관점으로 보면 왕비 쪽 문제보다는 이씨 왕족인 왕의 문제가 더 크게 작용한 것으로 보인다.

그 예로 철종 임금은 왕비뿐 아니라 후궁 소생 자녀들도 모두 일찍 사망하였기 때문에 철종 자체의 건강상 문제가 있지 않았을까 추측해볼 수 있겠다. 이는 철종이 어린 시절 유배되어 여기저기 떠돌고 먹을 것이 없어 힘들게 살아왔기 때문에 성장기에 정상적으로 성장을 못했을 수도 있고, 또는 급격한 환경 변화와 스트레스로 인해 건강한 정자의 생산이 이루어지지 못해서일 수도 있다.

그러나 명성황후의 경우에는 왕비의 문제가 더 크게 작용한 것으로 보인다. 명성황후는 고종 7년(1870년) 12월 17일 첫 출산부터 고종 12년(1875년) 4월 5일까지 5번이나 연속으로 연년생을 임신하고 출산하였다. 이는 늦은 임신과 연이은 자식의 죽음으로 왕실의 번성과 관련된 자신의 책무에 대한 압박감에서 비롯되지 않았을까 추측해볼 수 있다. 아이러니하게도 연이은 임신과 출산이 황후의 건강에 악영향을 주어 오히려 건강한 자녀 출산에 방해가 된 측면이 있었을 것으로 보인다. 건강한 임신과 출산을 위해서 권장되는 임신 터울이 최소 3년이기 때문이다.

태조 이성계가 염원했던 왕실의 번영은 진정 '종사지경'과 일치했던 것일 수도 있겠다. 왜냐하면 왕실의 자녀수 감소와 조선의 쇠퇴라는 운명의 그래프가 같은 모양으로 움직였기 때문이다. 이는 과연 우연이었을까?

● **참고문헌**

《승정원일기》
《조선왕조실록》
하동림, 〈명성황후의 의학기록에 대한 의사학적 연구〉, 경희대학교 석사논문, 2017.
김지영, 〈조선시대 왕실 여성의 출산력 – 시기별 변화추이와 사회문화적 함의〉, 정신문화연구 34(3), 2011.

# 8
# 소박맞은 왕비,
# 피를 토하며 죽다!

_ 정성왕후

내의원 제조 민진원, 부제조 유명홍이 아뢰기를,
"중궁전이 연일 뜸을 뜬 후, 팔과 다리의 마비 증세는 차도가 있습니까? 의녀들이 전하는 말을 들어보니 가슴과 배가 매우 불편하시다고 하였습니다. 신들이 어의들과 상의해보니 모두 이는 기식(氣息)이 막혀 잘 흐르지 못하기 때문에 생긴 것입니다. 유기음자 본 처방에 생강즙에다 볶은 산치자 7푼을 더하여 먼저 5첩을 드시고, 교감단을 팥 크기의 환으로 만들어 함께 드시되, 뜸을 뜨는 것은 우선 정지하는 것이 좋겠습니다."
라고 하였다.

〈승정원일기〉 영조 1년 2월 6일

## ✣ 아들 복이 없는 영조

영조에게는 두 명의 정비가 있었으나, 두 왕비에게서 모두 자식을 얻지 못하였다. 정비가 아닌 4명의 후궁에게서 12명의 자식을 얻기는 했는데, 그 중에서도 아들은 두 명뿐이었다. 그마저도 첫째 아들 효장세자는 10세의 나이로 일찍 사망하였으며, 둘째 아들 사도세자마저 우리가 잘 알고 있듯이 젊은 나이에 비극적인 삶을 마감하였다. 조선시대 왕 중에서 가장 오래 살았으나 아들 복은 없었던 영조는, 두 번째 왕비인 정순왕후와 무려 50세 가까이 차이가 났다. 때문에 후사를 잇는 것은 사실상 처음부터 무리였다.

이번 이야기의 주인공인 영조의 첫 번째 부인 정성왕후는, 숙종 30년(1704년) 영조가 왕위에 오르기 전인 연잉군 시절에 영조와 혼인하였다. 그 이후로 영조 33년(1757)에 사망하기 전까지 50여 년을 영조와 해로하였는데, 그럼에도 불구하고 아이를 갖지 못하였다.

영조와 정성왕후의 신혼 첫날밤의 일이다. 신혼 첫날의 어색한 분위기 속에서, 영조는 정성왕후에게 "손이 참 곱다."며 칭찬의 말을 던졌다.

"고생을 모르고 자라서 그렇습니다."

무심코 던진 정성왕후의 이 대답이 평생 동안 가장 뼈저리게 후회한 말 실수였음을 그때는 몰랐을 것이다. 영조는 정성왕후가 자신을 낳아준 어머니의 출신이 천한 것을 비하했다고 생각했다. 자격지심에 휩싸인 영조의 마음은 정성왕후에 대한 미움으로 번졌다.

사실 이 일화는 많은 사람들에게 알려져 있음에도 불구하고, 현실성은 떨어져서 사실이 아니라는 설도 있다. 영조와 정성왕후는 열두 살 무렵에 결혼하였는데, 고생을 모르고 자랐다는 왕비의 말을 어머니의 천한 출신과 연결지어 생각하기에는 영조가 너무 어리지 않았나 싶다. 또한 정성왕후 역시 '고생을 모르고 자라 손이 곱다'는 내용의 경솔한 대답을 했다는 것 역시 이해하기 힘든 면이 있다. 우리가 영조의 속마음까지 알 수는 없지만, 결과적으로 첫날밤 이후로 영조는 정성왕후를 다시 찾지 않았다.

정성왕후를 등한시하는 영조로 인해 둘 사이에는 자식이 생기지 않았다. 왕세자를 출산하지 못한다는 이유로 다시 관계는 소원해지고, 왕비의 입지는 점점 작아져 갔다.


✥ 영조의 냉대와 아들을 낳지 못하는 왕비의 몸가짐

영조 19년(1743년) 1월 29일, 많은 신하들을 불러놓고 영조가 벌컥 화를 내었다.

"왕비에게 별로 새로운 증상도 없는데 나를 보자고 하는 이유가 무엇인가. 왕비의 안부야 내가 대답하지 않아도 경들이 이미 잘 알고 있지 않은가!"

정성왕후를 진찰한 의원이 왕비의 병증이 심각하다고 판단하고 임금에게 알려 치료하고자 한 것이 발단이었다. 이에 대해 영조는 "왕비의 증상은 담증(痰症)으로 새로울 것이 없다."고 말하였다. 또한 영조는 왕비의 병증에 대해 이미 알고 있었다는 것을 강조하는데, 왕비에 대한 본인의 무관심을 신하들이 지적한다고 생각하고 화를 낸 것으로 보인다. 영조는 이래저래 자격지심이 많았던 모양이다.

우리가 흔히 말하는 '담 걸린' 증상은, 갑자기 근육이 뻣뻣하게 아프면서 숨 쉬기도 힘들고 움직이기도 힘든 극심한 통증을 말한다. 보통 평소 잘 하지 않던 운동을 무리해서 하거나 잘못된 자세로 오랫동안 움직이지 않고 있었을 때 많이 발생한다. 《승정원일기》에는, 담증으로 근육이 당기고 아프다고 호소하는 영조의 기록이 여러 번 나온다. 영조 본인의 경험과 왕비에 대한 무관심은, 통증으로 고통 받는 왕비를 엄살쟁이로 만들어버렸다.

왕비에 대한 애정을 조금도 엿볼 수 없는 영조의 이같은 태도는 계속되어, 왕비가 죽기 전 병이 위중하다는 소식을 듣고도 모른 척하다가, 정성왕후가 거의 사망에 이르게 되자 마지못해 찾아오게 되었다. 아픈 아내 병문안을 오자마자 한다는 소리가 아들 사도세자를 보고 "옷매무새가 그게 뭐냐!"며 잔소리부터 던졌다고 하니, 이쯤 되면 영조가 너무했다는 생각이 든다. 사도세자는 정성왕후의 임종이 가까워오자 크게 슬퍼하면서 병수발을 드느라 옷매무새를 돌보지 못하고 흐트러진 모습이었는데, 그 모습을 본 영조가 한마디 한 것이다.

정성왕후의 죽음을 맞이하는 사도세자의 모습에서도 알 수 있듯이, 비록 배가 아파 낳은 친아들은 아니었지만 사도세자와 정성왕후는 진짜 엄마와 아들 사이처럼 좋은 관계를 유지하며 지냈다. 평생 동안 영조의 무관심 속에서 살아야 했던 정성왕후가 영조에게 미움받는 아들 사도세자를 불쌍히 여기고 잘 대해주었던 것에 대해서, 아들이 없는 정성왕후가 자신의 입지를 다지기 위해 정치적인 목적만으로 그랬다고는 생각할 수는 없을 것 같다.

정성왕후는 평소 대조전 큰방에 거처했지만 체증이나 감기 같은 작은 병만 걸려도 건넌방에 내려와 살았다. 나중에 병이 위독해지자 "종사를 이을 왕손을 낳는 대조전이 얼마나 중요한 곳인데, 내 감히 이 집에서 생을 마치겠느냐."고 말하며 다른 방으로 거처를 옮겨 죽음을 맞이하였다.

사실 왕의 사랑을 받지 못하고, 후사를 이을 수 없는 왕비가 그 자리를 지키기 위해서는 무던한 노력이 필요했다. 조선시대 왕비에게 있어서 아들을 낳는 일은 매우 중요한 의무 중의 하나였다. 자신의 본분을 지키지 못하는 왕비가 쫓겨나는 일은 적지 않았을 것인데, 정성왕후는 임금의 사랑을 받지 못했음에도 불구하고 꿋꿋이 그 자리를 지켜냈다. 그 방법은 스스로를 낮추어서 행동하는 것이었다. 왕비임에도 불구하고 대조전에서 죽지 않았을 정도였으니, 남들이 보기에도 지나칠 정도로 몸을 낮추었다고 보인다.

## ✣ 정성왕후, 피를 토하다!

영조 원년(1725년) 2월, 정성왕후는 팔과 다리의 마비 증세를 보인다. 연일 뜸을 떠서 치료하였으나 증세에 차도를 보이지 않았다. 어의들은 기의 흐름이 막혀 잘 흐르지 못하여 생긴 증상으로 보고, 유기음자(流氣飮子)를 처방하였다. 《동의보감》에서는 '온몸의 기운이 울체되어 오장(五臟)이 조화롭지 못하고 가슴이 그득하여 막힌 것 같으며 어깨와 등이 아픈 증상' 등을 치료하는 처방으로, 유기음자를 설명하고 있다. 여기에 교감단(交感丹)을 함께 복용하도록 하였는데, 기가 울체되어 가슴이 답답하고 명치 밑이 그득하여 아무것도 먹고 싶은 생각이 없어지면서 몸이 여위고, 또한 마음이 항상 불안한 데 쓰는 약이다. 다음날 팔다리 마비 증상과 함께 가슴이 답답하고 속이 불편한 증상이 더해졌다. 왕비는 증상이 호전되는 기미도 없이 며칠을 끙끙 앓는다.

영조 32년(1756년) 9월 무렵부터 정성왕후는 홀로 거동하기조차 힘들어진다. 평생 동안 해온 마음고생과 함께 65세의 적지 않은 나이로 인한 노화가, 정성왕후의 건강을 하루가 다르게 악화시키고 있었다.

영조 33년(1757년) 2월 14일, 66세의 정성왕후는 '검은 피를 한 요강이나 토하면서' 사망하였다. 바로 옆에서 벙어리 냉가슴 앓는 시어머니의 삶을 다 지켜본 며느리 혜경궁 홍씨는 시어머니인 정성왕후가 사망 당시 토한 검은 피를 두고서, "어려서부터 쌓인 것이 다 나온 것 같다."고 했다. 한평생 가슴 속 응어리를 피로 토해내는 시어머니의 죽음이 어찌 가슴 아프지 않았을까!

평생 동안 까맣게 타들어가는 정성왕후의 마음의 병은 왕비의 건강에까지 악영향을 미쳤다. 털어놓을 곳 없는 답답한 속내로 인한 담증은 정성왕후의 가슴 답답함과 속 불편함을 가져왔다. 일종의 진액 덩어리가 뭉치는 담증은, 팔다리의 마비 증상까지 나타나게 했다.

《승정원일기》에는 정성왕후 질병에 대한 기록은 많지 않다. 임금이 신경 쓰지 않는 왕비의 건강에 누가 그리 많은 관심을 보였겠는가. 내의원 의관들마저도 신경 쓰지 않았던 왕비. 60여 년의 세월 동안 혼자 모든 것을 조용히 삭여야 했던 왕비. 아무에게도 보일 수 없었던 왕비의 가슴 속 단단한 응어리는, 정성왕후의 마지막 가는 길에서야 검은 핏덩어리가 되어 몸 밖으로 나왔다. 저승까지 그 응어리를 가져갈 수는 없었던 것일까? 어쩌면 마지막 존재감을 궁궐에 쏟아놓고 가고 싶었는지도 모르겠다.

**홍릉, 정성왕후릉**(황지혜 제공)
영조의 정비 정성왕후가 묻힌 서오릉의 홍릉. 영조는 죽어서도 두 번째 부인인 정순왕후와 나란히 묻혀 있으며, 정성왕후릉은 홀로 떨어져 있다.

## ✛ 외로웠던 왕비의 삶, 그 이후

임금의 사랑을 받지도 못하고, 대를 이을 아들을 낳지 못하면서도, 50여 년 세월을 왕비라는 무거운 자리를 묵묵히 지켜낸 정성왕후. 영조는 정성왕후 사망 이후 행장에 다음과 같이 적고 있다.

> "왕후 나이 겨우 13세 때에 간택을 받아 나의 배필이 되었는데, 궁중생활 43년 동안 항상 웃는 낯빛으로 맞아주었다. 기쁜 얼굴빛과 온순한 자태로 윗사람을 섬기며 7년 동안 시탕(侍湯, 부모의 약을 먼저 맛봄)하였는데, 오래도록 대궐 안에 있으면서 밤낮으로 게을리하지 않았다."

첫날밤 이후 외면 당한 왕비가 임금을 볼 때마다 항상 웃는 낯빛이었다니, 지금으로서는 이해하기 힘들다. 그저 한 번 더 자신을 봐주기 바라는 왕비의 마음이 아니었을까? 그 속마음을 읽지 못한 건지, 알아주고 싶지 않았던 건지 결국 영조는 끝까지 왕비의 마음을 외면하였다. 살아서는 무관심에, 아파도 모르는 척했던 매정한 남편이었는데, 죽고 나니 '좋은 사람이었는데⋯⋯.'라는 입에 발린 말이 다 무슨 소용이겠는가. 겉으로는 웃고 있지만 속으로는 절대 웃을 수 없었을 왕비의 마음을 생각해본다면, 영조의 이런 이중적인 태도는 지금으로서는 이해받기 어려울 것 같다.

영조의 무관심 속에서 일생을 외롭게 보낸 정성왕후. 같은 임금과 함께 살았지만, 정치적으로 혹은 자신만의 강렬한 캐릭터로, 살아서도 죽어서도 많은 주목을 받는 계비인 정순왕후와 비교하면 왕비라는 가장 빛나는 자리에 있었지만, 화려하지도 많은 관심을 받지도 못

**원릉, 영조릉과 정순왕후릉(국립문화재연구소 제공)**
구리 동구릉의 원릉(元陵), 영조는 죽어서도 첫 번째 부인인 정성왕후 곁이 아닌 계비인 정순왕후 옆에 묻혀 있다.


한 정성왕후의 삶은 일견 초라해보일 수도 있다.

요즘 흔히들 하는 말로, "악플보다 더 무서운 게 무플"이라는 말이 있다. 무대 위의 스포트라이트를 받는 사람들에 대한 찬양만 넘치는 사회에서, 사실 무대 밑을 지키면서 무대를 만들어내는 사람들에 대한 무관심이 아쉬운 때이다.

하지만 정성왕후처럼 일평생 자신의 자리를 묵묵히 지켜내는 사람이야 말로 평범한 우리들의 모습이 아닌가 싶다. 세상을 채우는 대부분의 사람들이 정성왕후처럼 조용히 자신의 자리를 지키고 있는 사람들이지 않은가. 정성왕후는 영조의 냉대 속에서도 성실하고 묵묵하게 자신의 자리를 잘 지켜내었다. 누구나 주목하고 한 번 더 돌아볼 만한 화려한 이야깃거리가 없다 할지라도 정성왕후처럼 자신의 몫을 잘 지켜낸 이에게 지금이라도 관심과 찬사를 보내야 하지 않을까.

● 참고문헌

《승정원일기》
허준,《동의보감》
정은임, 〈'한중록'에 투영된 인물연구: 혜경궁 홍씨를 중심으로〉, 한국어와 문화 제7권, 2010.

# 9
# 임금의 몸에
# 바글거린 기생충
_ 영조

영조가 말하기를,
"오랫동안 회충(蛔蟲)을 토하지 않다가 최근 또 회충을 토했는데,
입에서 잘 나오지 않아서 입을 크게 벌리고 후벼 파냈더니 그 길이가
3~4촌(寸, 약 9~12센티미터) 정도 되었다. 최근 17일 동안 회충을 토
했고 뱃속에도 회충이 있는 느낌이 있다."
라고 하였다.

《승정원일기》 영조 29년 4월 22일

## ✛ 무언가 몸속에서 꿈틀거린다

"어지러움이 더 심해지진 않으셨습니까?"

영조 18년(1742년) 3월 23일, 영의정 김재로는 여느 때와 다름없이 영조에게 문안 인사를 드렸다. 영조는 당시 지속적으로 어지러움이 있었기 때문에 대신들은 문안할 때 어지럼증의 상태를 가장 먼저 확인하였다. 그런데 영조는 그동안 한 번도 이야기하지 않았던 뜻밖의 대답을 한다.

"특별히 더 어지럽지는 않았다. 그것보다도 최근에 소화기가 약해진 것 같아 여러 번 담(痰)을 토했는데 이전에 토했던 것과 달리 꿈틀거리는 것이 있어 살펴보니 회충이 있었다."

생전 처음으로 회충을 토한 영조는 회충이 올라올 때마다 사군자(使君子)라는 약재를 달여 먹기로 하였다.

사군자의 효과 덕분인지 영조가 회충을 토한 사건은 한 번의 해프닝으로 마무리되는 듯싶었지만 2년이 지난 영조 20년(1744년) 4월 14

일 영조는 다시 회충을 토한다. 이때는 생강차를 달여 먹으며 회충을 다스렸는데 그 효과도 4년 정도밖에 지속되지 않았다. 영조 24년 (1748년) 6월 15일에 다시 회충을 토하고 싶은 느낌을 이야기했고, 마침내 영조 25년(1749년) 5월 12일 회충을 토하게 된다.

"오늘 새벽에 목구멍에서 건더기 같은 것이 나올 것 같아서 토해보니 큰 회충이 나왔다. 길이가 반척(半尺, 약 15센티미터)은 되는 것 같았다."

커다란 회충을 토한 영조는 당시 크게 놀라지 않을 수 없었다. 회충을 토한 당일에는 속이 메스꺼운 오심(惡心) 증상을 호소하였으며 다음 날에는 불편한 마음을 추스르지 못하고 신하들과의 조회에도 늦게 나왔다. 신하들과의 조회에서 "몸에 있는 회충도 다스리지 못하는데 어찌 조정을 다스릴 수 있겠는가?"라는 말을 남겨 회충을 토하는 증상에 크게 마음을 쓰고 있었음을 알 수 있다. 이날 이후 대신들이 영조를 문안할 때 첫 질문은 어지럼증에서 회충으로 바뀌었다.

### ✢ 회충도 이기지 못한 영조의 고집

영조 29년(1753년) 5월, 햇볕은 연일 쨍쨍하게 내리 쬐고 땅은 갈라져 있었다. 극심한 가뭄이 지속되어 대신을 보내 기우제를 지내봤지만 비가 내려도 찔끔 내리다 그칠 뿐 충분하지 않았다. 상황이 이렇게 되자 임금이 나서지 않을 수 없었다. 영조는 5월 11일과 14일 두 차례에 걸쳐 친히 기우제를 지냈다. 극심한 가뭄으로 영조가 친히 기우제를 지내야 하는 힘든 시기에 설상가상으로 회충을 토하는 증상이 4년 만에 다시 나타났다.

두 번째 기우제를 지낸 다음 날인 영조 29년 5월 15일 영조는 급히 신하들을 불러 모아 이야기했다.

"회충의 기운이 너무 심해서 그저께 회충을 토하고 초경(初更, 저녁 7시~9시) 후에 또 다시 회충을 토하고 콧구멍 밖으로 나오는 지경에 이르렀다. 쉽게 토해지지 않을 때는 손으로 회충을 뽑아냈는데 그 크기가 놋젓가락과 같았다. 회충을 뽑아낸 후에도 목구멍 사이에 걸려 있는 느낌이 여전하구나. 너무 걱정이 되어서 적당한 약을 먹을까 해서 경들을 불렀다."

이에 "근래에 전하께서 수라를 많이 드시지 않는다고 들었습니다. 그렇기 때문에 위기(胃氣)가 약해져서 회충이 움직이는 것 같습니다. 지금부터라도 수라를 잘 드시고 안회이중탕(安蛔理中湯)을 드시는 것이 좋을 것 같습니다."라고 신하들이 대답한다.

안회이중탕은 비위가 차고 회충이 있으면서 배가 아프고 명치 밑이 트적지근하며 때로 메스껍고 토하는 데 쓰는 처방이다. 가뭄과 회충의 이중고를 겪고 있는 영조는 기우제와 안회이중탕으로 이중고를 해결하려 하였지만 어느 것 하나 쉽게 해결되지 않고 있었다.

영조 29년 5월 23일, 영조는 자신의 정성이 부족한 탓으로 가뭄이 지속된다고 생각하여 26일에 다시 친히 기우제를 지내겠다고 이야기한다.

내의원 제조 박문수는 영조가 백성을 가엽게 여기는 뜻은 잘 알지만 회충이 몸에서 움직이고 있어 탕제를 연달아 드시는 때에 여러 번 기우제를 지내는 것을 걱정하며 세자가 대신 지내게 하라고 청을 하지만 영조는 바로 거절한다. 좌의정 이천보와 우의정 김상로도 친히 기우제를 지내겠다는 명을 정지할 것을 다음날까지 거듭 청한다.

"전하께서 지금 회충을 토하시는 것은 온전히 기우제를 두 번이나 지냈기 때문입니다. 이번에 또 친히 기우제를 지내신다고 하니 전하의 뜻은 백성에게까지 전할 수 있겠지만 전하의 몸이 어찌 걱정되지 않겠습니까?"

이를 들은 영조는 몸이 조금 나아졌다고까지 이야기하며 자신의 뜻을 굽히지 않는다.

"나의 지난번 기우제는 성의가 부족했고 그 사이 또 시간이 오래되었다. 근래 회충의 기운이 조금 나았으니 부득불 친히 기우제를 지내겠다. 경들은 나의 몸이 걱정된다고 하나 나 역시도 가뭄 때문에 마음이 아프다. 나의 마음은 이미 사직단에 있다."

이 말을 들은 신하들은, "전하의 춘추(春秋)가 혈기 왕성한 나이이면서 다른 질병이 없으시다면 마땅히 가뭄을 위해 기우제를 지내시라고 하지 정지하라고 하겠습니까? 지금 회충이 움직여 탕제를 연속해서 드시는데도 친히 기우제를 하신다고 하니 어찌 걱정이 되지 않겠습니까?"라며 계속 만류한다.

하지만 신하들의 이런 간곡한 요청에도 불구하고 영조는 26일 예정대로 친히 기우제를 지냈고, 그럼에도 비가 내리지 않자 29일에도 한 차례 더 기우제를 지내고야 만다.

영조의 마음에 늦게나마 감복해서였을까? 하늘은 6월 10일이 되어서야 비를 내렸고 장마가 시작되었다.

영조 32년(1756년) 이후엔 영조가 회충을 토하는 것이 일상적인 일이 된다. 이렇게 되자 영조도 어느 정도 포기하고 회충과의 공생(共生)을 받아들이는 경지에 이른다.

영조 35년(1759년) 1월 21일 내의원 제조 이창수가 여느 때와 같이 회충의 증상에 대해 문안하자 영조가 대답한다.

"회충이 나오지는 않았는데 목구멍에 걸려 있는 느낌이다. 회충을 사람 안에 있는 용이라고 이르지 않느냐?"라고 이야기하며 몸속에 있는 회충을 인정하기 시작한다.

영조는 이후 뱃속 가득히 회충이 있음을 느끼며 수차례 더 회충을 토하였다. 처음 회충을 토할 때는 많이 놀랐던 영조가 이 시기 쯤에는 회충을 토하면 가슴 속이 뻥 뚫린 것 같다고 좋아하기도 하고, 회충이 목구멍에 걸려 있을 때 내관에게 빼내게 하면 내관이 놀라서 물러나는 것을 보며 웃기도 한다.

영조 37년(1761년) 12월 14일 영조가 회충을 토하면서 말하길, "방금 전 목구멍이 가려워 회충이 나오니 가슴이 뚫린 것 같다. 회충은 사람과 함께 사는 인룡이니 천하게 여겨서는 안 된다."라고 하였다.

영조는 한평생 자신을 괴롭혔던 회충조차도 천하게 여기지 않고 자신의 몸에서 함께 살아가는 존재로 인식하였고, 더 나아가 인룡을 다스리기 위해 탕약 역시도 끊임없이 복용하며 극복하고자 하는 의지를 보였다.

회충으로 고생한 것은 영조뿐만이 아니었다. 영조 25년(1749년) 12월 23일 판부사(判府事) 민응수는 밤에 추위를 많이 타는 증상과 기침이 심한 병을 오래 앓고 있어 영조에게 사직(辭職)을 청하였지만 받아들여지지 않았다. 이때 민응수는 추위를 많이 타는 병만 있었던 것이 아니었다. 회충이 끓어올라 연속해서 토하고 흉격(胸膈)이 아픈 증상 역시 사직의 또 다른 중요한 이유였다.

민응수는 정상적으로 관직을 유지할 수 없다고 느끼고, 한 달 후인 영조 26년(1750년) 1월 23일 다시 한 번 사직을 청한다. 사직의 주된 이유는 회충을 토하는 증상이 더욱 심해졌기 때문이었다. 영조는 민응수가 계속 관직을 유지하고 일하기를 원했지만 이때만큼은 병이 깊은 것을 알고 사직을 허락해주었다. 그러나 민응수는 사직한 지 반년 만인 영조 26년 7월 26일에 죽게 된다.

영조 26년 7월 29일 수찬(修撰) 김선행은 어머니가 회충을 토하는 증상이 심해져 간호를 위해 사직을 청했다. 또한 부교리(副校理) 이준휘 역시 영조 30년(1754년) 9월 15일, 11월 9일 두 차례에 걸쳐 어머니의 회충으로 인한 병을 간호하기 위해 사직을 청하였다. 이후에도 영조 재위기간 내내 신하 본인 또는 신하 어머니의 회충 병으로 사직을 요청하는 상소가 끊이지 않았다. 회충은 당시 임금의 몸에만 있었던 것이 아니라 신하와 일반 백성에 이르기까지 조선 전체에 매우 보편적으로 퍼져 있는 병이었고 증세 역시 격렬하고 치명적이었다.

회충은 기생충 가운데 가장 오래된 장내 기생충으로 사람이 농경을 시작하던 선사시대부터 널리 분포했다. 암컷은 길이 20~30센티미터, 폭 7~8밀리미터에 이르고 수컷은 길이 13~17센티미터, 폭 4~5밀리미터 정도이다.

회충은 주로 토양에서 자란 채소를 제대로 씻지 않아 떨어지지 않은 회충란(蛔蟲卵)이 사람의 입으로 들어가면서 감염된다. 경구로 들어온 회충란은 십이지장에서 유충이 되고, 소장 등의 상부 장관 내에서 주로 기생하게 된다.

회충 감염에 의한 증상은 보통 폐 이행, 장내 회충증, 장외 회충증의 3단계로 나누어 설명된다. 회충이 폐로 이행할 때는 보통 증상을 느끼지 못하지만 회충의 수가 많은 경우에는 기침, 가래 등의 감기나 폐렴과 비슷한 증상이 나타난다. 한편, 소장 내에 기생하는 동안에는 소수 감염에서는 자각 증상이 거의 없으나 회충의 수가 늘어나면서 복통과 설사가 흔하게 나타난다. 마지막으로 회충이 장외에 감염되었을 때는 중한 증상이 나타난다. 특히, 회충이 위(胃)로 이행하면 대부분 구토하여 입으로 회충을 배출하게 되는데 영조의 증상이 이와 꼭 들어맞는 것으로 보아 영조는 회충에 감염된 뒤 회충이 위에서 기생했던 것으로 추정된다.

회충과 같은 장내 기생충증은 여전히 지구상에서 가장 흔한 감염성 질환이고 세계 인구의 20퍼센트 이상이 감염된 것으로 추정하고 있다. 우리나라 역시 불과 1980년대까지만 하더라도 장내 기생충 감염률이 인구의 70퍼센트를 넘었지만 적극적인 박멸 사업 진행과 생활환경 개선으로 2~4퍼센트대로 낮아졌다.

요즘에는 알벤다졸(Albendazole)이나 플루벤다졸(Flubendazole) 성분의 구충제를 먹으면 회충이 장내에서 분해되기 때문에 실제로 회충의 모습을 관찰하기는 쉽지 않다. 만약 지금의 구충제가 개발되지 않았다면 21세기를 살아가는 우리도 어쩌면 적지 않은 사람들이 회충을 토하고 있을지 모를 일이다.

**인체 기생충(셔터스톡)**
쌍선충류에 속하는 인체 기생충으로, 암컷은 20~35센티미터, 수컷은 15~25센티미터 정도이다.
영조가 토한 회충의 길이를 통해 회충의 성별을 유추해 볼 수 있다.

문득 타임머신이 있다면 영조 시대로 가서 영조에게 현재의 구충제를 먹게 했다면 아마 큰 벼슬이 내려지지 않았을까 하는 흐뭇한 상상도 해본다.

● **참고문헌**

《승정원일기》

채종일, 홍성태, 최민호, 손운목, 이순형,《임상 기생충학》, 서울대학교출판문화원, 2011.

정준호(영국 런던대학 위생열대의학대학원), 사이언스온 '회충은 왜 빈곤국가를 좀먹나',〈한겨레21〉, 2010.7.28.

二
조선 왕실
사람들의
희로애락

• 박주영 •

# 10
# 왕비를 내쫓기 위해
# 없는 병을 지어내다

_ 장렬왕후

상께서 말씀하시기를,

"증상이 불결하고 전염성이 있기 때문에 옮기라는 것이다. 주상의 몸은 생각지 않고 작은 것을 문제 삼아 반대하니 그 의도가 의심스럽다. 중전의 병은 갑자기 발생한 것이 아니라 어려서부터 앓던 것으로 작년에 재발하여 최근에 더욱 심해진 것이니라."

라고 하였다.

《승정원일기》 인조 23년 10월 18일

## ❖ 후궁의 텃세 속에 환영받지 못한 어린 신부

광해 15년(1623년) 3월 12일의 밤은 길었다. 능양군(훗날 인조)이 군사 2,000명과 함께 창의문을 부수기 시작하였다. 쿵 쿵 쿵! 굳게 닫혀 있던 대문이 활짝 열렸다. 궐 안에서 대기 중인 훈련대장은 창덕궁을 활짝 열어 나머지 군사들을 맞이하였다.

"동생을 죽이고 모후를 폐하는 천하의 패륜아이자 미치광이 광해를 끌어내라!"

역모와 반란에 시달렸던 광해의 시대가 이렇게 막을 내렸다. 인조는 인조반정을 통해 '군(君)'에서 '왕(王)'으로 신분 상승하였지만, 항상 좋은 일만 있을 수는 없었다.

춥디추웠던 인조 13년(1635년) 12월의 겨울, 만삭의 인렬왕후가 산실청에서 출산을 앞두고 있었다. 당시 산모의 나이는 42세로 노산이었다. 진통 시간이 지속되자 산모가 힘겨워하였다. 눈에 넣어도 아깝지 않을 막내아들이 어렵게 세상의 빛을 보았지만 곧 숨졌고, 나흘 뒤 안타깝게 왕후도 숨을 거두었다.

엎친 데 덮친 격으로, 이듬해 겨울에는 친명배금(親明排金) 정책을 펼치던 조선에 앙심을 품은 청나라가 침입하였다. 보통 전쟁이 나면 적이 조선 땅을 밟기 전에 강화도에서 신속히 수비를 시작하였다. 그러나 대처가 늦었던 인조는 어쩔 수 없이 가까운 남한산성으로 피신을 갔다. 한 달 동안 성에서 버텼지만 끝내 항복을 선언했고 두 왕자를 청나라에 볼모로 보내야 했다.

자존심이 많이 상한 인조의 마음을 어루만진 이는 바로 20대의 젊은 후궁 귀인 조씨였다. 인조는 매일 밤 귀인 조씨의 방을 찾아가 위로를 받았다. 그녀와 함께 있으면 모든 근심과 시름을 잊을 수 있었고 평생 행복하게 살 수 있을 것만 같았다. 두 사람은 달달한 시간을 함께 보내며 세 명의 자식을 낳았고, 인조의 커가는 애정에 비례해 조씨의 콧대도 함께 높아져 갔다. 때마침 중전의 자리도 공석이었겠다, 조씨는 내명부 일에 적극 개입하며 안주인 행세를 하였다.

인조 16년(1638년) 전쟁의 아픔이 아물자 인조는 44세에 새장가를 든다. 새 신부는 바로 인천부사였던 조창원의 막내딸, 15세의 장렬왕후였다. 그녀는 인조와 무려 서른 살 차이가 났으며, 심지어 인조의 친자식들보다 나이가 어렸다. 지금 생각해봐도 꽤 파격적인 혼사이다.

"중전은 곱디고와 마냥 소녀 같소."

인조는 혼인한 첫날밤 어린 신부의 곁을 지켰다. 그러나 그날이 마지막이었다. 남편은 노련한 후궁에 정신이 팔려 있어 새 신부의 존재를 까마득히 잊어버렸다. 장렬왕후는 아이를 단 한 명도 임신하지 못하였다. 아들 둘에 딸 한 명을 낳은 후궁 조씨는 자식을 낳지 못한 어린 중전을 무시하기 시작하였고, 착한 중전은 부당한 일을 당하여도 참을 수밖에 없었다.


## ✥ "중전에게 위험한 병이 있도다!"

청나라에 갔던 첫째 아들 소현세자와 세자빈 강씨가 조선으로 돌아왔다.

"아바마마. 조선은 청나라의 우수한 문물을 받아들여야 합니다."

병자호란의 치욕을 잊을 수 없는 인조는 세자가 반갑다기보다 꼴보기 싫은 마음이 더 컸다. 소현세자가 귀국한 지 4개월 만에 사망한 이유에 대한 논란은 여전히 진행형이다. 형님의 뒤를 이어 세자가 된 봉림대군은 핑계를 대며 침을 맞지 않았고 약도 먹지 않았다고 한다.

그런데 바람 잘 날 없었던 인조의 재위기간 중에 뜻밖의 사건이 발생한다. 그날은 인조 23년(1645년) 8월 12일이었다. 인조가 어의 최득룡과 의녀 연생을 부른다.

"중전이 지난해부터 병을 앓고 있으니 어의는 처방을 의논하여 아뢰라."

인조가 남긴 이 한 마디는 조용히 숨죽이며 살던 중전의 운명을 송두리째 바꿔놓는다.

부인에게 무관심으로 일관하던 임금이 무슨 바람이 불어 갑자기 약을 지어주겠다는 것인가? 어의들은 인조의 의중을 파악할 길이 없었으나, 청심온담탕(淸心溫膽湯)이라는 처방을 달여 올렸다. 중전에게 주구장창 청심온담탕을 달여 올린 지 두 달이 지났다.

"중전의 병은 사가에 있을 때부터 앓던 것이고, 작년에 재발하였다. 그 병이 불결하고 전염의 위험이 있으니 중전의 거처를 경덕궁으로 옮기라. 또한, 세자는 병이 옮을 수 있으니 중전에게 문안을 드리지 말라."

인조는 위험한 전염병이라고 말했지만, 혼인 전부터 실제로 위험한 병을 앓고 있었다면 중전으로 간택되지 않았을 것이 분명하다. 이는 부인을 별궁으로 내치려는 계산된 행동이었으며, 아마도 간악한 후궁 조씨의 모함에서 비롯된 일이었을 것이다. 하지만 봉림대군은 자신보다 다섯 살이 어린 새어머니를 극진히 모신 효자 중의 효자였기 때문에, 아버지의 명을 거역하고 매달 두 번씩 경덕궁에 가서 문안을 드렸다. 한 나라의 보위를 이어받아야 할 세자가 꼬박꼬박 문안을 드렸다는 점으로 보아 장렬왕후의 병이 위험한 병은 아니었던 듯하다.

왕후는 인조 23년(1645년) 8월부터 인조 27년(1649년) 4월까지 청심온담탕, 용뇌안신환(龍腦安神丸), 자하거환(紫河車丸) 등을 복용하였다. 언급된 처방들은 모두 간질에 사용되는 약이다. 그렇다면 그녀는 정말로 간질을 앓았던 것일까?

✛ "국모의 질병을 함부로 모함했으니 대역무도가 아니고 무엇입니까?"

인조가 있는 힘을 다하여 마지막 붙어 있는 숨을 헐떡거렸다. 이 와중에 귀인 조씨는 장렬왕후가 인조의 임종을 지키지 못하도록 방해하였다. 이를 알게 된 세자 봉림대군이 불같이 화를 내며 조씨를 쫓아냈고 왕후를 급히 모셔오도록 명하였다. 세자 덕분에 왕후는 남편의 마지막 가는 길을 볼 수 있었다.

인조 27년 5월 8일 인조가 사망하자, 희한하게도 내의원에서는 왕후에게 더 이상 간질을 치료하는 약을 처방하지 않았다. 남편이 죽자마자 부인의 간질이 회복되었다는 점은 아무래도 납득하기 어려운 일이다.

귀인 조씨는 친자식에게 보위를 물려주기 위해 부단히 노력하였으나, 인조는 정실부인의 둘째 아들에게 왕위를 물려주었다. 봉림대군이 효종으로 즉위하게 되었고, 새 임금은 과거의 잘못된 일들을 일일이 바로잡았다. 눈엣가시였던 귀인 조씨에게 사약을 내렸고, 장렬왕후에게 왕실 최고어른의 지위를 부여하고 왕후의 거처를 옮기기 위해 창덕궁 만수전을 수리하였다. 효종 덕분에 장렬왕후의 지친 몸과 마음은 점점 회복되어 갔다. 그리고 효종은 감동적인 일을 하나 더 추진하는데, 이는《승정원일기》와 '효종실록'에 나온다.

> "대비께서는 한 번 감기가 드신 것 외에 예전의 증세가 재발하지 않으셨다. 신하가 되어 감히 질병이 없는 국모를 함부로 모함했으니 대역무도(大逆無道)의 죄를 물어야 한다."

효종은 장렬왕후에게 간질에 관한 약을 처방했던 어의들을 추궁함으로써 정치적 이유로 왜곡되었던 진실을 밝혀주었다. 대비가 간질을 앓았던 적이 없음을 명명백백히 밝혀준 것이다. 이후 대비는 효종의 보호 하에 특별히 아픈 곳 없이 건강한 삶을 유지하였다.

그러나 평화는 단 10년뿐이었다. 효종은 얼굴에 난 종기를 치료하던 중에 과다 출혈이 원인이 되어 젊은 나이에 승하했다. 장렬왕후는 대비가 되었지만, 대비의 상복을 입는 기간을 두고 서인과 남인이 격렬하게 언쟁하였다. 대비는 의견 하나 내지 못한 채 신하들이 입으라는 대로 상복을 입는다.

숙종 13년(1687년)에는 대비가 거처하던 창덕궁 만수전에 큰 화재가 발생했다. 치솟은 화마는 걷잡을 수 없이 번져 나가 창덕궁을 삼켰고, 그곳에 머물러 있었던 대비는 급히 피신하였다. 심장이 벌렁거리고 두 손은 벌벌 떨렸다. 건강하던 대비의 건강에 적신호가 켜지는데, 이듬해 4월부터 기침이 시작되었다. 어의들은 시호쌍해산(柴胡雙解散), 시호육군자탕(柴胡六君子湯), 시호사물탕(柴胡四物湯) 등 감기를 치료하는 한약을 처방하였다. 그러나 대비의 배와 다리 쪽은 심하게 부어올랐다. 음식을 먹으면 구토하여 음식을 삼키기 어려웠고 밥을 먹어도 설사를 하였다. 허리와 무릎이 아파 걸을 수 없는 지경에 이르렀다. 감기에서 비롯된 합병증으로 앓아누워 고생하다가 숙종 14년(1688년) 8월 26일 65세의 나이로 사망한다.

인조는 실제 앓고 있지도 않던 간질이라는 병을 거짓으로 지어내 부인을 별궁으로 내쫓은 매정하고도 잔인한 남편이었다. 친아들을 증오하고 며느리와 손자를 사망에 이르게 한 인조였으니, 애정 없는 부인을 모함해서 내쫓는 일쯤은 아무것도 아니었을지도 모르겠다. 이에 동조하고 부추긴 이는 아마도 귀인 조씨였을 것이다. 늦게나마 새어머니의 억울함을 밝혀주고 지켜주었던 아들 효종은 안타깝게도

**휘릉, 장렬왕후릉(박주영 제공)**

경리 구리시 인창동 소재한 사적 제193호 휘릉(徽陵). 조선 제16대 임금 인조의 계비 장렬왕후의 릉이
다. 참고로 인조와 원비 인렬왕후 한씨의 릉인 장릉(長陵)은 경기도 파주시 탄현면에 위치해 있다.

10년 밖에 재위하지 못한 채 사망하고 말았다.

장렬왕후는 재물에 욕심이 없고 맑은 성정을 가진, 국모로서 가장 모범적인 여인이었다. 그러나 현실적으로는 악독한 후궁에게 밀려 남편의 사랑을 받지 못해 자식을 낳지 못했고, 그 결과 정치적 입지가 좁아진 비운의 왕비였다. 이미 많이 늦었겠지만, 우리가 지금이라도 역사 속에 묻힐 뻔한 진실을 찾아내고 파헤쳐준다면, 억울한 이의 맺힌 한을 조금이라도 풀어줄 수 있지 않을까?

● **참고문헌**

《승정원일기》
《조선왕조실록》'효종실록'
박주영, 〈조선 장렬왕후의 치병기록에 대한 의사학적 연구 – '승정원일기'의 의안을 중심으로〉, 경희대학교 일반대학원 석사학위논문, 2015.
박주영, 차웅석, 김남일, 〈조선 장렬왕후의 경련에 대한 치병기록 연구 – '승정원일기'의 의안을 중심으로〉, 한국의사학회지, 2016;29(1).

# 11
# 목숨 바쳐 구한 아들
_ 명성왕후

내의원에서 말하길,

"뜻밖에 이러한 망극의 고통을 당하였사옵니다. 성상은 아직 증세를 회복하지 못하였는데 애통하고 슬퍼 우시니 옥체의 상함이 대단할 것이옵니다. 원컨대 통증을 억누르지 마시고 빈번히 의관을 불러 진찰하시옵소서."

하였다.

《승정원일기》 숙종 9년 12월 6일

## ✤ 후궁을 두지 못한 임금 현종과 외아들 숙종

현종 즉위년(1659년) 11월 15일. 조선 18대 임금 현종과 명성왕후 사이에 첫 아기가 탄생하였다. 명성왕후는 태어날 아기가 공주보다는 왕자이길 내심 바랬다. 안정적인 보위 승계와 정치 세력의 강화를 위해서였다. 그러나 왕후의 기대와 다르게 예쁜 공주가 탄생하였다.

내의원 어의들은 산모의 산후조리에 효과가 좋은 궁귀탕(芎歸湯)을 신속히 달여 올렸다. 이와 동시에 왕실의 가장 웃어른인 대비전에 특별한 부탁을 드렸다.

"대비마마. 공주 아기씨의 탄생에 궁인들이 실망하는 기색을 보이지 말라 일러주시옵소서."

명성왕후는 출산 이후 몸조리를 잘 하였고 이듬해 다시 임신하였다. 현종 2년(1661년) 8월 드디어 기다리던 아들이 태어났다. 조선에서 남부러울 것 없는 다음 보위를 이을 원자의 어머니가 되었다.

이 남자 아기는 훗날 숙종으로 즉위한다. 명성왕후는 숙종을 출산한 이후 두 명의 딸을 더 출산하여 총 1남 3녀를 낳았다. 남편인 현종은 정부인 외에 다른 여자에게 눈길 한번 줄 수가 없었다. 그 이유는 현종이 병약하기도 했고 또 명성왕후의 성격이 아주 불같았기 때문이기도 했다.

왕후는 아들을 낳자 더욱 기세등등하여 남편과 조정을 마구 휘어잡았다. 현종이 마음을 두었던 한 궁인에게 후궁 첩지를 내리려고 하였지만, 명성왕후의 눈치를 보던 신하들의 반대로 무산되었다는 일화도 있다. 현종 재위기간 중 후궁이 된 궁녀는 단 한 명도 없었다 하니 왕후의 성격을 짐작할 만하겠다.


### ✥ 두 딸을 잃고 아들도 잃을 위기에 놓이다

현종 대는 조선 왕실 안팎으로 혼돈스러운 시기였다. 안으로는 신하들이 '예송논쟁(禮訟論爭, 현종 때 인조의 계비인 장렬왕후의 상례(喪禮) 문제를 둘러싸고 남인과 서인이 두 차례에 걸쳐 대립한 사건)'을 벌여 편을 갈라 정치 싸움을 하였고, 밖으로는 대기근, 홍수, 태풍, 전염병 등으로 30~40만 명의 백성들이 사망하였다.

현종 본인은 평생 피부병과 눈병에 시달렸으며 온천욕을 한 달 이상 꾸준히 하여야만 피부병이 조금 호전이 될 정도로 상태가 좋지 않았다. 현종 15년(1674년) 어머니 효숙대비가 사망하자 현종의 건강이 급격히 악화되었고, 같은 해 8월 34세의 젊은 나이로 승하하였다.

다른 남자 형제나 배 다른 형제가 없었던 외아들 숙종은 탄탄한 정통성을 갖춘 채 다음 임금으로 즉위하였고, 어머니 명성왕후는 왕대비가 되었다. 서인 세력이었던 그녀의 친정은 정치에 적극 개입하였고 남인을 철저히 배척하였다. 승승장구하던 명성왕후에게 첫 시련이 생기니, 바로 첫째 딸과 둘째 딸을 천연두로 잃은 것이다. 당시 천연두는 어린 아이들이 흔하게 앓았지만 치료법이 발달되지 않아 사망률이 굉장히 높았던 위험한 질환이었다.

숙종은 다행히 영유아기에 천연두를 앓지 않았다. 숙종 9년(1683년) 5월 여름에 감기 증세를 앓았던 것 외에 어린 시절 숙종은 크게 아픈 적이 없었다. 그러나 같은 해 10월 한양에 천연두가 크게 창궐하였고, 많은 아이들이 천연두에 걸렸다. 그때는 20대의 젊은 임금 숙종도 천연두를 피해갈 수 없었다. 두 딸을 잃은 슬픔이 채 가시기 전에 아들이 천연두에 걸려 사경을 헤맨다는 어의의 말은 명성왕후에게 청천벽력과도 같았다. 명성왕후는 혹여나 아들이 독살을 당하지 않을까 하여 수라상의 기미를 직접 맛보기도 하였던 유별난 엄마였다.

숙종의 몸은 불덩이 같았으며 계속된 구토로 음식을 섭취하지 못하였다. 숙종 9년 10월 27일이 고비였다. 의원들이 탕약을 달여 올려 얼굴과 상체 쪽의 열기를 가라앉혔다. 숙종의 상태가 점차 호전되어 11월 5일에 시약청을 파하였다. 죽음의 문턱에서 병마와 싸우다 겨우 살아난 숙종은 낮밤을 가리지 않고 자신의 병을 돌본 어의들에게 그 노고를 치하하며 상을 내렸다.

그러나 11월 22일 왕대비 명성왕후의 건강이 좋지 않다는 보고가 올라왔고, 다음 달 12월 42세의 나이로 건강하던 왕후가 갑자기 사망했다. 숙종 9년 그해 겨울, 궁궐에서는 과연 무슨 일이 있었던 것인가?

어의들의 의술만으로 부족하다고 생각했던 왕대비 명성왕후는 급기야 '막례'를 불러들였다. 막례는 굿하고 점을 치는 무당이었으며, 점괘를 우연히 맞춘 후 왕대비의 신임을 듬뿍 받으며 혜성처럼 등장하였다. 왕대비는 당시 양반들만 가질 수 있는 좋은 기와집과 노비 그리고 가마를 막례에게 선물로 내리고 국가의 대소사 및 개인적인 고민거리를 그녀와 함께 상의하였다.

막례는 가마를 타고 대궐을 들락거렸고 궐내에서 귀부인마냥 행동하였다. 신하들이 막례의 무엄한 태도를 다 알고 있었으나, 명성왕후의 권세가 워낙 막강하였기 때문에 함부로 하지 못하였다.

"왕대비마마, 전하께서는 간신배들이 날리는 살에 맞아 편찮으신 겁니다. 이 살을 풀어내는 굿을 해야 합니다. 이번에 굿을 하지 않으신다면 전하께서는 목숨을 잃으실 수도 있습니다. 사악한 무리들로부터 전하를 지켜내시옵소서, 마마."

목숨을 잃는다는 말을 듣자 명성왕후의 눈앞이 캄캄해졌다.

"자네 말대로 굿을 하겠네. 매일 전쟁을 치르는 것 같은 이 궁궐에서 내가 믿을 수 있는 사람은 자네뿐이야."

"새벽녘 우물에 고인 첫 물을 받으십시오. 그 신성한 물로 목욕을 하여 몸을 정갈히 한 후, 신령님께 기도를 드리는 굿을 하면 되옵니다. 오직 이 방법으로 전하를 살릴 수 있습니다."

며느리 인현왕후는 무당의 말을 듣고 황당하였지만 확고한 시어머니의 뜻을 말릴 수 없었다.

명성왕후는 굿을 성공적으로 마쳐야 한다는 부담감에 밤새 잠에 들지 못하고 뒤척였다.

'이번 굿이 성공하면 주상은 병마를 이겨내고 일어날 수 있을 게야.'

속절없이 첫 닭이 울었다.

"궐 안에 소문이 나지 않게 은밀히 진행해야 하네."

믿음직한 소수의 상궁과 궁녀를 모아 치성을 드릴 준비를 하였다. 바깥에 오래 서 있기조차 힘든 매서운 한겨울이었다. 하얀 속옷 차림의 왕대비의 모습은 비장함 그 자체였다. 북과 징의 울음소리가 굿의 시작을 알렸다. 작두 위에서 춤을 추는 막례의 손짓에 따라 궁녀가 차가운 물 한 바가지를 퍼서 왕대비의 몸에 부었다. 입술이 파래지고 턱이 덜덜 떨렸다. 왕대비는 두 손을 모아 정성스럽게 기도를 드렸다.

숨죽여 지켜보던 인현왕후와 궁녀들이 흐느껴 울기 시작하자 물바가지를 들고 있던 궁녀가 잠시 머뭇거렸다.

"뭘 머뭇거리느냐. 바가지에 물을 퍼서 더 부어라!"

얼음물 한 바가지를 맞자 심장이 멎는 느낌이었다.

"부어라! 더 세게 붓지 못하겠느냐!"

온몸의 근육이 칼에 잘게 찢겨 나가는 고통이었다. 흐려져가는 의식의 끝에 주상의 얼굴이 보였다. 명성왕후는 병석에 있는 아들을 생각하니 정신을 놓을 수가 없었다.

"주상! 이 어미가 주상을 살릴 수 있으니 걱정마세요. 당장은 고통이 심하겠지만 조금만 기다리세요. 힘든 시련도 이제 거의 끝나갑니다."

손가락과 발가락의 감각이 점점 무뎌져갔다. 이승인지 저승인지 알길 없는 아득함만이 남았다.

굿은 무사히 마쳤지만, 왕대비는 끝내 의식을 잃고 혼절하였다. 놀란 궁인들은 왕대비를 바로 대비전으로 모셨다.

## ❖ 건강하던 왕대비는 아들을 살리고 끝내 사망하다

왕대비의 몸에서 열이 펄펄 끓었다. 궁인들이 옆에서 돌보았지만 왕대비는 시간이 지날수록 기침을 심하게 하였고 폐와 가슴 부위의 통증을 호소하였다.

인현왕후가 의관을 부르려고 하였지만 왕대비가 아무도 부르지 못하게 하였다. 무당이 신성한 궐 안에서 굿을 했다는 사실이 드러나면 신하들의 비난이 거세질 것이 분명하였다.

옆에서 간병하던 막례가 나지막이 궁인들에게 말했다.

"왕대비 마마께서는 주상전하를 위해 치성을 드리다가 고뿔에 걸리신 것이니, 전하의 병이 회복되면 마마의 병도 자연스레 나을 것이네. 고뿔에 효과가 있는 따끈한 차 한 잔 내오라고 전하게."

12월 5일 왕대비의 목이 붓고 아프며 기침이 심하다는 소식을 들은 의관들은 단순 감기로 판단하고 인후와 편도의 열을 내려주는 금은화차를 달이고 마음을 진정시켜주는 청심환을 올렸다. 이는《승정원일기》에 명성왕후에 관한 마지막 치료 기록으로 남아있으며, 명성왕후는 이날 바로 사망하게 된다. 현대 의학적으로 명성왕후는 제때 치료하지 못한 독감이 악화되어 발병한 폐렴으로 사망한 것이 아닐까 생각해볼 수 있다.

왕실에서는 왕대비가 굿판을 벌이다 사망한 이 황당한 사건을 부끄러워 하며 쉬쉬하였다. 이쯤 되면 명성왕후를 죽게 한 장본인인 막례의 최후가 궁금할 것이다. 그래서 '숙종실록'과《승정원일기》를 조금 더 살펴보겠다.

**숭릉, 현종릉과 명성왕후릉**(박주영 제공)
경기 구리시 인창동 소재한 사적 제193호 숭릉(崇陵). 조선 제18대 왕 현종과 명성왕후 김씨의 능이다.
평생 후궁 한 명 두지 못하였던 현종은 사망 이후에도 왕후와 단둘이 함께 하고 있다.

'숙종실록' 숙종 9년(1683년) 12월 15일.

"임금이 천연두를 앓았을 때 요사스러운 무녀가 함부로 궐내로 들어와 복을 빈다는 핑계로 임금의 곤포를 입고 굿을 하였다. 또한, 대비가 매일 차가운 샘물로 목욕할 것을 청하고 궁인들을 꾀어 재화를 많이 취하고 항상 가마를 타고 다녔다. 이에 사헌부에서 무녀를 잡아 가두었다."

《승정원일기》숙종 10년(1684년) 2월 22일.

"무녀 막례가 궐내에 들어와 굿을 하고 질병을 낫게 해준다는 핑계로 사망에 이르게 하였으니 형벌을 가중시켜야 한다."

신하들은 조정을 어지럽힌 막례를 처단해야 한다는 상소문을 끊임없이 올렸다. 하지만 어머니의 성격을 그대로 물려받은 숙종은 신하들에게 휘둘리지 않았다.

"무녀가 궐내에 출입하면서 난잡한 짓을 한 것을 과인이 병중에 있어 까마득히 몰랐다. 경들의 말을 들어보니 참으로 원통하고 놀랍구나. 마땅히 법에 의해 다스려야겠지만 왕대비의 병이 무녀에게서 말미암았다는 점은 생각해보아도 의아하다. 현명하신 대비께서 무당에게 현혹될 리가 없다. 대비께서 돌아가신 것은 단지 나의 불효 때문이니 대비께 더욱 통탄스럽다. 이는 소문이 잘못 나서 생긴 일이다."

어머니가 자신의 병을 낫게 해주려 치성을 드리다가 돌아가셨다는 것을 알게 된 숙종은 망극한 슬픔 속에 장례를 치렀다. 숙종은 어머니가 곁에 두고 아꼈던 막례를 차마 죽이지 못하고 멀리 외딴 섬으로 귀양을 보냈다. 신하들은 귀양 보내는 명을 거두고 법대로 처단해야 한다고 계속 고하였지만, 숙종은 숙종 13년(1687년) 9월 귀양 보낸 막례를 오히려 영구 석방하였다.


### ⁜ 과유불급, 무엇이든지 과한 것은 좋지 않다

명성왕후의 죽음은 의학적인 면에서 본다면 헛되고 무의미한 죽음이다. 그녀는 똑똑한 여성이었지만 의학적 무지함으로 인해 굿으로 아들을 살리겠다는 잘못된 결정을 하게 되었다. 또한 병석에 앓아누웠을 당시 바로 의관을 불러 폐렴의 합병증에 대한 치료를 충분히 받았다면 살 수 있었기 때문에 안타까운 마음이 든다. 명성왕후는 막례를 곁에 두어 개인적인 조언을 많이 구하기도 하였지만, 막례의 방자함과 무모함 때문에 결국 사망에 이르렀다.

천연두에서 살아나자마자 친어머니가 돌아가셨으니 숙종의 슬픔과 충격은 이루 말할 수 없이 컸을 것이다. 숙종은 다섯 살 때 명성왕후가 병들자 직접 병수발을 들 정도로 효심이 깊었다. 막례의 죄를 더 이상 묻지 않고 석방시켜주는 모습은 고인이 된 어머니의 마지막 명예를 지켜드리고자 하는 숭고한 마음에서 비롯된 것일 터이다.

명성왕후의 사망 사건으로 말미암아 우리는 두 가지 교훈을 얻을 수 있을 것이다.

첫 번째로, 자식을 향한 맹목적인 사랑을 경계할 필요가 있다는 점이다. 자식을 위해서라면 모든 것을 내던지려 하는 현대 어머니들의 과열된 모성애와 치맛바람은, 이성적인 판단을 흐리게 하여 오히려 자식과 어머니 본인에게도 해가 될 수 있음을 보여준다. 두 번째로, 몸이 아플 때는 국가에서 허가하지 않은 무면허 의료인에게 몸을 맡기는 것을 경계하고 의료인에게 적극적으로 상담을 받고 전문적인 치료를 받아야 한다는 점이다. 검증되지 않은 치료법은 오히려 병을 더 키울 수 있다는 것을 꼭 기억해야 한다.

● **참고문헌**

《승정원일기》

《조선왕조실록》'숙종실록'

고대원, 김동율, 김태우, 차웅석, 〈숙종의 두창에 관한 '승정원일기'의 의안 연구〉, 한국의사학회지, 2012, ;25(1).

# 12
# 경종 성불구설의 진실
_경종

내의원에서 아뢰기를,
"왕세자저하께서 어제 저녁부터 등과 배에 홍반(紅斑)이 여럿 발생하
고 때때로 매우 가려워하십니다."
라고 하였다.

《승정원일기》 숙종 27년 10월 10일

## ❖ 장희빈, 경종의 생식기를 잡아당기다?

자진하라는 어명을 받은 지 보름째 되는 날이었다. 그동안 있었던 숱한 일들이 떠올랐다.

　어린 시절 나인으로 입궁해 궁중의 일들을 하나씩 배우던 시절, 임금의 눈에 띄어 그의 사랑을 받으며 지냈던 시절, 무엇보다도 왕의 아들을 낳고 왕비의 자리까지 올랐던 순간까지 영화로웠던 기억들이 그녀의 머릿속을 스쳐갔다. 그랬던 그녀에게 자진은 말도 안 되는 일이었다. 이 나라의 왕세자가 자신의 핏줄임을 만천하가 아는데, 도대체 어떤 나라가 왕이 될 사람의 어미에게 이런 명을 내린단 말인가!

　수많은 신하들이 상소를 올렸다. 물론 그 누구도 그녀의 결백을 주장하지는 않았다. 하나같이 세자 걱정 뿐이었다. 앞으로 이 나라를 다스리게 될 사람이기에, 어린 나이에 이리도 큰 정신적 고통을 감내하게 할 수는 없었다. 그러나 왕의 마음은 요지부동이었다. 오히려 왕은 이렇게 하는 것이 세자를 위하는 일이라 하며 대신들의 주장을 받아들이지 않았다. 그렇게 보름동안 명을 거두어 달라고 청하였으나 임금의 뜻은 꺾이지 않았다.

숙종 27년(1701년) 10월 10일, 더 이상 살 수 있는 방도는 없었다. 아들이 보고 싶었다. 자신의 빛나는 순간부터 죽음에 이르는 이 순간까지 함께 하고 있는 이제 겨우 열네 살 된 소년이었다. 장희빈은 왕에게 마지막으로 부탁했다. 세자를 마지막으로 한 번만 더 볼 수 있다면 더 이상 지체하지 않고 왕의 명을 따르겠다고 하였다. 어미와 자식의 정이 얼마나 깊은지 아시지 않느냐고 호소했다. 그 말이 통했던 것일까. 결국 왕은 마지막으로 세자를 볼 수 있게 허락하였다.

세자를 보자마자 그녀는 눈물을 쏟았다. 세자를 향한 모성애가 치솟았다. 어린 세자를 홀로 두고 떠나야 한다는 마음에 괴로웠다. 그런데 하필 바로 그때, 저 멀리 그가 보였다. 한때는 너무도 뜨겁게 사랑했던 한 사람, 이제는 자기를 버리기에도 모자라 죽게 만든 바로 그 사람이 서 있었다. 용서할 수 없었다. 순간 참을 수 없는 미움이 온몸으로 표출되었다. 입에서는 그를 저주하는 말들이 튀어나왔고 손은 어느새 세자의 생식기를 붙잡고 있었다. 모든 것이 왕의 뜻대로 되는 이 상황이 너무도 싫었다. 내 아들로 어떻게든 이 나라의 대를 이어가겠다는 그 사람의 욕심만큼은 꺾어내리고 싶었다. 그렇게 마지막 남은 힘을 다해 세자의 생식기를 꽉 붙잡았다. 숙종을 향한 장희빈의 마지막 복수는 이렇게 이루어졌다.

## ✣ 성불구도 모자라 정신질환까지?

숙종과 장희빈 사이에서 태어난 경종은 경종 4년(1724년) 승하할 때까지 두 명의 아내가 있었다. 그의 첫째 아내는 단의왕후였다. 그녀는 경종이 9세이던 1696년, 11세 나이로 세자빈에 간택되었다. 그러나 경종이 왕위에 오르기 2년 전인 1718년, 33세의 나이로 세상을 떠났다. 같은 해에 왕실에서는 서둘러 다음 세자빈을 간택했으며 이때 세자빈의 자리에 오른 여인이 경종의 두 번째 아내인 선의왕후이다. 당시 선의왕후의 나이는 14세였다. 경종은 오직 이 두 여인만을 자신의 아내로 취하였으며, 37세의 나이로 세상을 떠날 때까지 그 누구에게서도 자식을 얻지 못하였다.

경종은 후궁도 없었고 별다른 염문설도 없었는데, 조선 27인의 왕 중에 후궁이 없는 왕은 현종, 경종, 순종 이렇게 세 사람 뿐이었다. 이런 경종의 모습 때문인지 그가 아랫도리 힘이 약해서 남녀 간의 일에 대해서 모른다는 기록도 남아있다.

경종의 건강상의 문제는 생식에만 국한된 것이 아니었다. 어머니를 여읜 이후 경종은 나날이 야위어갔다. 용모는 수척해지고 안색은 누렇게 변하였으며 멍하니 서 있는 경우도 다반사였다. 벽을 바라보고 앉아서 마치 벽이 사람인 양 중얼중얼 대화를 하고, 한밤중에 홀로 뜰 이곳저곳을 돌아다니기도 하였다. 왕이 신하들을 인견하고 있는 공식석상에서 의복도 제대로 갖추지 않은 채 창문 사이로 얼굴을 내밀고 신하들을 바라보기도 하였다. 모든 사람이 슬피 울고 있는데 혼자 까닭 없이 웃기도 하였으며, 임금이 되어서도 소변을 가리지 못해 항상 앉은 자리가 축축이 젖어 있었다. 또한 머리를 한 번도 빗지 않아 머리카락이 엉키고 먼지가 쌓여 있기도 하였다.


## ⚜ 노론의 관점에서 본 소론의 왕

육체적, 정신적 허약함에 성불구까지 온갖 문제를 가진 경종이었지만, 그는 30년간 세자교육을 받고 이후 4년간 이 나라의 왕으로 살아간 인물이었다. 앞서 46년간 나라를 다스린 아버지 숙종, 뒤에서 52년간 나라를 다스린 동생 영조가 있기에 4년이라는 그의 치정기간이 유독 짧게 느껴지기는 하나, 대리청정을 했던 3년까지 포함한다면 실권자로서 그가 나라를 다스린 기간은 총 7년에 이른다. 소변도 제대로 못 가리고, 지저분한 모습으로 멍하니 벽과 대화를 나누는 사람이 조선을 7년간 다스렸다는 말이 된다.

여기서 한 가지 짚고 넘어가야 할 것이 있으니, 경종의 성불구와 정신병적 행동에 대한 이야기가 어디서부터 시작되었느냐는 점이다. 먼저 경종의 성불구설, 특히 그가 장희빈에 의해 성불구가 되었다는 이야기가 시작된 책은 《수문록(隨聞錄)》이다. 《수문록》은 《농수수문록(農叟隨聞錄)》이라고도 불리는데, 농수 이문정이 숙종·경종 년간에 있었던 역사, 특히 당쟁과 관련된 내용을 기록한 책이다. 이문정은 사촌동생 이진유가 소론과 손을 잡고 신임사화(辛壬士禍)를 일으키자 그와 절교하고 관직을 관둔 인물로, 《수문록》에서도 그가 노론을 변호하는 모습을 볼 수 있다.

경종의 성불구 및 정신 문제에 대해 기록한 또 다른 책은 《단암만록(丹巖漫錄)》과 《대사편년(大事編年)》이다. 《단암만록》의 저자는 단암 민진원으로, 인현왕후 민씨의 동생이다. 그는 신임사화 당시 유배되었다가 영조의 즉위로 노론이 집권하게 되자 우의정 자리에 오른 노론 측 주요 인사이다. 《대사편년》은 편저자가 알려져 있지 않으나, 경종의 정신적 문제를 다룬 본문 내용에 대해서는 '단암의 기사를 참고하였다'는 기록이 남아있다.

경종이 세자였던 숙종 년간, 그리고 경종이 치정했던 경종 년간은 모두 노론과 소론간의 당쟁이 심화되었던 시기이다. 경종은 소론의 지지를 받는 왕이었으며, 특히 왕위에 오른 이후 한 차례의 사화를 통해 집권당을 노론에서 소론으로 뒤바꾼 인물이었다. 집권 세력이었던 노론은 신임사화로 노론 4대신 및 대다수의 인사들이 화를 입게 된 것이다. 《수문록》과 《단암만록》은 모두 이처럼 경종을 향한 복수의 마음이 담긴 이들이 남긴 글이었다. 그렇기에 그들의 글 속에는 경종을 못마땅히 여긴 노론의 시각이 자연스럽게 녹아 들어 있었던 것이다.


#### ✛ 문제는 생식기가 아니라 피부였다

《승정원일기》에도 장희빈의 자진과 관련된 내용이 남아있다. 이에 따르면, 숙종 27년 9월 25일 숙종이 장희빈에게 자진을 명한 이후 수많은 신하들이 상소를 올렸다. 그들은 장차 왕이 될 세자의 안위를 걱정하여 명을 거두어주시길 요청하였으며, 세자 역시 숙종의 이와 같은 결정 때문에 괴로워하고 답답해했다. 내의원의 말에 따르면 당시 경종은 밤새 뒤척이며 잠도 제대로 못 이루었다고 한다.

그러다 10월 8일 장희빈의 자진 명령이 재차 떨어지고, 9일 저녁부터 경종의 몸에는 이상반응이 나타난다. 그것은 홍반(紅斑)이었다. 붉은 반점이 그의 몸, 특히 등과 배 부위에 주로 발생하였으며 극도의 가려움을 동반하기도 하였다. 10일 왕세자의 이상 상태를 들은 내의원은 급히 세자를 진단하였으며 청기산(淸肌散)이라는 처방을 내린다. 이튿날 조금 증세가 심해지는 듯싶더니 그 다음날인 12일이 되자 붉은 반점은 모두 사라졌다.

아쉽게도《승정원일기》나 '경종실록' 같은 왕실 정사기록에는 장희빈의 자진 광경이 자세히 기록되어 있지 않다. 그 자리에 세자가 함께 하였는지, 장희빈이 정말 죽기 직전에 근거리에서 세자를 보았는지에 대해서 등은 정사(正史)를 통해 확인할 수 없는 사실이다. 다만 만약 야사에서 말하는 것처럼 경종이 성불구가 될 정도로 장희빈이 그의 생식기를 붙잡고 늘어졌다면 최소한 그날, 혹은 그 다음날이라도 내의원에서 이에 대해 조치를 취했을 것이다. 그러나《승정원일기》에 적힌 바로는, 당시 내의원에서 살펴봤던 경종의 질환은 생식기 질환이 아니라 홍반이라는 피부 질환이었다.


## ⚜ 경종 불임의 원인은 바로 이것!

야사가 거짓이라 해도 경종이 평생 자식을 갖지 못한 것은 사실이다. 그렇다면 경종이 자식을 갖지 못했던 이유는 무엇일까? 주지할 만한 점 하나는 그가 상당히 비만했다는 점이다.

경종은 세자 시절이었던 20대에 이미 비만한 체형이었으며, 왕실

관료들의 걱정 역시 이만저만이 아니었다. 왕위에 오른 뒤에도 비만에 대한 관료들의 걱정이 이어졌다. 특히 경종은 비만으로 인해 음(陰)과 기(氣)가 허해지고 몸 안에 불필요한 습(濕)이 쌓이는 등, 다양한 건강상의 문제까지도 가지고 있었기에 왕실에서는 이 문제로 상당히 골치 아파했다. 즉위 2년에 만삼차를 장기 복용할 것을 권유 받은 까닭도 비만으로 인해 음이 허해진 그의 건강을 돌보기 위함이었다.

한의학에서는 비만을 불임의 원인 중 하나로 본다. 비만한 사람은 몸 안에 습이 많은데 이 습으로 인해 몸 안의 기운이 잘 소통되지 못하면서 생식기능도 저하되기 때문이다. 경종에게 있어 습으로 인한 건강상의 문제는 한두 가지가 아니었다.

경종에게는 화가 자꾸 치솟는 기이한 질병이 있었는데, 이는 습으로 인해 기운이 잘 소통되지 못하여 인체 상부에 있는 열이 계속 위로

**경종대왕태실(김동율 제공)**
충청북도 충주시 엄정면에 소재하는 경종대왕태실은 충북유형문화재 제6호로 지정되어 있다.

올라가 발생하는 병이었다. 또 무릎의 통증을 만성적으로 앓았는데 이는 습이 경락에 쌓이면서 생긴 증상이었다. 그 외에도 그는 가미조중탕(加味調中湯)이라는 처방을 장기 복용하였는데, 이 처방은 몸 안에 쌓인 습을 제거하는 처방이었다.

비만이 남성 불임의 원인으로 손꼽힌 것은 어제 오늘의 일이 아니다. 비만은 정자의 활동력을 저하시키고 호르몬 불균형을 유발하며 성욕감퇴 및 성기능 장애를 유발시켜 남성의 생식능력을 떨어뜨리는 주요 요인이다.

근래에는 생물학적으로 임신이 가능한 상태임에도 불구하고 임신이 안 되는 경우를 난임이라고 표현하기도 하는데, 비만으로 인해 아이를 못 갖는 경우는 바로 이러한 난임에 해당한다.

비만했던 왕 경종도 난임에서 자유롭지 못했다. 비록 노론 측에서 주장하듯 경종이 장희빈에 의해서 생식기능을 완전히 상실한 생물학적 성불구는 아니었으나, 비만으로 인한 난임 상태는 그의 생식능력에 대한 이같은 루머를 만들어내기에 충분했을 것으로 보인다.

● 참고문헌

《승정원일기》
《조선왕조실록》 '경종실록'
편저자 미상, 《대사편년》
민진원, 《단암만록》
이문정, 《수문록》
《한국민족문화대백과》, 한국학중앙연구원
김동율, 〈장희빈의 죽음이 경종의 건강에 미친 영향〉, 경희대학교 석사논문, 2013.
오갑균, 〈경종의 생애와 치정에 대한 일고찰〉, 청주교육대학논문집, 1977:13.

# 13
# 시아버지가 선사한 화병

_ 혜경궁, 명성황후

왕이 말하길,
"혜경궁이 봄, 여름 이후 몸 상태가 늘 편안하지 않으며, 마음에 또
한 항상 미워함을 품고 있으니 조리하는 약을 의논하여 정해 복용하
는 것이 좋을 것 같다."
하였다.
도형이 말하길,
"전날에 귀비탕을 드린 바 있으니, 가감하여 올려 복용하시도록 하
는 게 좋을 것 같습니다."
하였다.

《승정원일기》 정조 즉위년 7월 7일

### ❖ 아버님, 어찌하여 남편에 이어 자식까지 빼앗아 가시나이까!

사도(思悼). '애달프게 생각한다'는 뜻이다. 영조가 죽은 아들에게 내린 시호이다.

영조 38년(1762년) 윤5월 13일, 왕은 휘령전 앞 뒤주 속에 세자를 가두었다. 세자는 무더위와 배고픔과 갈증 속에서 8일을 버티다 결국 목숨을 잃고 말았다. 세자가 죽고 난 후 뒤주를 열어보니 자신의 오줌을 받아 마신 흔적도 보였다. 한때 조선의 왕이 될 뻔했던 사도세자의 끝은 이렇게 비참했다.

> "서글프고도 서글프도다. 그때의 일을 내가 어찌 차마 말할 수 있으랴. 하늘과 땅이 맞붙고, 해와 땅이 어두운 변을 만났으니 내가 어찌 잠깐이라도 세상에 머물 마음이 있겠는가. 칼을 들어 목숨을 끊으려 했지만 옆에 있던 사람이 빼앗아 뜻을 이루지 못했다. 참고 참아 모진 목숨을 보전하며 하늘만 부르짖었다."

지아비인 사도세자를 잃었던 그날의 일을 혜경궁 홍씨는 《한중록(閑中錄)》에서 위와 같이 표현하고 있다.

사도세자가 죽임을 당하자 홍씨는 자동으로 세자빈의 지위에서 밀려나 어린 자식들과 함께 친정으로 돌아갈 수밖에 없었다. 그녀 나이 28세 때의 일이었다.

'죽지 못해 살아있지만 이는 모두 내 아들 세손을 지키기 위함이다. 앞으로 남은 내 삶의 유일한 희망은 세손을 잘 키우고 적들의 위협에서 지켜내 왕위를 잇게 하는 것뿐이리라. 그러기 위해서는 저 변덕스런 시아버지 영조 임금을 우선 넘어서야 할 것이야.'

눈물을 훔치며 홍씨는 다짐을 한다.

친정으로 내려온 날로부터 보름 뒤, 뒤늦게 아들을 죽인 것이 후회되었는지 영조가 죽은 세자에게 사도란 시호를 내리고 복권시킨다. 그리하여 홍씨는 세자빈의 지위를 되찾고 궁궐로 되돌아갈 수 있었다.

"저희 모자가 목숨을 보전함은 모두 전하의 성은이로소이다."

"내가 너를 볼 마음이 어려웠는데 이렇게 마음을 편하게 해주니, 참으로 너의 마음이 아름답구나."

홍씨는 재입궁한 뒤 만난 영조에게 이렇듯 원망 대신 감사의 예를 바쳤다.

그러나 다시 입궁한 후에도 그녀의 가시밭길은 끝이 없었다. 사도세자를 향해 있던 노론의 화살은 남편이 죽은 후 그녀의 아들 세손을 겨냥했다. 그러다 영조 40년(1764년) 7월, 그동안 홍씨를 후원해주던 사도세자의 생모 영빈 이씨가 세상을 떠난다. 그때부터 그녀는 노론의 사주를 받은 궁녀와 환관들을 경계하며 조금의 빈틈도 보이지

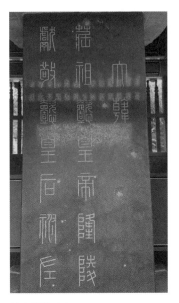

**헌경의황후 부좌 (서창용 제공)**
경기도 화성시에 있는 융릉에 위치한 고종이 친필로 쓴, '대한 장조 의황제 융릉 헌경의황후 부좌'다. 사도세자의 부인 혜경궁 홍씨로 잘 알려져 있는 헌경왕후는, 고종 때 '헌경왕후(獻敬王后)'로 추존되었으며, 대한제국 때 '의황후(懿皇后)'로 다시 추존되었다.

않으며 생활한다. 그런데 갑자기 영조가 홍씨의 아들이자 훗날 정조가 되는 세손을 효장세자의 후사로 삼겠다고 발표한다. 효장세자는 열 살의 나이에 죽은 영조의 장남이었다. 이는 사실 세손을 사도세자의 그늘에서 벗어나게 해주려는 영조의 배려였다. 하지만 결론적으로 졸지에 아들을 빼앗긴 격이 되어버린 홍씨로서는 견디기 힘든 소식이었다.

"위에서 하시는 일을 아랫사람이 감히 이렇다 하겠냐마는 그때 내 심정은 망극할 따름이었다. 내가 임오년 화변 때 모진 목숨을 결단치 못하고 살아있다가 이런 일을 당할 줄이야."

남편을 잃고 아들만 바라보며 하루하루를 근근이 버티었던 홍씨는 《한중록》에서 그날의 일을 이렇게 표현하며 애통해했다.

✠ 시아버지가 일으킨 폭발물 테러 사건으로 가족을 잃다!

"지방의 한 수령이 바치는 진상품을 가져왔습니다. 이 상자 안에는 복이 들어 있으니 바깥사람이 함께 하지 못하도록 꼭 안에서 열어보십시오."

고종 11년(1874년) 11월 28일, 한 승려가 민승호의 집에 찾아와서 특이하게 생긴 선물상자를 건네며 이런 당부의 말을 하고 사라졌다. 민승호는 명성황후의 양오라비이자 대원군에 맞서 고종의 편에 있었던 인물이다. 승려에게 상자를 건네받은 그는 '이 상자 안에는 진귀한 보물이라도 들었나 보다.'라고 생각한다. 사실상 당시 권력을 쥐고 있던 그에게 이런 식으로 뇌물을 갖다 바치는 사람이 많았기 때문이었다. 그러나 민승호가 방 안으로 들어가 상자를 열쇠로 여는 순간, "펑! 으악……." 엄청난 굉음과 함께 집의 방 한 칸이 통째로 날아갈 정도의 큰 폭발이 일어났다. 조선시대에 폭발물 테러 사건이 벌어진 것이다.

이 폭발로 근처에 서 있던 민승호의 친아버지인 민치구와 당시 열 살이었던 민승호의 아들이 그 자리에서 죽었다. 그리고 역시 근처에 있던 민승호의 양어머니이자 명성황후의 친모인 감고당 한산 이씨도 함께 사망했다. 폭탄 바로 앞에 있던 민승호는 온몸이 시커멓게 타들어가며 아무런 말도 하지 못한 채 세상을 떠나고 말았다. 그가 죽어가면서 대원군이 있는 운현궁 쪽을 두세 번 가리켰다는 얘기도 전해진다. 민승호가 죽으면서 테러의 배후로 의심한 흥선대원군. 과연 대원군이 이 테러의 진범일까?

민승호는 원래 대원군의 부인인 부대부인 민씨의 친동생이었는데 명성황후가 아비도 남자형제도 없는 상태에서 왕비가 되었으므로 보호자 격으로 양오라비가 된 인물이다. 그런데 흥선대원군의 권력이 내리막길로 접어들던 시점에 민승호가 명성황후와 고종의 편에 서서 홍선대원군과 대적했다. 그러므로 대원군은 그가 자신을 배신한 것으로 생각해 괘씸하게 여겼으리라 짐작된다.

또한 이 폭발물 테러 이전에도 민승호의 집에 알 수 없는 화재가 난 적도 있었다. 게다가 당시 대원군에게는 고성능 폭탄을 동원할 능력이 있었다. 대원군은 집권기간 동안 서양의 위협에 대응하기 위해서 갖가지 신무기 개발에 열중했다. 당시가 개항을 막 시작한 시점이라 외국에서 폭탄을 들여올 수도 없었다는 것을 감안하면, 이 정도의 고성능 폭탄을 만들고 동원할 수 있는 사람은 대원군 정도의 배경이 아니면 힘들었을 것이다. 이런 여러 정황으로 미루어볼 때 이 사건의 배후는 대원군일 가능성이 높다.

당시의 기록을 살펴보면, 외국대사들도 "명성황후의 오라버니를 홍선대원군이 죽였다."라고 뒤에서 얘기하고 있었을 정도로 이 사실은 공공연한 비밀이었다.

하루아침에 하나밖에 없는 혈육인 친어머니와 믿고 의지했던 양오라비의 가족들을 테러로 잃게 된 명성황후. 게다가 이를 일으킬 만한 사람은 아무리 생각해도 자신의 시아버지인 대원군밖에는 없다. 자신의 가족을 끔찍한 폭탄 테러로 죽인 범인을 당장 잡아 그에게 죄를 물어 능지처참하고 싶은 심정이지만 그렇게 할 수 없는 현실이 더욱 비참했다. 왜냐하면 도덕적, 정치적 이유로 대원군을 수사하기는 불가능했기 때문이다.

분명 고종이 나서서 이를 조사할 수 있었지만 대원군은 고종의 친아버지이다. 또한 수사를 했을 때 대원군 추종 세력의 반란도 우려되므로 쉽게 행동하기 힘들다. 결국 이 사건은 대원군의 측근인 신철균을 배후로 지목해서 그를 죽이는 것으로 마무리짓는다. 이는 대원군에게 더 이상의 경거망동을 하지 말라는, 고종이 할 수 있는 최대한의 경고 메시지였을 것이다.

"내 남편이 조선의 왕이요, 나는 조선의 왕비인데, 내 어머니, 오라비를 한꺼번에 죽인 범인조차 제대로 죄를 묻지 못하다니……. 참으로 억울하고 분통하다. 참고 넘기려니 화가 치밀어 올라 견딜 수가 없도다."

가족을 잃은 슬픔과 죄인을 벌하지 못하는 울분을 함께 삼키며 명성황후는 수십일 째 밥도 못 먹고, 밤마다 쉽게 잠들지 못했다.


## ✛ 혜경궁 홍씨와 명성황후의 화병

어린 세자빈 홍씨의 궁궐생활은 힘들었지만 한편으로는 재미있었다. 이른 아침부터 남편과 함께 낯설고 엄해 보이는 궁궐 어른들에게 문안을 드려야 했고, 엄격한 궁중예법을 익히고 적응하느라 잠시도 긴장의 끈을 놓을 수가 없었다. 하지만 남편 사도세자가 다정다감한 성격이었으므로 긴장된 생활 속에서도 심심하지 않고 웃을 수 있었다. 그러나 이런 행복감도 잠시, 어려서 총명해 기대를 한껏 받고 있던 남편이 시아버지에게 질타와 미움을 받기 시작한 것이다.

시아버지인 영조와 남편과의 불화 사이에서 어린 나이부터 살얼음판을 걸어가는 심정으로 하루하루를 보냈고, 결국 시아버지가 남편을 뒤주 속에 가둬 굶겨 죽이는 끔찍한 순간까지도 지켜봐야 했던 비운의 세자빈 홍씨. 남편의 죽음 이후 세손만 보고 지키기 위해 살아왔는데, 시아버지의 선포로 하루아침에 자신의 아들마저 뺏기게 되는 고통을 겪게 된다.

하루도 마음 편할 날 없었던 끔찍한 세월을 오로지 아들이 왕이 되는 것을 보기 위해 참아왔던 그녀. 드디어 그녀의 오랜 숙원이 이루어져 아들이 정조 임금으로 보위에 오르게 되었지만, 인고의 지난 세월은 그녀의 가슴에 화병이라는 질환을 남겼다. 음식을 먹으면 답답하고 속이 메스꺼워 수라를 제대로 들지 못하였고, 밤에는 잠을 제대로 이루지 못하는 불면에 시달렸다. 그리고 갑자기 열이 올라왔다가 별안간 갑자기 추위를 느끼는 것을 반복하는 증상도 있었고, 발목 피부의 가려움증도 나타나 홍씨를 힘들게 하였다.

당시 의학에도 정통했던 정조는 어머니 발의 가려움증은 가슴에 쌓인 화로 인해 생겨난 것이라 말하였다. 내의원에서도 홍씨의 병을 치료하기 위해 화를 치료하고 내려주는 귀비탕(歸脾湯)과 강기탕(降氣湯) 등을 사용하여 치료한 기록이 있다. 정조의 지극한 정성과 치료 속에서 증세는 호전을 보였으나 워낙 긴 세월 동안 쌓였던 병이라 홍씨의 화병은 쉽게 완치가 되지는 않았다.

명성황후도 역시 시아버지 때문에 화병을 앓았다.

"마마, 천만 뜻밖에 갑자기 망극한 슬픔을 당하여 반드시 손상되신 데가 있을 것이므로 내의원에서 인삼속미음을 올렸사옵니다. 제발 한 술이라도 드시옵소서."

"며칠째 수라를 들지 않으니 신들의 타들어가는 심정을 뭐라 표현해야 할지 모르겠습니다."

내의원에서 인삼속미음을 달여 올리지만 명성황후는 큰 충격으로 며칠 동안 수라를 들지 않는다. 안타깝고 걱정스러운 마음에 내의원에서 고종에게 지속적으로 고하니, 고종은 황후에게 수라를 들 것을 권한다.

"슬프고 원통하여 서럽고 허전함이 갈수록 새로우나, 권하신 뜻을 받들고 또 경들의 청을 따르자니, 망극한 심정을 스스로 누르기 어렵도다."

명성황후는 자식이 죽었을 때에도 놀랐거나 슬프다는 감정 표현을 겉으로 드러낸 적이 없었고, 몸이 아프다는 말도 별로 하지 않았다. 그러나 이 가족 폭탄 테러 사건 이후 위와 같이 속마음을 표현했다. 이를 통해 이 사건이 얼마나 명성황후

**명성황후 탄강구리비(하동림 제공)**
경기도 유형문화재 제41호. 비석 앞면에는 "명성황후가 태어나신 옛 마을(明成皇后誕降舊里)", 뒷면에는 "광무 8년 갑진 오월 어느날 엎드려 눈물을 머금고 공경히 쓰다(光武八年甲辰五月日拜手飮涕敬書)"라는 의미의 글이 새겨져 있어, 이 비가 1904년(광무 8년) 건립된 것임을 알 수 있다.

에게 큰 충격이었는지를 짐작할 수 있다.

《승정원일기》에 따르면, 황후가 고종 11년(1874년) 11월 28일 일어났던 민승호 집의 폭파 사건 이후 12월 17일까지 식사도 제대로 하지 않아 내의원에서 황후의 건강을 걱정하여 계를 계속 올리는 모습이 기록되어 있다. 이후 식사는 조금씩 하게 되나 평상시처럼 들지는 않았고, "몹시 슬픈 마음이 더욱 새로우나 심정을 억제하고 날을 보낸다."라는 표현으로 미루어볼 때 황후는 이 사건 후, 억울한 사건 후에 참고 억제하여 생기는 마음의 병인 화병이 생겼을 것으로 보인다.

명성황후는 이후, 열로 인해 몸의 진액이 졸아들어 발생된 담이 소화기에 영향을 줌으로 인한 체기를 가장 많이 호소하였다. 황후는 "울체된 화로 못 견디겠다.", "화기로 괴로운 중이다.", "두통, 불면에 어지럼증까지 나타나 힘이 든다."라고 친척에게 친필 편지까지 보냈다. 화병으로 인한 증상들을 견디다 못해 친척에게 편지로 하소연까지 하게 된 것이다.

## ✦ 왕실에서 자주 앓았던 화병, 어떻게 해야 할까

조선왕과 왕비, 세자, 세자빈의 생애를 살펴보다 보면 화병이 없었던 분이 몇이나 되었을까 싶을 정도로 파란만장한 삶이 많았다. 그들 화병의 원인은 각각 정치적 상황, 친아버지인 왕, 남편, 시어머니, 시아버지, 자신과 대적한 왕비나 후궁 등 다양하다. 이 중에서도 왕인 시아버지에 의해 화병이 유발된 대표적 인물이 앞에서 살펴보았던 혜경궁 홍씨와 명성황후이다.

그렇다면 이들이 앓았고 평상시에 우리들이 자주 얘기하고 있는 화병(火病)이란 무엇일까? 화병은 억울하고 분한 마음이 지속되어 발생하는 병이다. 화병의 증상은 불면, 피로, 공황, 임박한 죽음에 대한 두려움, 우울한 감정, 소화 불량, 식욕 부진, 호흡 곤란, 전신의 통증과 상복 부위의 이물감, 빠른 맥박 등이다. 화병은 마음에서 비롯되며 분노와 연관이 있고, 이러한 감정을 풀지 못하는 시기 즉, 쌓아두는 시기가 있으며 화의 양상으로 폭발하는 증상이 있다. 즉 화병의 중요한 원인은 분노를 억제하고, 참고 쌓아두는 것이다. 위에서 살펴보았던 혜경궁 홍씨와 명성황후도 분노를 억제하고 참고 쌓아두는 시기를 거쳐 화병이 발생하게 된 것이다.

그러면 어떻게 해야 화병에 걸리지 않고 지나갈 수 있을까?

살다보면 누구나 억울하고 분한 상황을 만나기 마련이다. 이런 상황이 발생하는 것은 개인이 제어할 수 없는 부분이다. 따라서 화병의 발생기전(發生機轉) 중 우리가 제어할 수 있는 부분인 '억제하고 풀지 않아 쌓아두는 시기'를 만들지 않으면 된다.

이는 자신의 억울한 감정을 삭이거나 묵히지 말고 언제든 표현하는 방식으로 해결 가능하다. 부드러운 대화법을 통해 자신의 감정을 드러냄으로써 쌓이지 않게 만드는 것이다. 정말 나에게 억울한 큰 사건을 일으키고 상대방이 사라져버리는 일이 벌어진 경우에는, 그 감정을 풀어내기 위해 가까운 병원이나 심리상담소 같은 곳에 가서 상담을 받아보는 것도 도움이 된다.

화병의 특성상 장기화되어 나타나는 경우가 많으므로 한번 발생하면 치료하고 풀어내기도 쉽지 않고 치료하는 데 시간이 오래 걸릴 수 있다. 그러므로 최선의 방법은 예방하는 것이다. 이미 화병이 발생하여 신체 증상이 나타난 상황이라면, 앞서 혜경궁 홍씨가 복용하였던 귀비탕이나 강기탕 같은, 화를 풀어주고 내려주는 한약 치료제가 있으니 오랫동안 뭉쳐 있었던 가슴 속의 화를 풀어내는 것이 좋겠다.

최고 권력자인 왕의 아내, 그리고 왕의 어머니도 화병 때문에 고생했던 점으로 보아 궁궐에서 지냈던 그녀들의 마음은 그다지 편안하지 않았던 것 같다. 예나 지금이나, 궁궐의 여인들에게나 여염집 여인들에게나 시아버지는 역시 어려운 존재인가 보다.

● 참고문헌

《승정원일기》

방성혜, 《용포 속의 비밀, 미치도록 가렵도다》, 시대의 창, 2015.

이기대, 《명성황후 편지글》, 다운샘, 2007.

오영섭, 《한국 근현대사를 수놓은 인물들(1)》, 경인문화사, 2007.

하동림, 〈명성황후의 의학기록에 대한 의사학醫史學적 연구〉, 경희대학교 석사논문, 2017.

# 14
# 알고 보니 임금이
# 정신질환자

_ 인조

연평부원군 이귀가 상소하였다.

"어리석은 신하의 생각입니다만, 흉흉한 물건들이 궁중 곳곳에 널려 있으니 기이한 정신병이 생길 수밖에 없습니다. 대비께서도 승하하셨 으니 신하와 백성들의 괴로움에 어찌 다함이 있겠습니까?"

《승정원일기》 인조 10년 10월 27일

### ❖ 수십 년을 괴롭힌 심신증

"번침(燔鍼) 치료는 이제 정지하는 것이 어떻겠습니까?"

인조 21년(1643년) 8월 26일 내의원 도제조 심기원의 말투에 걱정이 묻어났다. 뜨겁게 달궈진 침을 왕에게 사용한 것도 올해 벌써 16번째였다. 피부 타는 소리가 양화당 창밖까지 들려왔다. 신하들은 옥체가 상하지는 않을지 걱정하였지만 인조의 말은 단호했다.

"번침 치료를 받으면서 증상이 감소하고 있다. 지금 그만둔다면 거의 다 된 일을 그만둬버리는 것과 다름없지 않겠는가."

심신증(心身症)이란 심리적 혹은 정신적 문제로 인해 신체에 다양한 증상이 나타나는 병을 일컫는 표현으로, 현대 의학으로는 일종의 정신병이라 할 수 있다. 인조 5년(1627년)부터 시작된 이 병은 재위기간 내내 그를 괴롭혔다. 인조에게 나타난 주요 증상은 한열(寒熱), 즉 더위와 추위가 반복적으로 발생하는 것이었다. 내의원에서 다양한 치료법을 구사하였으나 적합한 치료법을 찾는 일이 그리 쉽지는 않았다. 그러던 가운데 찾게 된 치료법이 있었으니 그것이 바로 번침법(燔鍼法)이었다. 불에 달군 침으로 혈자리를 자극하는 번침법은 현대 연구자들도 정신적 문제를 해결한다고 설명하는 치료법이다.

인조가 번침 치료를 처음 받기 시작한 데에는 그를 정신적으로 크게 흔든 사건과 관련이 깊다. 일명 '궁중 저주 사건'이라 불리는 것으로, 누군가 왕에게 저주를 걸어 죽게 만든 뒤 왕권을 교체하려 한 일이 있었던 것이다. 이미 정묘호란을 겪으면서 왕으로서의 권위가 흔들렸던 인조였기에 본 사건은 그를 심적으로 크게 압박했다.

사건의 전말은 다음과 같았다.

인조 10년(1632년) 가을 궁중에 흉측한 물건이 여기저기에 숨겨져 있으며 궁인들 몇몇이 몰래 제사를 지낸다는 소문이 돌았다. 그러던 어느 날 궁녀 말질향이 갑자기 독약을 먹고 자결하는 사건까지 벌어지면서 소문에 대한 의문은 더욱 커져갔다. 결국 여러 궁인들을 공초하여 저주의 근원을 찾으려 하였으나 결과는 실패였다.

실체를 찾지 못한 저주 사건은 인조의 마음을 불안하게 만들었다. 신하들은 저주 사건으로 인해 왕에게 사수(邪祟, 일종의 귀신들린 증상, 혹은 기이한 정신질환)가 발생하였다고 믿었으며, 몸에 나타난 한열과 같은 증상도 다 여기서 비롯되었다고 여겼다. 결국 몇 달간 치료하다가 찾은 방법이 번침법이었다. 이듬해 1월부터 시작된 번침법은 3월에 일차적으로 마무리되었으며, 10월초에 세 차례 더 시행한 뒤 완전히 마무리되었다.

인조가 다시 번침 치료를 받게 된 것은 그로부터 6년 뒤였다. 재미있는 점은 이때도 치료를 받기 직전에 한 차례의 저주 사건이 있었다는 것이다. 때는 인조 17년(1639년) 여름이었다. 소문만 무성했던 첫 번째 저주 사건과 달리 이번에는 동궁과 경덕궁 등지에서 저주와 관련된 여러 물건들이 발견되었다. 7년 전부터 숨어있던 저주의 배후, 그 실체를 찾을 수 있을 거라는 기대감이 더해지면서 수사에 더욱 박차를 가했으며, 그 과정에서 인목대비의 궁녀였던 기옥이 범인으로 지목되었다.

결국 사건과 관련된 여러 궁녀들, 그리고 기옥의 가족들까지 모두 엄벌에 처해졌다. 하지만 그들에 대한 처벌이 우습기라도 하다는 듯, 한 달 뒤 다시금 저주 사건이 일어나면서 궁중은 혼란에 빠졌다. 의심 가는 여러 인물들을 다시 추궁하였으며 저주의 본체를 찾기 위해 노력하였으나 사건은 또다시 미궁 속에서 마무리되었다.

두 차례의 저주사건이 미결로 끝나게 되면서 인조의 불안감은 더욱 커졌다. 왕을 해하려는 존재가 7년이라는 세월이 지나도록 밝혀지지 않았던 것이다. 인조의 심신증 역시 다시 심해졌으며, 이는 또다시 번침 치료로 이어졌다.


## ✣ 불안이 만든 자기방어기제

인조 19년(1641년) 1월 2일, 인조는 다음과 같은 글을 공표한다.

"내가 박덕한 몸으로 일국 신민의 임금이 되어 백성을 편안히 살게 하고 감싸 보호할 책임이 있는데도 경국제세(經國濟世)의 지혜가 어둡고 사랑하는 정성이 부족하였다. (중략) 그 당시(병자호란)에 정의를 다하여 싸울 것을 명령하는 것은 실로 어렵지 않은 일이었다. 그런데 허겁

지접 성을 나와 항복하여서, (중략) 4년이 지난 지금 상처는 더욱 심해졌고 백성들은 거듭 화를 당하고 있다. (중략) 내가 오랜 병중에서 이런 일을 차마 보게 되었으므로 밥을 먹어도 목에 넘어가지 않고 잠자리에 들어도 잠을 이룰 수가 없다."

인조는 괴로웠다. 호란에 대한 죄책감이 그를 붙잡았다. 어찌할 수 없는 패자의 상황은 그를 비관적으로 만들었고, 앞으로 맞이하게 될 부정적 미래에 대한 불안감이 그를 엄습해왔다.

'청나라는 앞으로 어떻게 나올 것인가, 끌려간 가족과 백성들은 어떻게 될 것인가, 혹 자신이 그랬던 것처럼 누군가 자기를 내쫓고 왕이 되는 것은 아닌가.'

불안은 인조의 심리 깊은 곳에 자리 잡아 그의 사고와 행동의 지표가 되었고, 오늘날 정신분석학에서 말하는 여러 방어기제로 드러났다.

인조에게 나타난 대표적 방어기제는 '전위(혹은 전치, displacement)'였다. 전위는 내적으로 발생한 충동을 당사자가 아닌 다른 대상에게 옮기는 방어기제로, 당사자보다 약한 대상에게 내적 충동을 폭발시킨다. 예를 들어 회사에서 받은 스트레스를 가족들에게 푸는 행위가 전위이다. 병자호란 당시 끌려갔다 다시 돌아온 소현세자에 대한 인조의 태도는 전형적인 전위의 방어기제였다. 청나라에 풀지 못한 분노는 청나라 문물에 비교적 호의적이었던 소현세자에게 폭발했다.

'분리(splitting)'는, 사실을 판단하고 기억함에 있어서 아주 좋은 것과 아주 나쁜 것, 이 두 가지로만 나누는 방어기제이다. 중간에 대한 이해가 없으며 상황이나 사람을 양극단으로만 바라보는 특징을 보인다. 분리의 방어기제는 소현세자와 봉림대군을 대하는 그의 태도에서 가장 잘 보인다. 인조는 소현세자를 청나라의 편으로 상정하고 그의 가족인 세자빈 강빈과 소현세자의 자식들까지도 청나라 편으로 몰아갔다. 한편 반청과 북벌의 마음을 키웠던 봉림대군은 자신의 편으로 생각하여 인식을 완전히 양분화시켜버렸다.

실제로 소현세자 사후 세자 자리를 거절하는 봉림대군에게 인조는 이렇게 말한다.

"너는 총명하고 효성스럽고 우애 있으며, 국량이 좁은 사람이 아니다. (중략) 사양하지 말고 더욱 효제(孝悌)의 도리를 닦아 형의 자식을 마치 너의 자식처럼 보살피거라."

소현세자의 자식들을 봉림대군에게 맡긴다는 인조, 그러나 실제로는 6개월 뒤에 소현세자의 아내 강빈에게는 사사(賜死)를, 그로부터 1년 반 뒤에 소현세자 자식들에게는 제주도 유배를 명한다.

인조가 보여준 또 다른 방어기제는 '상환(restitution)'이다. 상환은 자신의 죄책감을 씻어 내기 위해서 사서 고생을 하는 방어기제인데, 병자호란으로 쇄송(刷送)의 문제가 발생했을 때 두드러졌다. 호란이 끝나고 많은 수의 백성들이 청나라에 포로로 끌려갔는데, 당시 조선으로 도망쳐 온 백성들이 있었다. 청과의 조약상 조선에서는 그들을 다시 청으로 보내야 했는데, 이때 다시 돌려보낸 포로는 발꿈치가 잘리는 극심한 형벌을 받는다는 이야기를 듣게 된다. 이러지도 저러지도 못하는 상황에 빠지면서 인조는 왕으로서 죄책감이 커지고, 동시에 건강도 나빠졌다.

결국 인조를 치료하겠다고 나선 내의원, 그러나 인조의 반응은 치료에 대한 완강한 거부였다. 전형적인 상환의 기전이었다. 그는 내의원의 걱정에도 불구하고 자신은 괜찮다고 말하며, 어쩔 수 없이 약을 먹게 되었을 때에도 얼마 지나지 않아 나았다고 말하며 치료를 멈추게 하였으나 곧 병세가 악화되어버렸다.


## ❖ 피해망상이 만든 허망한 결과

인조 24년(1646년) 1월 18일, 인조는 다소 엉뚱한 이야기를 꺼낸다.

"이달 초부터 열이 가끔 위로 치밀어 가슴이 답답하더니 근래에 들어서 증세가 더욱 심해지고 있는데, 독을 먹은 데서 오는 증상인 것 같다."

신하들은 의아해했다. 상에 올라온 전복에 독이 들었다고 이야기한 것은 보름 전이었다. 그리고 한동안 별다른 이야기가 없었는데 이제야 갑자기 중독의 증상이 나타났다고 말한 것이었다. 중독의 증상은 독을 섭취하고 곧장 드러나는 것이 일반적인 상식이었다.

의아한 이야기는 여기서 끝나지 않았다. 인조 24년 2월 3일, 인조는 독극물 사건의 범인을 지목하였는데, 그것은 다름 아닌 죽은 소현세자의 부인 강빈이었다. 문제는 심각해졌다. 강빈이 범인이냐 아니냐는 표면적 문제일 뿐이었다. 중요한 문제는 바로 인조였다. 강빈은 전복이 상에 올라오기 훨씬 전부터 궁중에서 완전히 고립되어 있었다. 즉 강빈이 인조의 음식에 독을 넣을 가능성은 사실상 없었다. 영의정 김류를 비롯한 신하들이 즉각 인조의 판단이 옳지 않음을 고했다. 그러나 인조의 판단은 이미 확정적이었으며, 도리어 강빈을 비호하는 대신들까지도 의심하기 시작했다.

피해망상, 이것은 망상의 가장 흔한 종류로 자신이 누군가에게 피해를 받고 있다고 믿는 잘못된 믿음이다. 누군가 자기를 쫓아온다고 여기거나, 자기를 죽이려고 한다는 등이 피해망상의 대표적인 예이다. 망상에 빠진 사람은 상황상 적절하지도, 분명하지도 않는 근거를 중심으로 판단을 내리고 이를 확고하게 믿는다. 특히 피해망상 환자들은 자신의 적개심이나 불만을 남에게 전이시켜 남이 자신을 해칠 것이라고 믿는 경우가 많다.

전복 독극물 사건에 대한 인조의 판단은 상황적으로 맞지 않았다. 보름이나 지나서 중독 증세가 나타났다고 말하는 것이나, 자신을 해칠 방법이 없는 사람을 시비도 정확히 가리지 않은 채 범인으로 몰아갔던 것이다. 심지어 판단이 적절하지 못하다고 말해준 자신의 신하들까지도 의심하는 상황까지 벌어졌다. 그러나 안타깝게도 인조의 생각은 완강하였으며, 이 때문에 강빈은 사사 당하고 그의 친정어머니까지 처형되고 만다. 더불어 강빈의 자식인 석철, 석린, 석견 형제가 모두 제주도로 유배를 가게 되면서 사실상 소현세자의 가족은 모두 궁중에서 사라지고 만다.


## ✛ 불안을 이기지 못한 왕

불안은 오늘날 수많은 정신장애의 원인으로 손꼽힌다. 불안장애라는 표현을 쓰기도 하는데, 대표적인 불안장애 중 하나가 공황장애이다. 공황장애 환자는 특별한 이유 없이 갑자기 극단적인 불안 증상을 경험하는데, 흔히 죽을 것 같은 공포감이 든다. 그 외에도 강박적인 생

인조별서유기비(서울시 소장, 문화재청 제공)
영회원, 소현세자 세자빈 강씨 묘(문화재청 소장 및
제공)
사진(상)은 인조별서유기비(仁祖別墅遺基碑)로 인조
가 반정으로 즉위하기 전에 머물던 별장터를 기념
하기 위해 숙종 대에 만들어진 사적이며, 사진(하)
은 영회원(永懷園)으로 소현세자의 세자빈 강씨가
묻혀 있는 곳이다.

각이나 행동을 하는 강박장애, 고소공포증과 같은 몇몇 공포증 등도
모두 불안장애의 일종이다.

재위기간 중 인조의 정서는 한마디로 '불안'이라고 할 수 있다. 선
대왕을 내쫓고 왕이 되었기에 자신 역시 그렇게 될 수 있다는 생각,
각종 저주 사건과 양대 호란이 준 삶에 대한 걱정과 비관, 거기다 재
위기간 동안 연이어 발생한 흉년까지 겹치며 민심을 잃어가는 상황
등, 인조를 정신적으로 옥죄어 오는 다양한 요소는 궁극적으로 '불안'
의 심리로 이어졌다.

흔히 조선 최악의 왕 중 한 명으로 꼽히는 인조, 만약 어떤 면에서
든 상황이 조금만 더 희망적이었다면, 그래서 인조가 불안을 조금만
덜 가졌다면 우리의 역사도 조금은 달라지지 않았을까.

● 참고문헌

《승정원일기》

《조선왕조실록》 '인조실록'

이덕일, 《조선 왕을 말하다》, 역사의 아침, 2010.

조민기, 《조선 임금 잔혹사》, 책비, 2015.

이상각, 《조선왕조실록》, 도서출판 들녘, 2009.

김혁규, 〈조선 인조의 치병기록에 대한 의사학적 연구〉, 경희대학교 박사논문, 2013.

심리학용어사전, 한국심리학회(http://www.koreanpsychology.or.kr/).

정성희, 네이버케스트 인물한국사.

서울대학교병원 의학정보, 서울대학교병원(http://www.snuh.org/).

# 15
# 장희빈에겐 지병이 있었다

_ 장희빈

내의원 도제조 김덕원이 아뢰기를,
"중전마마의 환후가 근래에 재발하였는데 상태가 어떠하옵니까?"
하였다.
상에서 말씀하시기를,
"본래 있던 담화의 병이 이미 고질병이 되어버려 시일을 두고 치료해
도 뿌리를 제거하기가 어렵도다."
하였다.

《승정원일기》 숙종 20년 1월 25일

## ❖ 인간 장희빈을 엿볼 수 있는 5년간의 기록

조선 왕조 역사상 유일하게 중인 신분의 여인이 왕비의 자리에 올랐다. 양반들의 전유물이었던 국모의 자리에 그들만의 리그를 깨부수고서 오른 것이다. 그러니 장희빈이 참으로 대단한 여인인 것만은 분명하다.

《승정원일기》에는 왕과 왕비에 관한 자세한 기록은 있으나 후궁에 관해서는 거의 기록이 없다. 왕과 왕비는 언제 어디가 어떻게 아파서 무슨 약을 어떻게 썼는지 정성 들여 기록을 남겼다. 하지만 후궁의 경우, 아무리 죽을 만큼 아파도 승지들은 기록을 남겨주지 않았다. 왕비와 후궁은 그 대접이 하늘과 땅 차이였던 것이다. 그래서 《승정원일기》에는 장희빈의 후궁 시절에 관한 기록은 없고 5년간의 왕비 시절에 관한 기록만이 있으며, 이 시기의 기록이 인간 장희빈의 모습을 조금이나마 엿볼 수 있게 해준다.

왕비에 오른 후 장희빈은 무척이나 행복했을 것이다. 후궁 시절 자신을 멸시했던 양반들이 줄줄이 귀양을 가고 사약을 받았으니 통쾌하기 이를 데가 없었을 것이다. 마음이 즐거우니 몸도 아플 리가 없었다. 내의원에서 왕비의 상태를 물을 때마다 편안하다고 일렀다.

그러나 그 기쁨도 오래 가지 않았다. 왕비의 자리에서 쫓겨나기 일 년 전, 《승정원일기》에는 특별한 단어가 등장하기 시작했다. 바로 '지병'이라는 단어이다. 장희빈이 왕비에 오른 직후에는 무척이나 건강했다. 둘째 아들을 출산한 후 잠시 유선염이 생기기는 했으나 내의원의 치료로 금방 호전되었다. 갓난 아들이 태어난 지 두 달 만에 급사했을 때에도 왕비의 건강에는 아무 이상이 없었다.

그런데 남편인 숙종이 자신을 대하는 태도가 점점 달라지는 것을 느꼈기 때문이었을까? 지병이라는 이 특별한 단어가 왕비의 자리에 오른 지 4년 만에 《승정원일기》에 등장하기 시작했다.

### ⁛ 세자가 종기를 앓은 후 재발한 지병

숙종 19년(1693년) 세자의 얼굴에 종기가 생겼다. 숙종의 애정이 식어가는 것을 느끼고 있던 마당에 세자의 안위가 흔들린다면 큰일 날 일이었다. 3년 전에 낳았던 아들이 죽지 않고 살았더라면 그나마 덜 불안하겠지만 지금 자신에게는 세자만이 유일한 희망이다. 그러니 무조건 세자가 건강해야 했다.

내의원의 의관들이 조기에 지극정성으로 치료한 덕인지 다행히 세자의 종기는 금방 호전되었다. 그런데 너무 긴장했던 탓인지 왕비 장씨에게도 종기가 생겼다. 게다가 환부는 바로 뇌후(腦後) 즉, 뒷목과

**항발제종도**(http://www.wul.waseda.ac.jp)
조선 중기 유명한 침의(鍼醫)였던 임언국의 의술을 기록한 의서인 《치종지남(治腫指南)》에 그려진 항발제종도(項髮際腫圖). 항발제종(項髮際腫)이란 뇌(腦)와 뒷목(項) 사이에 생긴 종기를 말한다. 장희빈이 앓았던 종기는 뇌후소절(腦後小癤)이라고 기록되어 있는데, 이 책에서 전하는 항발제종과 거의 같은 종류이나 크기가 작았던 것으로 볼 수 있다.

머리카락의 경계선 부위였다. 종기의 독기를 초기에 잡지 못하면 뇌로 들어갈 수도 있는 아주 위험한 부위였다. 그래서 민간에서는 뇌후에 종기가 생기면 관을 미리 준비해두라는 말이 있을 정도였다. 연이은 종기에 내의원에서는 바짝 긴장했으나 하늘이 도운 것인지 왕비 장씨의 종기도 잘 치료되었다.

종기의 급한 불은 껐다. 하지만 이 종기는 그동안 잠잠했던 지병의 불씨를 들쑤셔 다시 활활 불타오르도록 만들고 말았다. 왕비에 오른 후 4년간 조용했던 지병이 종기가 낫자마자 재발했음을 내의원에서는 직감했다.

"의녀들이 전하는 말을 듣고서 여러 어의들과 반복하여 논의한 결과 중전마마의 지병인 담화(痰火)의 증세가 갑자기 재발하였으니 이에 맞는 약을 올리고자 합니다."

"중전마마의 지병은 원인이 있는 것 같은데, 병의 근본을 치료하고 뿌리를 없애는 약을 정하여 계속 올리지 않을 수 없습니다."

후궁 시절부터 시작된 이 지병은 왕비의 자리에 오른 후에는 나타나지 않았다. 하지만 지아비의 눈길이 변하고 세자와 자신에게 병이 생기자 불안함을 이기지 못한 탓인지 그동안 잠잠했던 지병이 재발한 것이다.

이 지병은 후궁 시절 서인들의 온갖 견제와 멸시를 참고 견디느라 생겼던 것이다. 아무리 왕의 총애를 한몸에 받고 있다고는 하나 장희빈 역시 인간이었다. 겉으로 보기에는 중인의 신분으로 왕비에까지 오른 드세고 강한 여인일지 모르겠으나, 실은 온몸으로 부딪혀 싸우느라 지병이 생긴 보통의 연약한 인간이었던 것이다. 장희빈을 괴롭힌 이 지병의 정체는 바로 담화라는 것으로, 열이 오르고 심장이 미친 듯이 두근거리며 수면과 식사가 편안하지 않은 증세가 수시로 나타나는 병이었다.

지병이 다시 고개를 든 지 일 년이 지나 숙종 20년(1694년)이 되었다. 내의원의 도제조가 중전의 지병이 재발했는데 상태가 어떠하냐고 묻자 숙종은 이렇게 대답했다.

"본래 있던 담화(痰火)의 병이 이미 고질병이 되어버려 시일을 두고 치료해도 뿌리를 제거하기가 어렵도다."

## ✚ 장희빈의 진짜 지병은 바로 이것

그렇게 지병이 재발하고 매일 불안한 마음을 달래었지만 결국 지아비인 숙종은 인현왕후를 궁으로 불러 왕비로 복위시키고 자신은 희빈으로 강등시켰다. 이번에는 자신을 지지하던 남인들이 줄줄이 귀양을 가야 했다. 고립무원의 처지가 되어버린 장희빈이 선택한 방법은 취선당의 서쪽에 신당을 차리고 인현왕후가 죽도록 저주하는 것이었다.

작자 미상의 《인현왕후전(仁顯王后傳)》에서는 장희빈이 왕비의 자리에서 끌어내려지는 광경을 그야말로 목불인견(目不忍見)의 상황으로 묘사하고 있다.

"왕비전을 비우라는 어명에 장희빈이 화를 참지 못하고 죄 없는 세자를 마구 두들겨 패자 숙종이 직접 찾아와 처소를 옮기라고 했다. 그러자 장희빈은 먹고 있던 밥상을 임금 앞에서 뒤엎어버리며 패악을 부렸다. 희빈으로 강등된 후에는 분노가 끓어오를 때마다 세자를 수도 없이 두들겨 패서 숙종이 세자의 취선당 출입을 금하였다. 궁인을 매수해서 인현왕후의 수라에 독약을 넣으려 했으나 여의치 않았다. 종국에는 신당을 차려 왕비를 저주한 사실이 발각되었고 결국 사약을 받게 되었다. 순순히 사약을 먹지 않자 숙종이 막대로 입을 억지로 벌리게 한 후 사약 세 사발을 들이붓도록 했다. 사약의 독기에 의해 장희빈의 시신이 녹아 내려 형체가 남지 않은 지경이 되었다."

야사에 적힌 것이라 장희빈을 이렇게 극악무도한 사람으로 묘사한 내용을 모두 다 믿기는 힘들다. 하지만 장희빈이 신당을 차리고 인현왕후를 저주하며 죽음을 기도한 것은 사실로 보인다.

장희빈의 몸을 괴롭혔던 지병은 《승정원일기》의 기록대로 담화였다. 하지만 장희빈의 마음을 괴롭히고 결국에는 파멸로 이끌었던 진짜 지병은 따로 있었다. 그것은 바로 '만족을 모르는 마음'이었다. 몸의 병도 지병이었지만 마음의 병이 더욱 심각한 지병이었고, 결국 죽음으로 이끈 고질병이었다.

왕비 자리의 주인이 바뀌었다고 할지라도 자신이 세자의 친모라는 사실은 절대 바뀔 수 없다. 비록 왕비의 자리에서는 쫓겨났으나 정1품 희빈의 지위에 만족하고 자식이 커가는 모습을 바라보며 살았더라면 아마도 천수를 누렸을 것이다.

왕비 자리에서 내려오면 어떠한가? 가장 소중한 자식은 그 인연을 절대 끊을 수 없지 않은가? 중전의 자리를 되찾기 위해 해서는 안 될 흉측한 방법을 동원했고 그것이 스스로를 파멸로 이끌었다.《승정원일기》에서는 장희빈의 지병이 담화라고 적어놓았으나 여기에 주석을 달아야 하지 않을까 싶다.

장희빈의 몸의 지병은 '담화'였으나 마음의 지병은 따로 있었으니,

**대빈묘(고대원 제공)**
장희빈의 무덤인 옥산부대빈묘. 경기도 고양시 덕양구 용두동의 서오릉 경내에 위치하고 있다. 경종이 왕위에 오른 후 장희빈은 옥산부대빈(玉山府大嬪)으로 추존되었다.

바로 '만족을 모르는 마음'이었다고 말이다.

장희빈의 화염불과도 같은 인생을 보면서 그저 먼 옛날 어느 악독한 여자의 이야기라고만 생각할지 모르겠다. 그런데 꼭 그렇지만은 않다. 장희빈의 이야기는 가장 높은 곳에서 추락한 사람이 내릴 수 있는 선택에 관한 이야기이다. 인생의 정점에서 미끄러졌는데 주위를 둘러보니 자신을 도와줄 수 있는 사람은 아무도 없다. 이때 나라면 어떤 선택을 내리겠는가? 장희빈처럼 다시 옛날의 지위를 되찾기 위해 무리한 방법을 써서 결국 파멸에 이를 것인가? 아니면 그래도 힘없는 궁녀보다는 훨씬 높은 정1품 희빈의 자리에 만족하면서 남은 인생을 자식과 함께 편안히 살 것인가?

역사 속의 장희빈은 전자를 선택했다. 만약 우리가 그 자리에 있었다면 어떤 선택을 내릴 것인가?

● **참고문헌**

《승정원일기》

작자 미상, 《인현왕후전》, 두산동아, 2010.

방성혜, 〈'승정원일기'에 기록된 장희빈 의안 관련 연구〉, 한국의사학회지, 2014;27(2).

# 16
# 왕실의 기형아
_ 명성황후

상께서 전교하기를,
"오늘 해시(亥時, 밤9시~11시)에 원자가 대변이 통하지 않는 증상으
로 불행을 당하고 말았다. 산실청을 철수시키도록 하라."
하였다.

《승정원일기》 고종 8년 11월 8일

## ❖ 내 아들 원자를 시아버지 흥선대원군이 죽게 만들었도다!

고종 8년(1871년) 11월 4일 새벽.

"중전께서 출산할 기미가 있다. 어서 전하께 고하고 바삐들 움직여라!"

의관의 말 한마디에 산실청(産室廳, 조선시대 왕자나 왕손들이 태어날 때 궁중 내에 설치하였던 임시 관서)은 바빠진다. 출산 예정 한 달 전쯤 길하다는 10월 7일에 왕비의 처소에 설치되어 있던 산실(産室)에는 출산과 관련된 준비물들이 미리 마련되어 있다. 산실의 24방위는 붉은색이 가득하다. 왕비의 순산을 기원하기 위해 길한 방향을 골라 붉은색으로 쓴 방위도(方位圖)와 차지부(借地符)라는 부적이 붙어 있기 때문이다.

소식을 전해 들은 고종은, "불수산(佛手散, 부처님의 손으로 받아내듯 아이를 쑥 낳게 해준다는 뜻으로 해산을 순하게 하기 위해서 쓰는 탕약) 1첩을 지어 들이라."고 명하였고, 명성황후는 지아비가 내린 순산을 도

162

와주는 탕약을 마시고 산통을 겪으며 누워 있다.

드디어 묘시(卯時, 아침 5시~7시). 고통의 땀과 고함소리, 그리고 긴장감이 뒤범벅되어 있는 산실에 우렁찬 아기 울음소리가 퍼졌고, 이렇게 고종과 명성황후의 첫 번째 아들이 탄생했다.

원자의 탄생 소식에 기뻐하는 신하들.

"해산달을 맞이하여 원자가 탄생하였으니 국가의 경사로서 이보다 더 큰 것이 어디 있겠습니까. 그리하여 자전께서 기뻐하시고 백성들이 축원하니, 이는 모두 전하께서 하늘을 공경하고 거룩한 덕을 지님으로 인해 많은 복을 받게 된 것입니다. 국가가 억만년 동안 공고히 이어질 큰 터전이 오늘에 시작되었으니, 환호성이 온 나라에 넘치는 가운데 신들은 두 손 모아 송축하고 덩실 덩실 춤추고 싶은 마음을 억제할 길 없습니다."라고 아뢰자, 고종은 "종묘사직으로 보아 이보다 더 큰 경사는 없을 것이다."라고 기쁨을 표현하였다.

무사히 원자를 출산한 명성황후는 미역국과 밥을 잘 들고 소화도 잘 시키고 있었다. 결혼 5년 만에 왕자를 출산하게 된 명성황후는 얼마나 기뻤을까. 하지만 그 기쁨도 잠시, 해산의 고통이 조금씩 잊혀져가고 산후조리에 힘쓰던 황후에게 청천벽력 같은 소식이 전해져온다.

"뭐라? 다시 말해보거라. 왕자가 해시에 어떻게 되었다고?"

왕비의 눈에 뜨거운 눈물이 맺힌다. 애통하게도 명성황후의 첫 번째 원자는 태어난 지 5일 만에 항문이 막혀 변을 보지 못해 사망하게 된 것이다.

"내 아들 원자가 죽다니. 어떻게 얻은 원자인데……. 어떻게 이런 일이! 이는 필시 산삼 때문이다. 원통하고 또 원통하구나."

왕자의 죽음에 대해 명성황후는 원자에게 달여 준 약에 산삼을 많이 넣게 한 흥선대원군을 의심하게 된다. 흥선대원군과 명성황후의 관계가 좋지 않았다는 것은 이미 많은 이들이 알고 있을 것이다. 거슬러 올라가보면 명성황후를 왕비로 간택한 이가 바로 흥선대원군이었다. 그런데 왜 이렇게까지 관계가 틀어져서 황후는 시아버지가 자신의 아들을 죽였다고 생각하게 되었을까?

## ✛ 어떻게 얻은 첫째 원자인데!

고종 3년(1866년) 3월에 왕비로 선발된 명성황후는 이때 나이 16세로 고종황제보다 한 살 연상이었다. 이전 안동 김씨의 외척 세도정치를 무척 경계했던 고종의 아버지 대원군은, 가문은 그다지 나쁘지 않으나 아비 없고 남자형제 없는 그녀를 왕비 간택 절차 이전에 이미 며느리로 점찍어놓았다.

최고 권력자인 왕에게 시집을 가 왕비가 되어 들뜨고 기쁜 마음으로 결혼생활을 시작한 그녀는 궁중에서 예의 바르게 행동하여 칭찬이 자자했다. 하지만 결혼 후 왕과 왕비가 2년간이나 합방을 안 했다는 얘기가 떠돌 정도로 신혼 초에 남편은 자신을 사랑해주지 않았다. 고종에게는 이미 사랑하는 궁인 이씨가 있었기 때문이다. 이를 알게 된 후 여성으로서 느낀 질투와 견딜 수 없는 외로움, 자신의 위치에 대한 불안감을 어찌 다 말로 표현할 수 있었을까.

신혼 초부터 쓰디쓴 질투의 감정을 맛본 명성황후는 고종 5년(1868년) 궁인 이씨가 아들 완화군을 낳자 더더욱 궁에서의 입지가 좁아지

**감고당(여주시청, 하동림 제공)**

조선 제19대 숙종의 비 인현왕후의 친정집으로, 명성황후가 8세 이후 왕비 간택 전까지 살았던 집이다. 원래 서울 안국동 덕성여고 본관에 있던 건물로 여주시에서 2006년에 원형을 이전 복원하였다.

게 되었다. 특히 대원군은 젊은 나이의 왕비가 있는데도 불구하고 완화군이 태어나자 세자로 책봉하려고까지 하였다. 신분이나 가문으로 아무것도 기댈 데 없는 궁인의 자식에게 힘을 실어주는 것이 외척에게 시달리지 않고 왕권을 잘 지키는 방법이라고 생각했던 것 같다.

비록 이러한 세자 책봉 시도는 이루어지지 않았지만 이때부터 명성황후는 시아버지 대원군의 의중을 알아보았고, 자칫 자신은 허울만 좋은 허수아비 신세의 왕비로 전락할 수 있음을 간파했다. 그 이후 그녀는 폭넓은 독서를 통한 총명함을 바탕으로 고종에게 정치적 반려자로 다가가기 시작하였고, 차차 고종의 마음의 문이 열리게 되었다.

인고의 세월 끝에 남편의 사랑을 받게 된 그녀는 드디어 결혼 5년 만에 첫째 왕자를 출산하게 되었다. 다른 여자를 사랑하고 있던 남편의 마음을 돌려 얼마나 힘들게 얻게 된 왕자인가? 그러나 이렇게 귀하게 얻은 왕자가 태어난 지 5일 만에 허무하게 죽은 것이다. 몇 년 만에 어렵게 얻은 자식을 잃은 어미의 슬픔을 그 어느 것에 견줄 수 있을까. 게다가 이 아들은 단순한 자식이 아닌, 자신의 불안정한 미래를 책임져 줄 희망의 끈이기도 했다.

자식의 죽음에 대한 슬픔이 너무나도 컸던 나머지 명성황후는 그 죽음의 이유를 그녀의 아들이 세자로 책봉되는 것을 가장 싫어하는 이, 바로 자신의 시아버지인 흥선대원군에게서 찾고자 한 듯하다. 그래서 대원군이 왕자에게 보내온 산삼 때문에 왕자가 항문이 막혀 사망하였다고 생각하게 된 것이다. 이 사건 이후 둘의 관계는 돌이킬 수 없이 악화된다.

## ❖ 정말 원자는 흥선대원군이 보낸 산삼 때문에 죽은 것일까?

결론부터 말하자면 '항문폐쇄증'은 항문이 막히는 기형의 일종으로, 태어난 신생아에게 산삼을 먹인다고 기형이 되지는 않는다. 결국 대원군은 며느리에게 억울하게 의심을 받은 셈이다. 그렇다면 명성황후가 이런 기형을 가진 원자를 출산하게 된 것에 다른 원인이 있지는 않을까?

태아에게서 기형이 발생하는 시기는, 여러 가지 장기가 만들어지고 분화되는 배란 후 3주째부터 9주까지의 배아기이다. 직장 형성은 배란 후 6주에 형성되는데, 마지막 월경시작일(LMP, Last Menstrual Period)로부터 계산하면 여기에 2주를 더해 임신 8주 정도에 형성된다. 이 시기에 문제가 되어 발생할 수 있는 기형이 바로 직장이나 항문이 막히는 질환인 항문폐쇄증이다.

그런데 바로 이 시기에 명성황후에게 큰 심리적 충격이 가해진 역사적인 사건이 있었다. 몸과 마음을 평온하게 가져야 할 아주 중요한 시기인 임신 초기에, 왕비로 하여금 불안감과 초조함에 휩싸이게 만든 무섭고도 두려운 침략 사건이 발생한 것이다. 어쩌면 나라의 안위가 위협받을 수도 있었던 이 사건은 바로 '신미양요(辛未洋擾)'였다.

신미양요란 1871년 미국이 조선을 개항시키려고 강화도에 배를 정박해 포격을 가하여 조선에 전멸에 가까운 결과를 남겼던 전쟁이다.

고종 8년(1871년) 4월 6일, 신석희가 "이달 3일 이양선(異樣船, 동양의 배와 달리 특이한 모양을 한 서양의 배) 5척이 풍도(楓島) 바다 뒤의 북쪽 남양(南陽) 경계에 정박하였습니다. 또, 5일 이양선 4척이 남쪽 바다 배리도(排李島) 안에 와서 정박해 있습니다. 따로 영리한 장교를 선정하여 두 곳에 나누어 보내 자세히 감시하고 계속 상세히 보고하게 하였습니다."라고 왕에게 보고하였다. 보고를 들은 왕과 왕비는 걱정에 휩싸인다.

"또다시 이양선이 정박했다는데 이를 어찌합니까. 병인년에 일어났던 것처럼 물러나는 듯 보이다 다시 쳐들어오면 또 전쟁이 일어나게 될 텐데 이번엔 어느 나라에서 침입한 걸까요? 정말 외세의 침입이 계속되고 싸움이 끊이지 않으니 조선의 안위와 백성들의 미래가 걱정입니다."

"예로부터 임신 중엔 근심하지 않는 것을 중요하게 여겼는데 나라가 이리 소란스러우니 어쩌면 좋단 말인가. 복중의 원자를 생각해서라도 중전은 너무 큰 염려 마시오."

신미양요가 일어나기 전에도 병인박해(丙寅迫害), 제너럴셔먼호 소각 사건, 병인양요(丙寅洋擾), 오페르트 도굴 사건 등 외세와 관련된 크고 작은 사건들이 있었던 터라 고종과 명성황후는 긴장할 수밖에 없었다. 특히 프랑스 군함이 공격한 병인양요 때, 이양선이 출범했다 퇴거한 후 다시 침범하여 전쟁이 일어났던 경험이 있었던지라 쉽게 듣고 지나갈 보고가 아니었다.

이 사건과 명성황후의 임신 기간과의 연관성을 찾아보자.

명성황후의 원자 출산 시기가 1871년 11월 4일이었으므로 임신기간을 마지막 월경시작일＋280일로부터 거꾸로 계산해보면, 임신 8주는 같은 해 3월 28일 정도가 나온다. 그러므로 처음 이양선이 출몰한 것을 보고 받은 4월 6일부터를 신미양요의 시작으로 보아 오차범위까지 넓혀 계산해보면, 태아의 항문 형성시기인 임신 8주와 대략 맞아 떨어지는 시기에 있다.

나라 안팎으로 시끄러운 시기였던 조선말, 외세의 침략으로 나라에 또다시 전쟁이 발발할 상황에 처하게 되었으니 한 나라의 왕비, 특히 정치에 관여를 많이 했었던 명성황후는 크게 놀라고 걱정스러웠을 것이다. 더군다나 이 전쟁은 왕비와 대립적인 관계에 있었던 흥선대원군의 쇄국정책으로 인해 발발한 것이었으니, 시아버지에 대한 원망과 조선의 앞날에 대한 두려움 등으로 편안하게 있을 수가 없었을 것이다.

여러 가지 장기가 만들어지는 가장 중요한 시기라 몸과 마음 모두 평안하도록 조심해야 할 임신 초기, 게다가 항문이 형성되는 임신 8주 즈음에 전쟁이 일어났으니, 명성황후의 첫 번째 아들인 원자의 항문폐쇄증은 신미양요로 놀란 황후의 마음에 가해진 충격이 태아의 발달 상태에 반영된 결과가 아닌가 생각된다.


#### ⁑ 건강하고 똑똑한 아이를 낳고 싶다면?


"특히 잉태 시 부친의 청결한 마음가짐은 모친의 열 달에 못지않게 중요하다. 부부는 날마다 공경으로 서로 대하고 예의를 잃거나 흐트러짐이 없어야 하며, 몸에 병이 있거나 집에 근신해야 할 일이 있으면, 그 기간은 합방을 금하고, 헛된 욕망이나 요망스럽고 간악한 기운이 몸에 붙지 않게 하는 것이 자식을 가지는 부친의 도리이다. 그러므로 아기의 지각이 밝지 못함은 부친의 탓이다."

1937년 사주당(師朱堂) 이씨가 펴낸 태교서적인 《태교신기(胎敎新

記)》에 나와 있는 내용이다.

　이 책에서는 어머니의 태교뿐 아니라 아버지의 태교까지도 강조하고 있어 흥미롭다. 이와 비슷한 내용은 《동의보감》에도 나타나는데, 장차 태어날 아이의 성품은 물론, 한 가정의 길흉화복조차도 아버지의 마음가짐에 좌우된다고 하였다. 민간에서도 부인이 임신하면 남편은 살생을 금할 뿐 아니라 산이나 들의 나무줄기조차 꺾지 않았으며, 땔감을 마련할 때에도 낫이나 도끼를 대지 않았다. 그리고 어려운 사람을 돕는 일을 열심히 하였다.

　한국 전통 태교 사상은 중국과 다르게 임산부뿐만 아니라 부성태교(父性胎敎)의 중요성을 강조하고 있는 특징이 있다. 이는 임산부에게 영향을 미치는 가족들 또한 태교를 해야 함을 뜻하는 것으로 태교의 범위를 임산부 개인이 아닌 가족, 사회적 지지까지로 넓힌 것으로 보인다.

　남편의 무관심이나 시어머니와 태교 가치관의 차이에서 오는 갈등도 임산부의 스트레스를 발생시킨다는 최근의 연구결과가 보여주는 것처럼 한국의 전통 태교에서 강조한 부성태교가 무척 중요함을 알수 있다.

　우리나라 전통 태교에서 이처럼 아버지의 태교가 강조되기는 하였지만 가장 중요하고 직접적인 태교는 역시 어머니에 의해서 이루어진다고 믿었던 것은 물론이다. 율곡 이이의 어머니 사임당 신씨는 7남매를 배었을 동안 몸을 극히 조심하였다. 임신 중 어머니의 몸가짐이 좋아야 뱃속에 든 아기도 고르게 잘 자란다는 옛 어른들의 말씀에 따라, 바르지 못한 소리를 듣지 않고 나쁜 말을 하지 않았으며, 좋지 않은 것을 보지 않았다고 전한다.

조선시대 상류층 부인들은 몸을 조심할 뿐 아니라 흰 옥, 귀인의 초상화, 공작, 봉황의 그림 등 고귀한 기품을 지닌 물품을 가까이 두고 쳐다보거나 어루만지면서 그 기품이 태중의 아기에게 깨쳐지기를 간절히 바랐다. 좋은 물품을 가까이 하면서까지 아기에게 좋은 기운을 전달하고자 하는 정성스런 생각으로 태교에 임하는 태도 자체가 태아에게 좋은 영향을 미쳤을 것이다.

실제로 모체의 정신 건강과 영양 상태는 곧 태아에게 영향을 주게 된다. 모체의 정서 상태가 긴장된 채 오래 계속될 때에는 이것이 태아의 발달에 영향을 미치게 된다는 여러 연구가 발표됨에 따라, 현대에도 태교의 중요성은 점차 강조되고 있다. 게다가 최근에 태아의 건강, 질병, 성격 등은 엄마의 자궁 환경에 의해 결정된다는 '후생유전학(epigenetics)'이라는 연구가 진행됨에 따라 태교가 얼마나 중요한 것인지 과학적으로 증명되고 있다.

기형아 발생의 원인으로는 산모의 나이, 알코올, 풍진, 당뇨병, 매독, HIV 감염, 방사능, 수은, 납 등의 유해물질에 노출, Rh인자 불일치, 그리고 산모의 정서 상태, 즉 스트레스가 있다. 이와 같이 기형을 유발할 수 있는 원인에 산모의 정서 상태가 포함되어 있으며, 산모의 스트레스가 태아의 발달에 영향을 준다는 내용을 담고 있는 책과 연구도 최근 늘고 있다.

만약 명성황후가 임신기간 중 조선말의 불안정한 상황에 처해 있지 않았고 평안한 상태를 유지했었다면, 첫째 아들의 항문폐쇄증이라는 기형이 나타나지 않았을 수도 있었다. 이를 통해 우리는 임신기간 중 신체적 영양 공급뿐 아니라 산모의 정서적 안정이 얼마나 중요한지 알 수 있다.

똑똑하고 건강한 아기를 낳고 싶은가? 그렇다면 '태교'하라. 엄마
뿐 아니라 아빠, 그리고 건강한 새 생명의 탄생을 기다리는 부부의
가족들까지도!

● 참고문헌

《승정원일기》
《조선왕조실록》
허준, 《동의보감》
구연상, 《소성진중일지(邵城陣中日誌)》
EBS 다큐프라임 퍼펙트 베이비 제작팀, 《EBS 다큐프라임 퍼펙트 베이비》, 와이즈
베리, 2013.
정옥분, 《영유아발달의 이해》, 학지사, 2010.
하동림, 〈명성황후의 의학기록에 대한 의사학적 연구〉, 경희대학교 석사논문, 2017.

# 17
# 상상 임신의 전말

__효의왕후

의관이

"중궁마마의 상태가 어떠합니까?"

라고 묻자, 상께서 답하기를

"특별한 병 없이 편안하지만, 지금 출산이 매우 늦어지고 있다."

고 하였다.

다시 의관이 말하기를

"여염집에서도 분만이 여러 달 늦어지는 일이 간혹 있으니, 크게 걱정할 일은 아닙니다."

라고 하자, 상께서

"노산이라 미리 달생산을 복용토록 하였는데도 지금 너무 늦어지고 있다."

라고 하였다.

《승정원일기》 정조 11년 12월 3일

## ❖ 효의왕후 임신하다!

효의왕후는 9세의 어린 나이에 당시 세손이었던 정조의 아내로 간택되었다. 왕비가 된다는 것은 물론 영광스러운 일이었지만 바로 그 순간부터, 아들을 낳아 대를 이어야 한다는 압박이 시작되었다.

효의왕후는 영조의 아버지인 숙종을 낳은 명성왕후와 같은 집안 출신이었다. 영조는 명성왕후처럼 정조의 적장자를 낳아주었으면 하는 바람으로 효의왕후를 간택하였다. 아들을 바라는 마음은 정조 역시 마찬가지였다.

정조 6년(1782년), 정조는 후궁 의빈 성씨에게서 드디어 아들을 얻게 된다. 그동안 비어 있던 후계자의 자리가 정조에게도 얼마나 부담이었던지, 신하들의 반대에도 불구하고 아직 두 살밖에 되지 않은 아들을 세자로 책봉한다. 하지만 그 귀한 세자마저도 다섯 살에 홍역으로 사망했는데, 이 세자가 바로 문효세자이다. 다시 자리가 비게 된 왕실 후계자에 대한 부담은 고스란히 효의왕후의 몫이었다.

이런 상황에서 정조 11년(1787년) 효의왕후의 임신 소식은 온 나라를 떠들썩하게 만든 큰 경사였다. 신하들이 말하기를, "중전마마에게 임신의 증세가 있다는 항간의 말이 진실이며 이제 달수가 다 찼다고 하니 기뻐하는 마음 이루 말할 수 없습니다. 하늘이 도와 이런 막대한 경사가 있으니, 산실청의 거행을 조금도 늦출 수 없습니다."라고 하였다.

왕비가 임신을 하고 산달이 가까워 오면, 왕비의 출산에 대한 모든 일을 관장하고 돕기 위해서 임시로 산실청이라는 관청을 설치하여 출산 준비를 하게 된다. 결국 온 나라의 관심과 기대 속에서 그해 9월 18일 대조전에 산실청이 설치되었다.


## ❖ 아기 못 낳는 왕비의 설움

34세의 적지 않은 나이에 첫 아기를 갖게 된 효의왕후 역시 기쁨을 감출 수 없었다. 그간에 아기를 갖지 못해 받았던 서러움이 머릿속을 스쳐갔다. 정조 2년(1778년) 왕대비인 정순왕후는, 정조의 후사가 없음을 걱정하며 '후궁을 들일 것'을 명했다.

조선시대 왕실에서 임금이 후궁을 들이는 일은 흔한 일이었다. 하지만 왕대비까지 나서서 명을 내리고 삼간택과 가례의 절차를 거쳐 처음부터 빈으로 입궁하는 사례는 많지 않았다. 정조의 경우에는 후궁 4명 중에서 3명이 빈으로 입궁하였는데, 자식을 낳지 못해서 후궁을 들이는 것을 계속 지켜만 보아야 하는 왕비의 마음이 오죽했겠는가.

정조의 신임을 받고 있던 홍국영은 자신의 누이를 후궁으로 들여

**효의왕후 《곤전어필》(디지털한글박물관 제공)**

《곤전어필(坤殿御筆)》은 효의왕후의 사촌인 김기후가 효의왕후의 친필 글씨를 집안의 가보로 삼고자 하는 뜻을 전하고 그에 따라 효의왕후가 직접 글씨를 쓴 책이다. 효의왕후는 《만석군전》과 《곽자의전》을 선택하여 필사하면서 겸손과 인내를 보여주었으나, 이를 통한 가문의 영달을 제시한다는 점에서 의미심장하다.

왕실 외척으로서 남부럽지 않은 권세를 누리려는 야망을 갖고 있었다. 홍국영은 아이를 낳지 못하는 효의왕후에게 의사의 진찰을 받게 하고 불임을 치료하자는 박재원의 의견에 대놓고 반대한다. 결국 왕비의 불임치료를 무산시키고, 정조 3년(1779년) 자신의 여동생을 정조의 후궁으로 들이게 되는데, 그 인물이 바로 원빈 홍씨이다. 그러나 원빈 홍씨는 입궁한지 1년도 안 돼서 갑작스럽게 죽게 되고, 홍국영은 효의왕후를 죽음의 배후로 의심한다.

홍국영이 효의왕후의 음식에 독을 넣으려다 실패했다는 확인되지 않는 야사가 전해지고, 함부로 왕비의 궁녀를 잡아다 문초하는 등의 방자함을 보이기도 했는데, 이 모든 일은 홍국영이 귀양을 가면서 마무리되었다. 이 일들은 효의왕후의 마음에 상처가 되었다. 후사를 잇지 못하는 왕비는 본분을 다하지 못한다는 왕실 어른의 비난도 감수해야 했다. 권력을 노리는 신하들의 표적이 되기도 했다. 하지만 그 무엇보다 본인 스스로 갖게 되는 죄책감이 가장 큰 문제였다. 이러한 상황에서 왕비의 아이를 원하는 마음은 점점 더 간절해질 수밖에 없었다.

## ✛ 임신이 아니다?

정조 11년(1787년) 9월부터 왕비는 달생산(達生散)을 복용하기 시작했다. 달생산이란 임신 말기에 출산을 앞둔 산모가 순산을 위해서 일반적으로 복용하는 약이다. 보통 출산 전 1달 정도 복용하는 이 약을 효의왕후는 해가 바뀌고 다음해 4월까지 계속 복용하였으나, 출산의 기미는 보이지 않았다. 계속되는 기다림 속에 왕실 사람들은 모두 지쳐가고 있었다.

《동의보감》에는 '민간에서 12～13개월이나 24～25개월이 되어 아이를 낳는 것을 가끔 보았는데, 모두 기혈이 부족하여 태아가 잘 자라지 못해서 그러한 것'이라고 하였다.

정조 11년 12월에는 효의왕후에게 익모초, 백출 등의 약재를 첨가한 기혈을 보하는 사물탕(四物湯)을 처방한다. 비슷한 시기에 자소음(紫蘇飮)과 불수산(佛手散)에 대한 언급도 등장한다. 불수산은 보통 출산 예정일 즈음에 복용하는 약으로, 자궁의 수축력을 도와주어 산모의 분만 시 고통과 진통시간을 줄여준다. 《동의보감》에서는 '태아가 손상을 받은 경우에 이 약을 쓰면 곧 나오게 되고, 태아가 손상 받지 않은 경우에는 통증이 멎게 되는 약'이라고 적혀 있으니, 왕실 의사들 역시 뱃속에서 나올 기미가 보이지 않는 태아에 대해 이래저래 고민이 많았던 모양이다.

결국 정조 12년(1788년) 12월 30일에 산실청을 철수하게 된다. 산실청의 철수는 왕비에게 더 이상의 출산은 없다고 판단을 한 것으로 보인다. 더불어 어디에도 효의왕후의 출산에 대한 기록이나 왕자나 공주의 탄생도 보이지 않으니, 어떻게 된 일인가?

이에 대한 자세한 기록이 없어 효의왕후의 증상을 당시 의관들이 어떻게 받아들였는지는 알 수 없지만, 이를 현대 의학적으로 보면 상상임신을 생각해볼 수 있다.

상상임신이란 실제로 임신한 것이 아닌데 임신한 것과 같은 증상이 나타나는 것이다. 생리가 끊기거나 혹은 입덧을 하기도 하고 심지어 실제로 배가 불러오기도 한다. 요즘은 임신테스트기나 초음파 등을 통해 임신을 확진하는 것이 어려운 일이 아니지만, 조선시대에는 그렇지 않았다. 임산부가 느끼는 증상이 곧 임신과 같은 말이었다. 그렇기 때문에 효의왕후 본인이 임신하였다고 굳게 믿고 있으면서 여러 임신의 증후가 보였다면, 의사들은 임신이라고 생각할 수밖에 없었다.

상상임신은 보통 임신을 간절하게 바라거나 임신에 대해서 지나치게 걱정하는 여자들에게서 주로 나타난다. 정확한 원인이 밝혀져 있지는 않지만, 지나친 걱정으로 인한 심리적인 원인이 호르몬의 변화를 가져오고 임신 유사 증상을 나타낸다고 알려져 있다. 한의학에서 '위태(僞胎)'라고 부르는 상상임신은 일종의 정신과적 질병이기 때문에 왕실 체면상 자세한 기록을 하지 않은 것인지도 모르겠다.


## ✢ 상상임신도 치료가 필요하다

효의왕후는 매우 착하고 마음씨가 고운 사람으로 알려져 있다. 여린 마음을 가진 효의왕후가 후사를 이어야 한다는 압박감을 견디지 못하고 상상임신을 하게 된 것이 아닐까? 상황적으로 마냥 속이 편안하지는 않았을 것이 분명함에도, 속으로 삭히고 밖으로 표출하지 않는 마음이 상상임신이라는 극단적인 방향으로 나타난 것이 아닐까 싶다.

상상임신은 환자 본인이 실제 임신이 아니라는 사실을 인지하기만 하면, 신체적인 증상은 쉽게 나을 수 있다. 하지만 효의왕후가 임신이라고 믿었을 당시에는 임신이 아님을 판단할 수 없어서 산달이 지나고 해가 바뀌고 나서도 나오지 않는 아기를 기다리다가 임신이 흐지부지 끝나버린 것이다.

실제 임신과 출산 후에 산후조리가 필요하듯이, 상상임신 역시 산후조리와 심리 치료가 필요하다.

임신을 간절히 원하는 데서 시작된 병이기 때문에 임신이 아니라는 사실을 인식한 이후의 상실감과 충격이 매우 클 수밖에 없다. 그래서 주변 사람들의 정신적인 지지와 공감이 무엇보다 중요하다.

하지만 효의왕후가 그런 공감과 심리적인 치료를 받았는지는 알 수 없다. 대를 잇지 못하는 왕비의 자리는 외로울 수밖에 없다. 정조 14년(1790년) 6월에 후궁 수빈 박씨가 아들을 낳게 되는데, 이 아들이

**건릉, 정조릉과 효의왕후릉(서창용 제공)**

경기도 화성시에 위치한 건릉(健陵)은, 제22대 왕 정조와 효의왕후의 합장릉이다. 처음 정조는 현륭원 동쪽에 묻혀 있었으나, 효의왕후가 죽자 풍수지리상 좋지 않다는 이유로 현륭원 서쪽으로 이장하게 되었다. 그와 함께 살아생전 홀로 외로웠던 효의왕후는, 죽어서는 정조와 함께 나란히 누워 있게 되었다.

바로 순조이다.

순조는 효의왕후의 양자가 되었다. 순조와 효의왕후의 사이는 큰 문제 없이 좋았다고 알려져 있다. 상상임신의 가장 좋은 치료법이 실제 임신이라고 하는데, 비록 제 배로 낳지는 않았지만 새로 생긴 아들이 왕비 마음의 빈자리를 채워준 것은 아니었을까?

● 참고문헌

《승정원일기》

허준, 《동의보감》

홍일표, 〈옛 인물에게서 배운다 : 겸허한 효의왕후와 김자수의 우국충정〉, 지방행정 48권 553호, 1999

김인회, 〈곤전어필(坤殿御筆) 연구〉, 영주어문학회지 제30집, 2015

# 18
# 뚱뚱보 세자의 슬픔
_ 사도세자

한 신하가

"왕세자가 과하게 살찐 것을 성상께서 심히 염려하시는데, 비만은 약으로 치료하는 것이 아니고 항상 바삐 움직여야지 안일해서는 안 됩니다."

하였다.

그러자 영조가 말하길

"왕세자의 놀고 행동하는 바를 말로 할 수가 없고, 단지 편안하게 먹기를 좋아하니 이와 같이 살이 찌는 것이다."

하였다.

《승정원일기》 영조 20년 2월 29일

## ✢ 금쪽같은 내 새끼

"즐겁고 기뻐하는 마음이 지극하니, 그 감회 또한 깊다."

영조 11년(1735년) 사도세자가 태어나자 영조가 신하들에게 한 말이다.

사도세자는 영조의 장자인 효장세자가 영조 4년(1728년) 열 살의 나이로 죽은 이후 7년 만에 얻은 귀한 아들이었다. 바로 최연소 원자로 삼고 이듬해 역대 최연소 세자에 책봉할 만큼 눈에 넣어도 아프지 않은 자식이었다.

사도세자의 체격은 유달리 커서 떡잎부터 남달랐는데, 100일이 되었을 때 세자를 본 신하들은 "체격이 좋다.", "머리가 크다." 등의 체격과 관련한 덕담을 한다. 세자의 큰 체격은 비록 영아기 때는 환대를 받았지만 유아기와 아동기를 접어들면서부터는 영조의 큰 걱정거리가 되어버렸다.

《승정원일기》 곳곳에는 세자의 비만과 관련한 영조의 걱정과 시름이 실려 있다.

영조 13년(1737년) 8월 13일, 영조는 "세자는 너무 뚱뚱하기 때문에 병이 자주 생기는 것 같다."고 하며 어린 세자의 비대한 몸집과 그로 인해 쉽게 병이 생기는 것을 걱정하기 시작한다. 영조 19년(1743년) 5월 3일에는 "지난번에 세자를 보니 팔뚝에 살찐 것이 나보다 더 하더라.", "먹는 것을 너무 좋아하여 근래 듣기에 앵도를 2접시나 먹어치웠다고 한다.", "어릴 때부터 매번 내관에게 어떤 음식을 먹었는지 확인해볼 걸 그랬다. 지금 와서 생각하니 안타까운 생각이 든다. 대왕대비께서 세자의 음식 절제를 싫어하여 과식을 보고만 있으니 마음이 항상 불편했다. 세자의 마음은 전혀 불편함이 없고 또 잘 먹어대니 어찌 살이 찌지 않을 수 있겠는가?", "세자가 숨을 쉴 때 들리는 소리가 마치 바람소리 같더라. 너무 살이 쪄서 그런 것 같다."고 말하는 영조의 모습을 찾을 수 있다.

세자에게 어릴 때부터 잘못된 식습관을 갖게 한 것에 대한 후회, 세자의 비만과 그로 인한 건강 악화에 대한 걱정이 날이 갈수록 늘어나고 있음을 엿볼 수 있다.


### ❖ 아버지는 비만이 싫다고 하셨어!

영조는 사도세자가 뚱뚱하다는 말을 잊을 만하면 한 번씩 언급했는데, 세자가 9~10세가 되던 영조 19년과 20년의 《승정원일기》에 이러한 기록이 집중되어 있다. 흥미로운 것은 영조 19년과 20년에 영조의 어조가 사뭇 다르다는 것이다.

사도세자는 영조가 42세의 늦은 나이에 얻은 귀한 세자였기 때문에 영조 입장에서도 처음에는 아들의 건강과 점점 심해지는 비만에 대해서 진심으로 걱정했다. 그러나 영조 20년(1744년) 2월 19일, "세자가 근래 식사량이 많이 늘어 살이 많이 찌는 것이 참으로 답답하다."는 영조의 말에서 세자의 식탐과 비만에 대한 영조의 답답함을 알 수 있다. 그리고 이 말은 영조가 아들의 비만을 진심으로 걱정한 마지막 말이었다.

이후 사도세자의 뚱뚱함에 관련한 영조의 말들은 아들에 대한 걱정보다는 흉을 보거나 나무라는 모습이 많이 비춰진다. 영조 20년(1744년) 4월 14일에는 "세자는 식사량이 너무 많고 식탐을 억제하지 못해 뚱뚱함이 심해지고 배가 나와 열 살의 아이 같지 않다."고 하였고, 5월 16일에는 "세자가 뚱뚱해서 더위 견디는 걸 힘들어 하고 걸음걸이 역시 심하게 더디고 늦으니 이를 보고 있으면 웃음이 날 뿐이다."고 하였다.

5월 28일에는 "음식을 좋아해서 정말 답답하다. 식탐을 조절하지 않으니 날로 살찔 뿐이다.", 7월 12일에는 "세자의 은진(癮疹, 두드러기) 증상은 오랜 시간 누적되어 나타나는 것이고 이는 분명히 뚱뚱하기 때문에 생긴 것이다."고 하였다.

7월 28일, 세자의 다리에 부스럼이 생겼을 때 "서연(書筵)할 때 다리의 병이 있으면 꿇어 앉아 있기 어렵고 오래 앉아 있을 수 없다. 대개 이는 뚱뚱하여 습(濕)이 같이 따르기 때문이다."라고 하였고, 9월 15일에는 "글을 이해하는 이치는 자못 뛰어난데 뚱뚱해서 얼굴 생김새가 별로라 답답할 뿐이다."라고 하였다.

이처럼 영조는 세자가 앓고 있는 피부병의 원인을 뚱뚱함에서 찾앗으며, 세자의 총명함에 대해서만 언급해도 될 텐데 언급하지 않아도 되는 뚱뚱한 외모까지 굳이 언급해 지적한다. 이렇게 《승정원일기》를 들여다보면 볼수록 영조가 사도세자를 미워하게 된 계기가 사도세자의 뚱뚱하고 못생긴 외모에서 비롯되었다는 뜻밖의 사실을 알게 된다.

그런데 어릴 때는 그렇게 아끼던 자식을 크면서 영조는 왜 미워하기 시작한 것일까? 정말 사도세자가 뚱뚱하고 못생겨서일까? 영조가 자기 자식을 외모만 가지고 미워한 외모 지상주의자는 아닐 것이고, 보다 더 본질적인 이유가 있을 것이다.


## ⁜ 내 마음과 같지 아니하다

사도세자는 10세 무렵인 영조 20년 즈음부터 무예나 잡학 쪽으로 관심을 가지게 되고 경전 공부에는 점점 흥미를 잃어간다. 이를 눈치 챈 영조가 사도세자의 경전 공부에 대한 태도를 떠보는 대목을 '영조실록'에서 찾아볼 수 있다.

영조 20년(1744년) 11월 4일, 영조가 "글을 읽는 것이 좋으냐, 싫으냐?" 하니, 세자가 한참 동안 망설이면서 "싫을 때가 많습니다."라고 대답하자, 영조는 "세자의 이 말은 진실한 말이니 내 마음이 기쁘다."고 한다.

여기서 영조가 마지막에 언급한 '세자가 진실하게 말해서 기쁘다'는 말은 당연히 진심이 아니다. 왜냐하면 이 언급 이후 곧바로 영조는 세자에게 하루 동안 글을 읽는 것이 좋을 때는 흰콩(白豆)을 놓고,

싫을 때는 검은콩(黑豆)을 놓아서 그 많고 적음을 강론하는 관원에게 검사받게 하였다.

또, 세자를 모시는 관리에게도, "세자를 인도하고 도와서 경전 공부를 싫어하는 마음이 생기지 않도록 하라."고 명하여 세자가 강제로라도 경전 공부를 좋아하도록 만들려는 의지를 보임을 알 수 있기 때문이다.

영조의 입장에서는 세자가 학문에 관심이 없는 것을 내심 눈치는 채고 있었지만 아들의 입에서 확답을 듣고 내심 상심이 컸을 것이다. 사도세자의 입장에서도 큰마음을 먹고 아버지에게 본심을 이야기했는데 돌아오는 것은 더 강압적인 교육이었다. 이렇게 둘의 입장차는 컸고, 그렇게 둘의 사이는 틀어져가고 있었다.

《승정원일기》 영조 23년(1747년) 10월 3일의 기록을 살펴보자.

영조가 세자로 하여금 글을 읽게 하였는데 글 읽는 소리가 점점 낮아지자 영조가 말하기를, "세자의 소리가 작은 것은 내 앞에 있는 것을 꺼려해서이다. 서연에서는 글 읽는 소리가 어떠한가?"하니 "서연에서는 소리가 넓고 컸습니다."라고 김상철이 대답하였다.

영조가 세자에게 "24시간 동안에 네가 책읽기를 좋아하는 마음이 생기는 시간은 얼마 정도 되느냐?"고 묻자 세자는 "2~4시간 정도입니다."라고 다시 솔직하게 대답한다. 영조는 이를 듣고 "정직한 대답이다. 마음을 속이지 않는 것으로 볼 수 있겠다."고 하며 3년 전과 비슷한 대답으로 불편한 마음을 감춘다.

영조는 사도세자에게 경전 공부에 힘쓰며 절제하는 생활을 기대하였는데, 사도세자는 그러한 기대에 부응하지 못하고 경전 공부에 게으르며 무절제한 식욕을 드러냈고 또 그에 따르는 병치레를 하였으니, 영조로서는 아들을 못마땅하게 볼 수밖에 없었다.


#### ✣ 부모의 과욕이 아이를 망친다

사도세자는 뛰어난 신체적 조건으로 어릴 때부터 무인 기질이 강하고 무예가 뛰어났다.

'정조실록' 정조 13년 10월 7일에 남겨진 '어제 장헌 대왕 지문(御製 莊獻 大王 誌文)'에는 사도세자의 이러한 기질이 잘 드러난다.

> '세자는 어릴 때부터 놀이를 할 때 군대 놀이를 하였다. 뿐만 아니라 병
> 서(兵書)를 즐겨 읽어 속임수와 정공법을 적절하게 변화시키는 오묘한
> 이치를 터득하였다. 한가한 날이면 말을 달리며 무예를 시험했는데 힘
> 깨나 쓰는 무사들도 움직이지 못하는 청룡도(靑龍刀)와 커다란 쇠몽둥
> 이를 15~16세부터 자유롭게 사용했다. 영조 35년(1759년) 장수와 신하
> 들이 무예에 익숙하지 못한 것을 걱정하며《무기신식(武技新式)》을 반
> 포하였다.'

영조 역시 세자의 무인적 기질을 잘 알고 있었음을《승정원일기》의 기록을 통해 엿볼 수 있다.

영조 24년 5월 19일 영조가 사도세자에게 "한나라 고조(高祖)와 무제(武帝) 중 누가 더 훌륭하다고 생각하느냐?"하고 물으니 세자는 "고조의 기상이 훌륭합니다."라고 대답했다. 영조는 다시 "문제(文帝)와 무제는 누가 더 훌륭하다고 생각하느냐?"하니 세자가 "문제가 훌륭

합니다."하였다. 이를 들은 영조는 "이는 나를 속이는 것이다. 너의 마음은 반드시 무제를 통쾌하게 여길 것인데, 어찌하여 문제를 훌륭하다고 하느냐? 내가 항상 한나라 무제 같은 너를 경계했는데, 너의 시 가운데 '호랑이가 깊은 산에서 울부짖으니 큰 바람이 분다(虎嘯深山大風吹)'는 글귀가 있어 기(氣)가 크고 지나치다는 것을 알 수 있었다."라고 하였다.

어릴 때부터 식탐이 강하고 체격이 좋으며 무인 기질이 강했던 사도세자와 아들이 글을 열심히 읽어 똑똑한 성군(聖君)이 되었으면 하는 영조의 계속된 시각차와 갈등은 결국 비극으로 결말을 맺게 된다. 사도세자는 정신병과 우울증을 앓게 되고 증상이 심해져 사람을 죽이는 지경에 이른다. 이를 더 이상 지켜볼 수 없던 영조는 영조 38년 (1762년) 윤 5월 13일 사도세자를 뒤주에 가두었다. 사도세자는 무더운 여름 피부병이 있는 뚱뚱한 몸으로 좁디좁은 뒤주 안에서 힘겨워하다가 갇힌 지 8일째 되는 5월 21일에 죽음을 맞이한다.

《승정원일기》등의 기록에서 사도세자의 총명함이 드러나는 부분은 분명 적지 않다. 그리고 그가 문(文)보다 무(武)에 비교우위가 있었던 것 역시 확실한 것으로 보인다.

이에 반해 아버지인 영조는 아들이 무보다는 문에 관심을 가지길 바라고 아들의 재능을 애써 꺾으려 하고 자신만의 욕심을 아들에게 투영하였다. 한편으로 세자의 총명함을 일찍부터 보았기 때문에 조금만 더 다잡고 가르치면 성군이 될 가능성이 보여 욕심의 끈을 놓지 못한 영조의 마음도 전혀 이해하지 못할 바는 아니다.

하지만 만약 영조가 아들의 이러한 재능과 흥미를 이해해주고 무학(武學)에 전폭적인 지지를 해주었다면 사도세자는 광개토대왕과

**융릉, 사도세자 묘와 혜경궁 묘(서창용 제공)**

경기도 화성시에 위치한 사적 제206호 융릉(隆陵)에 사도세자와 혜경궁 홍씨를 합장한 무덤이 있다.

같은 또 다른 의미의 성군이 될 수도 있지 않았을까.

'어제 장헌 대왕 지문'에는 사도세자의 대외관도 잘 드러난다.

'우리나라는 좁아서 군사를 쓸 땅이 없다. 그러나 동쪽으로는 왜(倭)와 접하고 북쪽으로는 오랑캐와 이웃하였으며 서쪽과 남쪽은 큰 바다이니 바로 옛날의 중원(中原)인 셈이다. 지금은 비록 변방에 경보(警報, 위험을 미리 알리는 것)가 없지만 마땅히 위험에 대비하는 태세를 구축하여야 한다.'

영조와 사도세자의 부자(父子)관계는 오늘날의 부모-자식 관계에 있어서도 시사하는 바가 크다.

좋은 부모는 자식에게 너무 큰 욕심을 부리지 않고 자식이 진정으로 잘하는 것을 인정해주며, 하고 싶어 하는 것을 지원해줄 수 있는 넓은 이해심을 가진 사람이다. 자기 자식이 사도세자처럼 원하지 않는 것을 강요당하다 잘하는 것마저도 꿈을 펼쳐보지 못하고 몸과 마음이 병들어가는 것을 원하는 부모는 없을 것이다.

무엇보다도 가장 소중하고 각별해야 할 부모-자식 관계가 시간이 지나서도 회복되지 못하는 것은 가장 비극적인 일이다. 이는 비단 300년 전 영조와 사도세자만의 문제가 아니라 21세기에도 이런 비극은 여전히 일어나고 있음을 깨달아야 할 것이다.

● 참고문헌

《승정원일기》
《조선왕조실록》 '영조실록', '정조실록'
함규진, 《왕이 못된 세자들》, 김영사, 2014.
방성혜, 《용포 속의 비밀 미치도록 가렵도다》, 시대의 창, 2015.

三
조선
의료인들의
눈부신
대활약

# 19
# 왕실 최고의
# 외과수술 사건

_백광현

내의원 도제조 허적이 말하기를,

"자전(慈殿)의 종기가 점차 위증해져서 곧 침술을 받으실 것이라 들었습니다."

라고 하자, 상께서 답하시기를

"의관 백광현이 대비전에 들어갈 것이다. 침술을 행할 때 내 친히 임하여 살피겠노라."

라고 하였다.

《승정원일기》 현종 13년 2월 13일

## ❖ 칼로 네 치를 절개해야 나을 수 있습니다

효종 임금이 종기를 앓던 끝에 침술을 받다가 그만 과다 출혈로 사망했다. 갑자기 아버지를 여읜 현종 임금은 그렇게 왕위에 올랐다.

세월이 흘러 현종 13년(1672년), 이번에는 어머니인 인선왕후에게 종기가 생기고 말았다. 목 부위에 생긴 종기는 하루하루 크기가 커져서 걷잡을 수 없는 지경에 이르게 되었다. 뜸이나 탕약으로 다스릴 수 있는 상태를 이미 넘어서고 있었다.

고심 끝에 현종은 의관 백광현을 불러 자전의 종기가 어떤 상태인지, 어떻게 치료하면 될지 대비전에 들러 살피고 오도록 했다.

백광현으로 말하자면 민간에서 종기를 잘 치료하기로 명성을 드날려 현종 4년(1663년)에 내의원 의관으로 특채된 인물이었다. 그의 침술은 절름발이를 침으로 치료해서 멀쩡하게 걷게 할 정도로 뛰어나 왕실 안팎에서 이미 유명했다. 게다가 현종 역시 지난 현종 11년(1670년)에 백광현의 활약으로 자신의 종기를 치료받았고, 이에 크게 흡족해 그를 정3품 당상관으로 특급 승진까지 시켜주지 않았던가!

그런데 인선왕후의 상태를 살피러 대비전에 다녀온 백광현의 입에서 나온 말은 충격적이었다.

"종기의 상태가 매우 심각하니 절개를 하여 근(根)을 뽑아내지 않을 수 없으며, 종기의 근이 워낙 크기에 절개의 길이는 네 치(약 12센티미터)는 되어야 합니다."

이미 아버지를 침술로 잃었던 뼈아픈 슬픔을 겪은 현종이었다. 아버지인 효종은 종기를 치료받기 위해 큰 망설임 없이 침술을 허락했었다. 하지만 의관이 그만 혈관을 잘못 건드려 결국 사망하지 않았던가. 어머니 역시 똑같은 방법으로 잃을 수는 없었다. 현종은 백광현이 제시한 침술을 결코 허락할 수 없었다.

그러는 사이 대비의 상태는 점점 나빠졌다. 종기의 근이 워낙에 컸던 탓에 식도를 압박했던 것인지 이제는 약간의 죽도 삼키지 못하는 지경에 이르렀다. 위중한 부위에 심각한 종기를 앓고 있는데 며칠째 죽도 삼키지 못하고 있으니 임금과 의관들의 걱정이 이만저만이 아니었다.

현종은 네 치를 절개하는 침술을 도저히 허락할 수도 없었고, 그렇다고 어머니가 저렇게 죽 한 모금 삼키지 못한 채 굶어 죽을 지경이 되는 걸 마냥 지켜볼 수도 없었다.

결국 현종은 대비의 처소에 들어 백광현이 말한 침술에 대해 의논했다. 뜻밖에도 대비는 담담한 태도를 보였다.

"다른 이도 아니고 의관 백광현이라면 믿어볼 만하지 않겠습니까?"

대비는 침술을 받아보겠다는 뜻을 내비쳤다.

결국 현종은 네 치를 절개하는 침술을 허락하고야 말았다.

"의관 백광현이 대비전에 들어갈 것이다. 침술을 행할 때 내 친히 임하여 살피겠노라."


## ✛ 당장 침술을 중단하라!

대비의 목에 생긴 거대한 종기를 절개하기 위해 백광현이 준비한 침은 평소 그가 사용하던 침과는 다른 특수한 침이었다. 보통 그가 종기 절개에 사용하던 침은 종침(腫鍼)이었다. 그런데 그날은 이보다 길이와 너비가 더 큰 거침(巨鍼)을 준비했다. 대비의 종기가 워낙에 큰 까닭이었다.

백광현이 준비해온 침을 살펴본 현종은 눈이 휘둥그레졌다. 하지만 백광현은 임금의 놀란 안색은 일부러 무시한 채 침술을 시작했다. 죄인의 목을 칼로 절단하여 생명을 앗는 처벌을 참수형이라고 한다. 비록 치료를 위한 목적이라고는 하나 귀하디귀한 어머니의 목에 칼을 대어야 하는 이 상황이 현종은 무척 마음이 아팠다.

임금의 마음을 아는지 모르는지 백광현은 종기의 정중앙을 그가 이미 말한 대로 네 치 길이로 절개했다. 환부에 얽혀 있던 시커먼 피가 흘러나왔다. 백광현은 절개한 곳 우측을 또 네 치 길이로 절개했다. 그리고 좌측 역시 네 치 길이로 절개해서 절개의 형태가 마치 내 천(川) 자 모양으로 세 줄이 되었다.

옆에서 지켜보던 다른 의관들은 내심 놀랐다.

의관 백광현이 구사하고 있는 저 침술은 그 어느 의서에서도 본 적

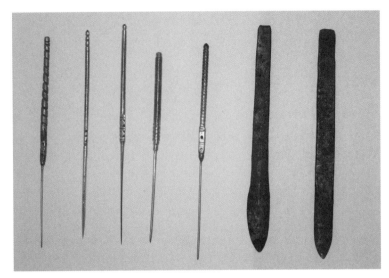

**종기 절개를 위해 사용하는 종침(腫鍼)(경희대학교 한의학역사박물관 소장, 방성혜 제공)**

종기 절개를 위해 사용된 종침은 사진의 오른쪽에 보이는 2개의 침처럼 넓적한 모양의 침이다.
기록에 의하면 크기가 큰 종침은 길이 약 15센티미터, 너비 약 1.5센티미터 정도였다고 한다. 그렇다
면 백광현이 인선왕후의 종기를 절개할 때 사용했던 거침(巨鍼)은 이보다 더 큰 형태였을 것으로 추측해
볼 수 있다.

이 없는 것이기 때문이었다. 대비마마의 목을 저렇게 절개했다가 혹
여 치료가 실패하기라도 한다면 무슨 일이 생길지, 선왕의 승하 시에
내의원에 몰아쳤던 그 참담한 피바람이 또 불어 닥치지 않을는지, 백
의관은 어찌 저렇게 대담하게 거침을 휘두르고 있는지, 지켜보는 사
람이 조마조마할 지경이었다.

네 치 절개도 심장이 벌렁거릴 노릇인데 세 줄을 절개하니 현종 역
시 놀라기 이를 데가 없었다.

바로 손을 들어올려 외쳤다.

"이제 그만! 의관 백광현은 당장 침술을 중단하라!"

놀란 나머지 소리를 버럭 지른 것이다. 그런데 다급한 임금의 외침

이 백광현에게는 들리지 않는 것 같았다. 그는 꿋꿋하게 침술을 계속 진행했고 대비의 목에 박혀 있던 종기의 커다란 근을 마침내 끄집어 내었다. 그렇게 침술은 마무리되었다.


### ❖ 내가 오늘 십년감수했다

침술을 끝낸 백광현은 대비전을 물러 나와 잠시 차비문에 걸터앉아 쉬고 있었다.

큰소리를 치기는 했지만 대비의 목을 절개하는 이 침술이 그에게 도 무척이나 긴장되는 일이었기 때문이다. 그런데 대전의 내시가 멀리서 헐레벌떡 뛰어왔다. 임금께서 지금 다급히 부르시니 다시 대비전으로 들라는 것이다.

'전하께서 왜 다시 부르시는 것일까? 침술은 분명히 잘 마무리했는데 혹시 다른 문제가 생긴 것일까? 혹시 대비마마에게 큰 변고가 생긴 것인가?'

대비전까지 가는 길이 천 리보다 더 멀게 느껴졌다. 황급히 뛰어가다 보니 가는 길에 넘어지기까지 했다. 그렇게 다급히 대비전으로 다시 들어가 임금 앞에 머리를 조아리고 엎드렸다.

현종은 백광현을 바라보며 이렇게 말했다.

"좀 전에 자전께서 침술을 받으신 후에 바로 죽을 드실 수 있게 되었다. 의관 백광현의 침술 덕에 자전께서 이제 목숨을 건지게 되었도다!"

현종의 얼굴에는 기쁨과 감격이 만연했다. 무슨 큰 일이 난 줄 알고 뛰어왔던 백광현은 그만 다리에 힘이 풀리고 말았다. 그렇게 천 년보다 더 길었던 하루가 끝났고, 백광현은 휘청거리는 다리를 겨우 추슬러 집으로 돌아왔다. 그날 밤 백광현은 식구들에게 이렇게 말했다.

"내가 오늘 수명이 십년은 줄어들었다!"

얼마 후 백광현에게 포상이 내려졌다.

"의관 백광현을 종2품 가선대부(嘉善大夫)에 봉하노라."

그리고 내의원으로 좋은 술이 하사되었다. 어려운 침술을 성공리에 마친 백광현의 공을 치하하기 위해서였다.


### ✣ 주어진 사명을 담담히 받아들여라

백광현은 살아생전은 물론 사망 후에도 신의(神醫)라 불리며 칭송받았다. 심지어는 백광현의 명성이 청나라에까지 알려졌었다. 그가 사신단을 따라 연경에 간 적이 있었다. 그런데 청나라의 어느 고급 관리가 그의 명성을 익히 듣고서 따로 찾아온 것이다. 자신의 어머니가 오랜 병을 앓았는데 청나라의 어느 의사도 고치지 못했노라며 부디 치료해줄 것을 청하는 것이 아닌가. 백광현은 간곡한 청을 뿌리칠 수가 없어서 관리의 어머니를 잘 고쳐주고서 돌아왔다.

몇 년이 지난 후 그 관리가 조선으로 오는 칙사를 통해 사례의 선물을 보냈다는 이야기가 전해지고 있다. 조선 땅에 사는 백 모 의사가 의술이 신묘하다며 청나라에까지 입소문이 퍼져있었다는 것을 알 수 있다. 이만하면 우리의 자랑스러운 선조가 아니겠는가!

그는 민간에서 뿐만 아니라 왕실에서도 많은 활약을 펼쳤는데, 그

중 가장 눈부신 활약이 바로 인선왕후의 목에 생긴 종기를 12센티미터 길이 세 줄로 절개했던 이 사건이다. 성공했기에 포상이 주어졌고 더욱 명성이 높아졌지만 만약 실패했다면 어떻게 되었을까? 대비를 치료하지 못한 죄로, 임금의 어머니의 목을 칼로 절개한 죄로, 처참한 형벌을 받았을 것이다. 또한 그전까지 쌓아왔던 모든 공은 무너졌을 것이고, 역사에 백광현은 무모하고 무능했던 의관으로 남았을 것이다.

백광현은 실패했을 경우의 후폭풍이 두려워 인선왕후의 치료를 회피하지는 않았다. 그가 진단한 대로 치료법을 제시했고, 어느 의서에도 없던 그 독창적이고 대담했던 침술

**지사공유사 부경험방(방성혜 제공)**
조선시대에 신의(神醫)라 불리며 칭송받았던 백광현의 행적을 기리기 위해 후인이 저술한 책이 《지사공유사 부경험방(知事公遺事 附經驗方)》이다. 이 책에는 백광현이 의업에 입문한 계기, 민간과 왕실에서의 눈부신 활약, 기이한 치료 사례가 기록되어 있다. 이 책은 일본에 의해 강탈되어 현재 원본은 일본의 행우서옥(杏雨書屋)에 있고, 사본이 한국의 국립중앙도서관에 보관되어 있다.

을 거침없이 행하였고, 결국 성공시켰다. 아마도 그것이 자신에게 주어진 사명(使命)이라고 생각했을 것이다.

왕실의 건강을 책임지는 내의원 의관으로서, 종기 치료를 담당해야 하는 침의(鍼醫)로서, 그에게 주어졌던 두렵고도 막중했던 사명을 회피하지 않고 담담하게 받아들였다. 그 사명을 성공시켰기에 그는 조선시대 최고의 신의로 이름을 남길 수 있었다.

혹시 백광현처럼 무거운 사명과 맞닥뜨려야 하는 순간이 우리들

에게도 올지 모를 일이다. 성공한다면 명성이 높아지겠지만 실패한다면 혹독한 손해가 뒤따르는 엄중한 사명이 우리를 찾아올지도 모른다.

그럴 때 실패가 두려워 그 도전을 포기하는 것이 좋을까? 아니면 백광현처럼 담담하게 받아들여야 할까? 선택은 우리 각자의 몫이 될 것이다.

● **참고문헌**

《승정원일기》

작자 미상, 《지사공유사 부경험방(知事公遺事 附經驗方)》

방성혜, 〈의인(醫人) 백광현(白光玹)의 행적 연구〉, 한국의사학회지, 2013:26(2).

# 20
# 역대 최고 포상을
# 받은 어의

_ 유상

임금께서 하교하셨다.

"이번에 몸이 불편할 때 의관 유상은 처음부터 끝까지 수고롭게 애쓴 공로가 가장 크다. 특별히 금원자를 내려 기쁨을 표하고 승정원이 알고 있도록 하라. 또한 해당 관청에 분부하여 동지사(同知事)를 제수하되, 만약 자리가 없다면 동지사 자리가 나기를 기다려 제수하라."

나흘 후에 다시 비망기를 내려,

"의관 유상에게 품계를 종2품 가선대부(嘉善大夫)로 올려주고 고을 수령을 제수하라. 또한 표범 가죽 1장과 잘 길들인 말 1필, 은자 50량, 전답 50결, 노비 10명을 주도록 하라."

하셨다.

《승정원일기》 숙종 9년 11월 10, 14일

## ✢ 국가 비상사태에 마주 서다

숙종은 이틀 전부터 두통과 함께 속이 미식거리기 시작하였다. 임금과 왕실의 진료를 책임지는 내의원에서 감기 처방을 올렸으나 별다른 변화가 없었다. 다음날에도 열이 나면서 붉은 반점이 보이기 시작하였다. 이미 일주일 전부터 도성 안에 두창(천연두)이 크게 번지고 있다는 것을 떠올렸기에 대궐 안팎으로 술렁이기 시작하였다. 대궐 안으로 역질이 도는 것도 큰 문제지만, 만약 임금에게 발병한다면 이는 나라가 흔들리는 비상사태일 수밖에 없었다.

두창이 무엇인가? 콩알같이 헤진 상처를 만든다고 해서 '두창(痘瘡)'이라 하고, 일생에 한 번은 걸린다 하여 '백세창(百歲瘡)'이라고 불렀다. 천연두에 걸리면 열과 함께 좁쌀만 한 발진이 온몸에 돋게 되고, 쉽게 전염이 되어 면역력이 없는 곳에서는 사망률이 90퍼센트가 넘기도 하는 무서운 전염병이다. 3년 전 숙종의 원비 인경왕후가 두창으로 사망했을 때 왕실은 엄청난 충격에 빠졌었다.

내의원을 책임지고 있는 도제조 김수항은 임금에게 정말로 두창이 발병한 건지 확인하기 위해 두창 전문의 유상을 부르고 어의들과 함께 입시하였다. 이때가 숙종 9년(1683년) 10월 21일이었다.

나라의 부름을 다시 받은 유상은 착잡하기 이를 데가 없었다. 지난 인경왕후의 두창 치료는 삭탈관직에 도성을 한동안 떠나 있었던 것으로 마무리가 되었지만, 이번에는 목숨을 내어놓아야 할 문제다. 그 때문은 아니겠지만 유상은 숙종이 발병하고 4일째가 되어서야 부름을 받고 참여할 수 있었다. 함께 입시한 어의들 속에서 죄인 아닌 죄인 마냥 머리만 조아리고 있었다.

드디어 두의(痘醫, 두창 전문의) 유상의 차례가 되어 앞으로 나아갔다. 천천히 옥체를 살폈다. 믿기 싫었지만 임금의 몸에 돋은 반점을 본 순간 발열로 인한 열꽃임을 알 수 있었다. 두창의 전조증상이었다. 그가 익히 보아왔던 대로라면 패증과 합병증만 막을 수 있다면 열이 나고 3일이 지나면 물집이 잡히고, 또 3일이 지나면 고름이 더하고, 다시 3일이 지나면 딱지가 생기면서 회복될 것이다. 하지만 아무 것도 확신할 수 없었고, 한가히 고민할 시간도 없었다.

전날부터 피부 반점은 시작되었고 먹지도 못하며 발열이 지속되었기에 처방을 완전히 바꿔야만 했다. 급히 화독탕(化毒湯)을 써서 열기를 내리고 독소를 풀었다. 왕과 대비전이 위중할 때 열리는 임시 관청인 시약청(侍藥廳)이 설치되었고, 유상은 밤낮으로 숙직하며 임금의 곁을 떠나지 않았다.

반점이 나타나고 3일이 지나자 드디어 물집이 잡히기 시작하였다. 물집이 좁쌀만 한 콩알처럼 올라오자 몸의 원기가 손상되지 않도록 보원탕(保元湯)으로 다시 바꾸었다. 열은 미열로 바뀌고 증상은 더 나빠지지 않았다. 다시 3일이 지나자 물집이 혼탁해지고 고름이 잡히기 시작하였다. 유상은 더욱 긴장하였다. 제일 중요한 시기인 것을 알고 있었다. 이때 환자가 면역력이 떨어지고 기력이 쇠하면 손쓸 수 없는 패증으로 빠지고 합병증으로 생사를 장담할 수 없기 때문이었다.

드디어 임금에게 위기가 찾아왔다. 열기는 조금 줄었으나 입맛이 없고 구역질을 하였다. 먹지 못하고 구역질을 해대면 패증으로 빠지게 된다. 체력이 떨어지고 면역력이 급속도로 약화되기에 임금과 유상은 다음을 기약할 수 없었다.

밤에 숙종의 환후가 더욱 위급하다는 전갈을 받고 임금의 외숙부인 청원군 김석주까지 달려왔다. 손수 임금의 맥을 보고 소리 내어 여쭈어도 숙종은 베개에 기대어 혼미한 상태로 고개만 끄덕일 뿐 아무 반응을 보이지 않았다. 유상은 보원탕에만 기댈 수는 없었다. 임금의 꺼져가는 원기를 끌어올리면서도 패증을 치료할 수 있는 처방을 찾았다. 고심 끝에 '사성회천탕(四聖回天湯)'을 투약하였다.

사성회천탕은 기존의 중국 의서(醫書)에서는 보이지 않던 우리나라 고유의 처방으로, 현종 때 활약한 박진희의《두창경험방(痘瘡經驗方)》에 나오며 두창이 진행되어 병세가 몹시 위급할 때 쓴다고 하였다. 유상은 이미 조선에서 유행하는 두창의 최신 처방을 경험했던 터였다. 유상이 터득한 사성회천탕을 생사의 기로에 선 임금에게 투여

한 것이다. 왕실과 내의원의 모든 시선이 유상이 올린 사성회천탕에 쏠리게 되었다. 유상은 임금이 하루만 더 버텨주기를 간절히 바라고 또 바랐다. 유상은 임금의 체력과 원기가 하루만 더 버틸 수 있다면, 이미 고름이 들어찬 물집에 딱지가 잡히기만 한다면 자신의 목숨을 대신 내놓고 싶었다.

유상이 죽기를 각오하고 뜬 눈으로 밤을 지새운 다음날 고름이 빠지고 딱지가 잡히기 시작하였다. 드디어 먹구름이 걷히고 위험한 고비를 넘긴 것이다. 이제부터는 패증이 지나가고 병이 나아가는 순증으로 접어든 것이다.

천당과 지옥을 오간 유상은 점차 딱지가 떨어지자 기혈을 보충하고 남은 증상을 치료하였다. 유상이 밤낮으로 매달린 지 3주 만에 명실상부한 두창 전문의로 인정받을 수 있었다. 국가 비상사태는 거두어지고, 임금의 쾌유를 축하하는 두창가(痘瘡歌)가 울려 퍼지며 11월 5일 시약청은 해체되었다. 숙종은 종묘와 사직에 경사를 고하고 유상을 비롯한 의관들에게 포상을 내렸다.


## ⁜ 전설의 의술

숙종을 비롯한 왕실을 구한 유상의 무용담은 민간에 퍼져 널리 회자되었다. 조선후기 야담집인 《청구야담(靑丘野談)》에 시체탕(枾蔕湯, 감꼭지를 달여 만든 탕)과 저미고(猪尾膏, 두창으로 위급해진 증상에 쓰는 처방)의 두 가지가 일화가 실려 있다.

유상이 젊은 시절 경상도관찰사 비서로 따라갔다가 일이 없어 한양으로 돌아오던 중에 시골집에 묵게 된다. 주인 노인이 잠시 나갔다 올 테니 절대로 방 안의 책을 보지 말라고 하였으나 이를 어기고 의서를 읽다가 크게 타박을 받았다. 다음날 주인은 유상에게 쉬지 말고 서둘러 한양으로 돌아가라고 내쫓듯 보내었다. 서울에 다다르니 별감 십여 명이 왕명을 받고 유상을 기다리고 있었다. 숙종 임금이 지난밤 꿈에 신선이 나타나 지금 두창을 나으려면 유상을 부르라 하였던 것이었다. 별감과 함께 궁궐로 돌아가는 길에 남대문 근처에서 유상은 아이를 업고 있는 여인을 보았다. 여인은 아이가 두창으로 다 죽어갈 때 한 스님이 일러준 시체탕을 먹이고 나았다고 하였다. 지난밤 책에서도 시체탕이 나왔음을 기억하고는 숙종에게도 시체탕을 먹여 두창을 고쳤다는 이야기다.

또 다른 이야기는 유상이 숙종의 두창을 치료할 때 저미고 처방을 사용하려고 하자, 숙종의 어머니 명성왕후가 약제가 강하여 반대하였다. 유상은 소매 속에 몰래 갖고 들어가 약에 섞어 쓰고는 씻은 듯이 나았다는 야담이다.

《이향견문록(里鄕見聞錄)》에도 유상의 이야기가 전해진다. 유상이 수령으로 있을 때 임금이 '연포탕(두부를 닭국에 끓인 음식)'을 먹고 심하게 체해서 토하지도 대변으로 내보내지도 못하고 앓아누웠다. 이때 급히 말을 보내 유상을 불렀다. 유상은 새문 밖에 이르렀을 때 한 노파가 중얼거리는 소리를 들었다. 쌀뜨물을 부으니 두부가 녹아버린다는 말을 듣고는 궁궐로 들어갔다. 유상이 임금에게 쌀뜨물을 먹이자 체기가 내리고 말끔히 나았다 한다.

유상과 관계된 전설의 의술은 백성들 사이에 널리 퍼졌으며 이는 여러 책에 실리게 되었고, 그의 의술은 민가에서 이루어져 구중궁궐

속의 임금의 병도 낫게 했다는 공통점이 있다. 야담에서 구체적으로 시체탕, 저미고, 연포탕을 들어 그럴듯해 보이지만 사실 과장이 덧붙여진 것으로 볼 수 있다.

《조선왕조실록》에는 숙종의 두창 치료 사실을 전하는 데 그치지만, 《승정원일기》에는 두창 치료에 쓰인 처방과 가감법이 매우 자세하게 나와 있어 이것이 역사적 사실에 더욱 부합한다고 볼 수 있다.

### ✢ 목숨을 건진 왕의 선물

일찍이 유상이 처음으로 왕실의 두창 치료에 참여한 것은 숙종 6년 (1680년) 10월이었다. 숙종의 원비 인경왕후의 두창 치료에 참여하였다. 하지만 인경왕후는 발병한 지 일주일 만에 사망하고, 처음부터 끝까지 치료를 전담하였던 유상에게 책임을 물어 관직을 빼앗고 명부에서 이름을 지우고서야 풀려날 수 있었다. 유상은 이때 궐 밖을 떠나 있는 동안 절치부심하며 의학 공부와 임상 진료에 전념하였다.

이듬해인 숙종 7년 7월, 유상은 의약동참(의학에 조예가 깊거나 지방 의원들 중에 의술이 뛰어난 자들이 천거를 통하여 참여하는 곳)으로 다시 내의원에 복직하면서 전혀 새로운 처방과 임상 경험으로 돌아왔다. 이후부터 그가 손대는 왕실 사람은 낫지 않는 이가 없었다.

유상은 숙종 9년 10월, 숙종의 두창 치료에 큰 공을 세우고 숙종 25년 1월, 왕세자(훗날 경종)의 두창도 치료하여 2주 만에 낫는다. 숙종 37년 9월 연잉군(훗날 영조), 11월 왕자 연령군, 12월 숙종의 제2계비 인원왕후의 두창을 치료한다. 숙종 46년 2월에는 대리청정 중인 왕세자의 홍역까지 치료하는 공을 세운다. 그때마다 유상에게는 다음과 같이 품계가 오르고 벼슬과 포상이 내려졌다. 그가 일평생 받았던 벼슬과 포상은 다음과 같다.

현종 15년(1674년) 1월 인조 간병 : 동반직 제수.

숙종 6년(1680년) 10월 인경왕후의 두창 : 삭탈관직 당하고 풀려남.

숙종 9년(1683년) 10월 숙종의 두창 : 품계를 두 단계 올려 가선대부, 중추부동지사 제수. 실직으로 고양군수(처음에 서산군수에서 가까운 곳으로 바꿈, 이후 안산군수, 곽산군수, 아산현감, 용인현령, 이천부사), 금권자, 표범 가죽, 숙마(잘 길들인 말) 1필, 은자 50량, 전답 50결, 노비 10명.

숙종 25년(1699년) 1월 왕세자(경종)의 두창 : 품계를 두 단계 올리고 중추부지사 실직 제수. 풍덕부사(처음에는 담양부사 제수 받았으나 가까운 곳으로 바꿈. 후에 안성군수), 숙마 1필, 은자 30량, 전답 25결, 노비 5명.

숙종 37년(1711년) 9월 연잉군(영조)의 두창 : 품계를 더함.

숙종 37년(1711년) 11월 연령군의 두창 : 품계를 올려 숭정대부. 유상 나이 69세로 연한에 관계없이 특별히 수령에 제수하라 명함.

숙종 37년(1711년) 12월 인원왕후의 두창 : 품계를 두 계단 올려 보국숭록대부(輔國崇祿大夫)를 제수하였으나 의관은 보국에 오를 수 없다 하여 품계를 다시 환수하고 숙마 1필로 대신함. 삭령군수(처음에는 협천군수였으나 가까운 곳으로 바꿈). 숙마 1필. 은자 40량, 전답 30결, 노비 7명.

숙종 40년(1714년) 6월 숙종 간병 : 숙마 1필, 표범가죽 1장.

숙종 46년(1720년) 2월 왕세자(경종)의 홍역 : 숙마 1필, 은자 20량.

경종 2년(1722년) 2월 유상의 팔순 : 쌀과 비단

경종 3년(1723년) 4월 유상의 상례 : 관판(棺板) 1벌

숙종 9년에 유상이 받은 포상은 의관이 받을 수 있는 왕의 모든 선물을 다 받았다고 할 수 있다. 죽어가는 왕을 살렸으니 얼마나 포상이 대단했겠는가? 의관에게 은자에 전답에 노비까지 내린 포상은 흔하지 않았다. 한 번에 품계를 두 단계나 올려주고, 중추부동지사를 제수하고, 실직으로 군수에 보내면서 표범 가죽과 좋은 말과 그리고 유상의 부인에게 금권자(金圈子, 남편의 직급에 따라 부녀자의 족두리에 붙이는 장식)까지 내린 것은 조선 왕조에서 매우 특별한 경우에 해당한다. 이와 같은 일이 다른 의관이 아닌 유상에게 한 번 더 일어난다.

숙종 37년 숙종의 제2계비 인원왕후의 두창 치료에 세운 공로로 품계 두 계단을 올려 보국숭록대부를 제수 받고, 실직의 군수로 보내지며 잘 길들인 말과 은자, 전답, 노비를 다시 받는다.

하지만 《동의보감》의 저자 어의 허준도 사후에 받았던 정1품 보국숭록대부를 현직에서 받았으니 대신들의 반대가 매우 심하였다. 결국 의관은 보국의 지위에 올릴 수 없다 하여 말 1필로 대신하였다.

왕과 왕후 그리고 왕세자의 목숨을 구한 데 대한 왕실의 보답은, 유상이 벼슬에서 물러난 이후에도 그의 팔순과 장례에까지 이어졌음을 알 수 있다.


### ❖ 5대를 이어 왕실을 치료하다

조선시대 왕실 의료는 내의원에서 담당하였다.

내의원은 본청(本廳)과 침의청(鍼醫廳), 그리고 의약동참청(議藥同參廳)으로 이루어진다. 내의원 본청은 과거시험에 합격한 후, 취재시험을 거쳐서 들어가고, 침의청은 천거나 취재를 통하여 들어갔으며, 침구 치료와 외과 치료를 담당하였다. 의약동참청은 유학을 하는 사람 중에 의학에 조예가 깊거나 지방의원들 중에 의술이 뛰어난 자들이 천거를 통하여 참여하는 곳이다.

현종 시절에 왕실 진료는 다양한 지식과 경험이 함께 할 수 있는 제도로 정착되었는데, 유상은 침의청으로 들어갔다가 나중에 의약동참으로 다시 참여하였다.

유상(柳瑺)은 본관이 문화(文化)요, 판관 유인(柳湮)의 손자이자 관찰사 유경집의 서자이다. 유상은 현종 대에 침의청에 들어갔다. 현종 15년(1674년)에 의약에 공을 세우고 동반직(東班職)에 제수된다. 이후 참봉(參奉), 부봉사(副奉事), 봉사(奉事), 직장(直長), 별제(別提), 주부(主簿)를 거치며 승진한다. 숙종의 두창을 치료하면서 품계는 숭정대부에 오르고 벼슬은 중추부 지사에 이르러, 서얼 출신으로 당상관 어의에 올랐다. 외관직으로 고양, 안산, 곽산, 아산, 용인, 이천, 풍덕, 안성, 김포, 삭령 등의 지방관을 지냈다.

유상은 두창 전문서《고금경험활유방(古今經驗活幼方)》을 남겼으며, 그의 경험은 후손들에게 이어졌다.

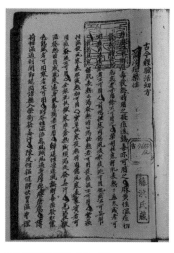

**《고금경험활유방》(고대원 제공)**
유상의 저술로 알려진 두창 전문 의학서《고금경험활유방(古今經驗活幼方)》1권이 필사본으로 전한다. 두창과 관련한 고금의 이론과 처방을 정리하였고 자신의 경험 처방이 실려 있다. 현재 원본은 일본의 행우서옥(杏雨書屋)에 있고 사본이 한국의 국립중앙도서관에 보관되어 있다.

유상의 아들 유중림도 의약동참청에 들어가서 왕실의 의약에 참여하였다. 유중림은 영조 42년(1766년)《증보산림경제(增補山林經濟)》를 편찬하였으며, 연천현감을 지냈고 품계는 정헌대부에 이르렀다.

유상의 손자 유원과 증손자인 유증모도 의약동참청에 참여하였다. 유증모는 관직이 연산, 석성현감을 지냈고 품계는 통정대부에 이르렀다.

예부터 "삼대를 내려온 의원이 아니면 약을 짓지 않는다(醫不三世不服其藥)."고 하였다. 유상에서 시작된 의업은 유증모의 아들인 유환익까지 무려 5대를 이어 왕실 의료를 담당하였으니, 실로 대단하다 하지 않을 수 없다. 유상에서 시작된 입신양명은 대를 이어 왕실 의료를 담당하며 가문의 영광으로 이어졌으니 조선 후기 기술직의 지위를 한층 끌어올렸다고 평가할 수 있을 것이다.

● 참고문헌

《승정원일기》

이규근, 《조선후기 의약동참(議藥同參) 연구》. 조선시대사학보 제19집, 2001.

고대원, 〈조선 숙종의 치병에 관한 '승정원일기'의 기록 연구〉, 경희대학교 박사학위논문, 2015.

고대원, 김동율, 김태우, 차웅석, 〈숙종의 두창에 관한 연구〉, 한국의사학회지, 2012:25(1).

김동율, 〈장희빈의 죽음이 경종의 건강에 미친 영향 – '승정원일기' 의안을 중심으로〉, 경희대학교 석사학위논문, 2013.

# 21
# 일본 침구학에
# 펼쳐진 학익진법
## _ 김덕방

노(老)대신 이원익이 경덕궁 홍정당에서 인조와 대화를 나눈다.

"고(故) 통제사 이순신 같은 사람은 얻기 어렵습니다. 요즘에는 이순신 같은 자를 보지 못하였습니다."

"왜란 당시에 인물이라고는 이순신 하나밖에 없었다."

"왜란 때에 이순신이 죽음에 임박하자 이예(이순신의 아들)가 아버지를 안고서 흐느꼈는데, 이순신이 적과 대치하고 있으니 죽음을 알리지 말라고 하였습니다. 이예는 일부러 죽음을 알리지 않고 아무 일도 없는 듯이 전투를 독려하였습니다."

《승정원 일기》 인조 9년 4월 5일

## ⁂ 이순신 장군의 부하, 김덕방

노(老)대신 이원익은 항상 이순신의 활약상을 정확하게 알리려고 끊임없이 노력했던 인물이다.

이순신을 파직하고 원균을 대신 앉혀 칠천량의 참패를 가져온 것을 생각하면 그는 울분을 가눌 수 없었다. 물론 이순신의 업적은 시간이 가면 갈수록, 되새기면 되새길수록 더욱 더 진가가 드러나고 있었다. 인조 이후 순종까지 《승정원일기》에서만도 이순신이라는 이름은 역대 임금들에게 300회 이상, 《조선왕조실록》에서는 290회 이상 회자되는 그리움의 대상이었다.

그런데 이 영웅의 이야기 속에 또 하나의 역사적 인물이 숨겨져 있다는 사실을, 인조에게도 그의 뒤를 계승한 왕들에게도 아무도 알려주는 이가 없었다. 이순신이 조연이 되고 주연이 될 수도 있었던 사람, 아직 그 이름조차도 생소한 무관이자 의관 김덕방(金德邦)이다.

1597년 10월 이순신의 《난중일기(亂中日記)》에 김덕방이 벼슬에 처음 올랐다는 기록이 나온다. 그는 김유흡(金有洽)의 아들로 선조 때에 무과에 급제하여 지금의 서울 동부와 경상도 지방에 해당되는 용양위부호군(龍驤衛副護軍)을 역임하다가, 임진왜란 당시 훈련원 부장으로 충무공 이순신 장군 막하에 들어가게 된다. 김덕방이 가장 선봉에서 싸워 적선 수십 척을 격침시켰고, 또한 전라좌수군의 관할 구역인 흥양, 보성 일원에서 해안에 출몰하는 적을 상대로 유격전 형태로 송대립, 최대성, 전방삭과 함께 의병을 모아 동맹회군하여 큰 전과를 거두었다고 한다.

그 중에서도 현장 전술의 귀재로 유명했던 송희립, 송대립 형제와 함께 흥양의 망제포(望諸浦)와 첨산(尖山), 보성의 안치(雁峙) 등지에서 전투에 참가하여 대단한 활약을 하였다. 그후 그의 기록으로는 정유재란(丁酉再亂) 당시 당포, 노량진 전투에서 왜선 수십 척을 불태우고 전사하였다는 기록이 남아있다.

## ✢ 김덕방, 일본으로 끌려가 조선으로 돌아오지 못하다

그렇게 죽은 줄 알았던 김덕방의 기록은 일본에서 다시 발견된다.

"조선인 학자겸 의관 김덕방은 도쿠혼류(德本流)의 시조인 나가타 도쿠혼(永田德本)에게 침구의 비법을 전수하였다. 그리고 이 비법은 도쿠혼의 제자 기무라 겐테이(木邨元貞)에게 전수되어 1778년에 간행된 기무라의《침구극비초(鍼灸極秘抄)》에서 꽃을 피운다. 1711년 통신사행 때 조선 의원 기두문(奇斗文)과 만나 필담을 나눈 오사카의 침구의(鍼灸醫)

무라카미 게이난(村上溪南)도 대대로 그의 의술을 계승하였다."

이처럼 죽은 줄 알았던 김덕방은 일본에서 살아있었던 것이다. 또 '선조실록' 35년 5월 7일 무진날의 기록을 보면 다음과 같다.

1602년, 명 만력(萬曆) 30년, 병조가 김덕봉 등에게 포상을 내릴 것을 아뢰었다.

병조가 아뢰기를,

"김덕봉(金德鳳) 등이 일본에서 탈출하여 돌아올 때에 사전(私錢)으로 배를 구입하여 우리나라 포로를 많이 데리고 왔으니, 그들의 공로에 대한 포상이 있어야 하겠습니다. 이일룡(李一龍)은 6년간 복호(復戶)하고, 김덕봉은 4년간 복호하고, 김걸수(金乞守)는 2년간 복호해주도록 해조로 하여금 거행하게 했으면 합니다."

하니, 윤허한다고 전교하였다.

김덕봉은 김덕방의 형제로 어린 나이에 과거에 급제하여 승정원 주서(承政院注書)를 역임하였다는 기록과 함께, 그 또한 김덕방처럼 1596년에 아버지 김유흡과 최대성을 따라 노량진 전투에서 왜적과 싸우다가 부자가 함께 순절하였다고 기록되었다. 하지만 위의 기록에서처럼 《조선왕조실록》에 그가 다시 돌아왔다는 기록 또한 남아있다. 아버지 김유흡 또한 노량진 전투에서 공을 세웠으나, 아들이 적에게 체포되자 구하려다 순절하였다는 기록이 있어 모든 기록들이 일치하는 것은 아니라는 사실을 알 수 있다.

일본에 살아있던 김덕방은 왜 돌아오지 않았을까? 왜 못 왔을까?

아마 전쟁 중이라 생사를 일일이 확인하기 어려운 정황이었을 것이다. 김녕 김씨 가문에서 또한 위패만 모셨을 뿐 그의 시신을 발견한 적은 없었다.

그런데 김덕봉의 경우를 보면 사비를 모아 일부 포로들과 함께 간신히 귀국했지만 진작 고국에 돌아온 그들은 왜인들보다도 못한 배신자 취급을 받았다. 그때의 사회 분위기가 그러했다. 나라님이 내려주는 열녀문이 필수품이었고, 목숨을 구걸하느니 가문의 영광을 지켜야 하는 분위기였다. 힘겹게 고국으로 돌아온 이들이 코를 베어가고 귀를 베어가는 왜놈들, 부유하던 조선을 폐허로 만든 장본인들과 동고동락한 배신자들로만 보였다.

전쟁의 상처는 한참 시간이 지난 효종, 현종 때 하멜의 《하멜 표류기》에서도 그 분위기가 잘 묘사된다. 당시 오지도 않은 왜인들의 출몰을 빌미로 일어나는 산속의 처형은 반대파를 제거하는 아주 적절한 수단이었다.

"덕방이 보아라, 그곳에 그냥 남아있거라. 너는 전투에서 장렬히 싸우다 전사한 것이다. 돌아와도 아무도 반겨주는 이가 없다. 그렇게 그리던 조선 땅을 다시 밟았는데 모두들 나를 유령 취급을 하는구나. 너의 위패는 잘 모셨으니 걱정 말거라."

혹시 이런 소식을 전달 받은 것은 아니었을까?


## ✛ 침구의 전성기, 임진왜란

신묘 통신사로 갔던 의관 기두문도 일본 의관의 질문에 귀를 기울였더라면 그의 생존을 확인할 기회가 한 번 더 있었을 터인데, 그렇게 그는 죽지 않은 채 죽은 망인이 되어 있었다.

내려오는 일본 기록에 의하면, 정착 초기에 김덕방의 적응이 쉽지 않았음을 엿볼 수 있다. 김덕방은 몇 년간 본인의 신분을 숨기고 누구인지 무엇을 하다 끌려왔는지 일체 입을 열지 않았다. 다만 같은 시기에 같은 곳에 포로로 끌려갔다가 광해군 시절인 1617년 조선통신사를 통해 다시 돌아온 진해현감의 손자 박호인(朴好仁) 또한 조선에서 고치까지의 이동 경로가 불확실한 점과, 그가 김덕방과 같은 지역인 고치에서 탕약사로서 의료업을 시작하였다는 점, 그리고 박호인의 경우 의료 활동보다는 조선의 두부 기술을 전파한 기여가 크다는 점 등으로 미루어볼 때 전쟁 후 남아도는 무관들과 포로들의 신분 상승 정책 중 하나로써 의업을 할 기회가 주어졌다고 짐작된다. 이를 통해 무관 김덕방도 의원으로서 활동이 가능해지지 않았을까 추측해볼 수 있다. 그렇게 시작한 의원 활동의 명성은 박호인과 더불어 고치성 영주의 관심을 끌게 된다.

고치 영주가 보고 들은 조선인들은 특이했다. 아프거나 굶주린 경우에 산속에 가서 어떤 풀들을 뜯어 와서 먹고는 병도 치료하고 끼니를 연명하기도 했고, 물컹거리는 순두부 대신 탱탱하고 모양이 유지되는 사각두부를 만드는 신기술을 지니고 있었다. 그들이 음식에 자주 넣는다는 마늘도 음식 맛을 내는 데 나쁘지 않았다. 정말 가까이 두면 이점이 많은 사람들이었다.

"영주 나리, 대마도 영주가 이틀 내내 복통으로 부산포까지 인편을 보내어 조선 의원을 수소문하였지만 매번 섬나라까지 오려는 의원이 없어 헛수고를 했다고 하더이다."

**김덕방이 의원으로 생활한 일본 고치현의 고치성 (나향미 제공)**
조선에서 포로로 끌려 온 김덕방은 일본의 고치현에서 의원으로 생활하며 명성을 얻기 시작했다.

"저기 김덕방이라는 자가 아무래도 범상치 않은 인물인 듯합니다. 어려운 서책들을 거침없이 읽어내고 '김' 자에 '덕' 자가 고대 왕가의 후손인 듯합니다. 그리고 소문에 의하면 위대한 이순신 장군을 모셨다 하더이다."

이순신 장군은 일본에서도 회자되는 위대한 인물이었고 그와 함께 하던 사람이라니 김덕방의 곧은 자세는 오히려 더 돋보였을 것이다.

임진왜란은 한국 의학사에서도 중요한 기점이 된다. 임진왜란 전후는 조선의 다양한 침구 임상 경험들이 발달했던 침구의 전성기였다. 왜란 당시에 명나라 부상병을 담당한 이공기나 그 외에도 《조선왕조실록》과 《승정원일기》에 등장하는 침술이 정묘하다는 권성징을 군직에 붙여 본원에 소속시키기를 청하는 내의원 청원에 대한 기록을 보면, 실력 있는 침의가 군직 소속으로 들어오는 경우가 예외가 아니었음을 알 수 있다. 전쟁 중이거나 부상의 기회가 많은 집단에 침의가 소속되는 것은 자연스러운 것이었다. 이러한 예는 이순신의 《난중일기》를 통해서도 파악할 수 있다.

8월 초 2일, 계미, 맑다.(계사년 일기《난중일기》제 2권)

"아침부터 아들 염의 병도 어떠한지 모르는데다 적을 소탕하는 일도 늦어지고 마음의 병도 침중하여 밖으로 나가 마음을 풀고자 하였다. 탐후선이 들어왔는데 아들 염의 아픈 데에 종기가 생겨 침으로 쨌더니 고름이 흘러나왔는데 며칠만 더 늦었어도 치료하기 어려울 뻔했다. (중략) 매우 놀랍고 한탄스러운 심정을 이기지 못했다. 지금은 생기가 났다고 하니 다행이라고 할 수밖에 없다. 의사 정종(鄭宗)의 은혜가 매우 깊다."

방성혜 저자의《조선 최고의 외과의사 백광현뎐》에서도 무관 집안의 백광현이 의관이 되는 과정을 볼 수 있다. 이순신과 친분이 두터웠던 문인 유성룡 또한 뛰어난 전략가인 동시에 의서를 여러 권 저술한 것으로 보아 침구로 명성을 얻은 인물들 중에는 다양한 신분의 인물들이 있었음을, 그리고 겉으로 드러나지 않은 침의들의 전쟁터 활약상을 예측할 수 있다.

세계대전이 서양의 현대 외과술이 한 단계 업그레이드되는 실습장이었듯이, 임진왜란은 당시 외과술인 침구를 경험하고 실력을 쌓을 수 있는, 유감스럽게도 최고의 실습장이었다.

## ❖ 일본의 의성 나가타 도쿠혼의 스승, 김덕방

"사기가 제일 센 정가운데는 먼저 찌르지 말고, 가장자리부터 놓아라."

"사기가 약한 장소에 머무를 때를 가만히 틈타 치료하라."

그의 침법은 구급효과가 확실했고 간단했으며 마치 전쟁터에서 병사들을 치료하는 것처럼 효과가 빨랐다. 그리고 일본에서는 보지 못했던 침술이었다. 김덕방 침법은 일본 왕실 침구법으로 발전하게 된다. 일본의 의성(醫聖), 일본의 허준, 일본의 히포크라테스라 불리는 나가타 도쿠혼이 바로 김덕방의 제자였던 것이다.

그는 김덕방에게 1596년~1614년 사이에 직접 침술을 배웠다고 전해지는 인물이다. 일본 의학사에서 가장 유명한 인물로서, 중국에 대한 사대주의적 성향을 배척한 복고파의 거두로 유명하다. 1569년~1615년 아즈치 모모야마 시대와 1616년~1867년 에도 시대의 일본 의학서들에서 독창성이 엿보이는데, 이 시기에 활약했던 대표적인 의학파로 나가타 도쿠혼의 영향을 받은 영전덕본파(도큐혼류)를 들 수 있다.

나가타 도쿠혼은 병의 원인을 찾는 것이 제일 먼저라 생각하고 많은 병의 원인이 마음에서 온다하여 '의심론(醫心論)'을 전파했다. 그는 장수하여 118세까지 산 것으로도 유명하다. 그는 독창적인 처방을 많이 개발하였는데, 효과가 매우 빠른 강력한 처방들이었다고 한다. 많은 사람이 따랐지만 실제로 그가 자신의 치료법을 전수해준 제자는 극히 드물었다. 말 그대로 침구는 사람을 살릴 수도 죽일 수도 있는 기술이라 함부로 전수하지 않았다.

그는 일생에서 독창적인 일본 의학을 발전시킨 것 외에도 일생일

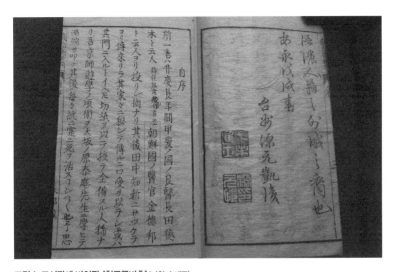

**프랑스 도서관에 비치된 《침구극비초》(나향미 제공)**
책의 서문에 '조선국 의관 김덕방'에게서 침구법을 전수 받았다는 내용이 기록되어 있다.

대의 중요한 업적을 남겼다. 그의 제자인 기무라 겐테이가 쓴《침구
극비초》서문에서 그는, 침구법을 조선인 김덕방에게서 전수 받았다
는 사실을 밝힌다. 나가타 도쿠혼은 일본을 대표하는 의학자였을 뿐
만 아니라 겸손을 겸비한 말 그대로 '의성'이었다.

　일본에서는 보지 못했던 침술, 김덕방 그는 그렇게 일본의 허준이
라 불리는 의성을 가르쳤던 스승으로서 도쿠혼류라는 침구법을 오늘
날까지 전승했지만, 질투와 시기로 당시 일본의 라이벌에게 독살 당
하고 생애를 마친다.

　"나는 네가 나의 술잔에 독을 탔다는 것을 알고 있다. 독을 중화시
키는 약으로 나을 수도 있겠지만 그냥 죽어주마. 살아봤자, 너희는
나를 또 죽일 것이니……."

　김덕방이 죽은 후, 그의 침구법은 몇 세기에 걸쳐 일본에서 전수되

어 오다가 유럽에까지 상륙하게 된다. 실제로 김덕방 침술의 핵심이 담긴《침구극비초》는 현재 프랑스의 한 도서관에 전시되어 있다.

우리 역사 속에서 잊혀진 김덕방이 일본을 거쳐 유럽에까지 우리의 뛰어난 의술을 전파했다는 사실을 후손들이 잘 모르고 있다는 것은 분명 안타까운 일임에 틀림없다. 지금이라도 김덕방과 그의 침구법에 관한 연구가 더 활발히 이루어져야 하지 않을까?

● **참고문헌**

《승정원일기》
나향미, 〈유럽에 전파된 김덕방의 조선침법 연구〉, 경희대 한의과대학 박사학위논문, 2015.

# 22
# 발 없는 조선 침법,
# 유럽을 누리다

_조선 침법

중국에서 돌아온 동지사(冬至使) 서장관, 심흥영을 성정각(誠正閣)에서 소견(召見)하였다. 심흥영이 연경(燕京, 현재 북경)에서 보고 들은 내용을 적은 별단을 올렸다.

"하란(荷蘭, 네덜란드)은 서양에 속하는 나라인데 연경에서 9만 8천 리나 떨어진 지점에 있습니다. 그곳 사람들은 머리카락에 모두 분을 발랐으며 머리를 땋거나 상투를 틀지 않은 채 머리를 뒤로 젖혀놓고 끝을 천조각으로 묶어 늘어뜨렸습니다. (중략) 대체로 그들은 눈이 깊이 들어가고 코가 튀어나와 생김새가 괴이하였으므로 지나는 곳마다 사람들이 모두 둘러서서 웃는 장관을 이루었습니다.

사신의 이름은 덕승(德勝)이고 대반(大班, 공물 감독)의 이름은 범라람(范囉囕)이었습니다. (중략) 하란은 일찍이 강희(康熙) 60년에 와서도 공물을 바쳤는데, 이번에 또 60주년을 축하하러 왔다고 합니다."
라고 하였다.

《조선왕조실록》 정조19년 윤2월 22일

## ✜ 덕승(德勝)이 바로 이삭 티칭(Isaac Titzing)이었다

세계사 교과서에 나오는 역사적 인물들이 고이 잠든 파리의 뻬흐라
셰즈(Père-Lachaise) 묘지를 찾아 갔다. 찾아오는 사람이 아무도 없었
는지 오래된 전산 목록을 통해 겨우 위치를 확인할 수 있었다. 다양
한 모습의 묘지 건축물들이 볼만했다.

　천천히 둘러보다 보니 어느덧 그의 묘지 앞에 있었다. 으리으리한
묘석들의 한 모퉁이에 눕혀진 작은 석판 하나. 글씨가 새겨져 있지
않았다면 묘인지도 구분할 수 없었을 것이다. 석판에 잔뜩 쌓인 낙엽
들을 치우고 그날 내가 가진 것이라고는 한국 부채 하나뿐이라 그것
만이라도 그분에게 두고 오고 싶었다.

　"오래 기다리셨죠. 당신이 출간하지 못한 책들을 이제 소개하려 합
니다. 고생 많으셨어요. 감사합니다."

　돌아와서 며칠 후였다. 꿈을 꾸었다. 황토더미 속에 흙으로 빚은 눈
이 깊이 들어가고 코가 높게 튀어나온 서양인이 누워 있었다. 미술책

에 나오는 석고상을 닮은 흙상은 숨을 쉬고 있었다. '살아있네!'라고 생각하며 나는 그 공원에 누워 있는 흙상 주변을 정리하고 있었다.

'이게 뭐지? 무덤인가?'

깨고 나서도 꿈이 너무 생생했다. 그날 오후도 나는《승정원일기》와《조선왕조실록》을 둘러보고 있었다.

'덕승(德勝)? 덕승이라고?! 말도 안 된다. 설마……, 그 사람? 우연이겠지?'

참 당황스러운 순간이었다. 하필 이 기록 부분은《승정원일기》에서 누락된 부분이었다.

> "꼬레의 사신 일행들과 같은 막사에서 대기했다. 고대 중국인 복장을 하고 있었다. 건륭을 만날 때 네덜란드 사신 바로 오른쪽 옆에 꼬레의 사신들이 있었다. 건륭 황제가 꼬레 사신들에게 맨 먼저 다가갔다. 녹색 의복을 입은 문관과 머리에 공작 깃털로 장식한 무관, 우리 막사로 찾아온 꼬레 사신 일행이 종이와 붓과 먹 그리고 기관지염에 좋다는 아주 귀한 고려약(Kao-ly-Yo : Médecine de Corée)이라는 황금알(청심환)을 주었다. 꼬레 사신들에게 네덜란드 종이와 펜과 잉크를 선물했다. 꼬레는 그들 고유의 문자가 있다."

중국 연회에 온 덕승은 정중했고 과묵했다. 청의 황제 건륭에게 세 번 절하고 아홉 번 머리를 땅에 조아리는 '삼궤구고두(三跪九叩頭)'를 한 덕승은 몹시 기분이 상했지만 내색은 할 수 없었다. 지난 연회에 참가했던 영국이 삼궤구고두를 하지 않은 탓에 이번에는 아예 거절을 당했으니 중국과의 관계를 유지하려면 이 방법밖에 없었다. 기록

**'정조실록'과 네덜란드 사신의 수행원 기네스의 기록(나항미 제공)**

'정조실록'에는 하란(네덜란드)인 덕승(德勝)과 범라람(范囉嘯)에 관한 기록이 있다. 또한 네덜란드 사신의 수행원인 범라람과 기네스도 중국에서 만난 꼬레 사신들에 대해 기록을 남겼다.

상으로는 주로 범라람과 기네스가 꼬레 사신들에게 관심을 표현했지만 덕승은 일본에서 조선에 관한 일급 비밀 정보들을 이미 확보한 후였다.

### ✤ 김덕방과 이삭 티칭

덕승(Isaac Titzing)은 1779년부터 1794년까지 일본, 인도네시아, 인도에서 근무한 네덜란드 동인도회사의 책임자이자 의사였다. 그후 1795년 청의 황제 건륭의 연회에 네덜란드 대사로 참석한 서양인으로 오늘날 일본과 중국에서는 지명도가 있지만, 그의 의지와 상관없이 한의학의 세계화에 가장 기여한 일등 공신 중 한 명이 되었다.

그는 16세기 임진왜란 이후에 일본에 전해진 김덕방의 조선 침법을 18세기에 일본에서 직접 배우고, 김덕방의 조선 침법이 담긴《침구극비초》와 경혈의 위치를 새긴 혈자리 동인상을 유럽으로 가져왔고,《침구극비초》번역 필사본을 직접 작성하였다. 또 한글을 유럽에 최초로 소개했으며, 조선의 역사와 독도가 조선 땅이라는 일본 역사가, 하야시 시헤이가 1785년에 발간한《삼국통람도설(三國通覽圖說)》과《삼국접양지도(三國接壤之圖)》를 유럽에 소개한 인물이다.

중국도 일본도 조선에 관한 질문을 할 때마다 별로 알 필요가 없다는 시큰둥한 대답들만 주었다. 하지만 일본의 왕족 옆에도 중국 황제의 곁에도 항상 꼬레인들이 있었고, 출입이 엄격히 통제되었던 일본과 중국에도 조선인들은 항상 예외였다. 수세기 동안 동인도회사 일행들은 가까이 하기엔 거리가 멀었던 조선인들을 멀찍이 한 발자욱 뒤에서 볼 수밖에 없었다.

'일본과 중국의 반응을 보니 둘 중 하나겠다. 정말 형편없거나 반대로 아주 우수하거나……!'

혹자는 우연히 습득한 조선의 정보들이라고 주장하지만, 덕승은 자신의 기록보다 자료의 원본과 번역본을 준비해 실물들을 직접 가져간 치밀한 면이 있었고, 집 한 채 값을 줄 테니 정보자료를 팔라는 영국 동인도회사의 유혹에도 조선에 관한 자료들과《침구극비초》와 혈자리 동인상은 그의 개인소장품으로 끝까지 넘기지 않았다. 안타깝게도 개인 출판을 준비하다가 급작스러운 죽음으로 마무리짓지 못한 채 그의 사후에야 발견된 것으로 보아 우연한 기회에 조선에 대한

**이삭 티칭이 일본에서 유럽으로 가져온 《침구극비초》의 필사본과 혈자리 동인상 (파리 의학사 박물관 소장)**
이삭 티칭은 《침구극비초》를 유럽으로 가져와 필사본을 만들어 한글을 유럽에 최초로 소개했으며, 다른 조선에 관한 자료들도 죽을 때까지 소중하게 간직했다.

정보를 습득했다는 표현은 너무 가벼운 느낌이 든다.

## ✛ 동아시아의 침구법을 습득하라

동인도회사의 거점인 바타비아(현재 자카르타)에서는 회의가 열렸다. 특별히 실력 있는 의사를 원한다는 일본의 요구에 따라 새로 부임되는 의사들과 전역되어가는 의사들의 정보교환 및 업무계획을 세우는 회의였다. 특히 네덜란드 상선들만 일본으로 출입할 수 있기에 침구를 꼭 배워오라는 계획안도 이미 준비 중이었다.

반면 동아시아 의학의 기초이론과 맥진은 주로 중국에 체류했던 선교사들로부터 정보가 입수되었다. 바타비아는 동아시아에서 배운 의학을 여러 유럽 국가들과 나눌 수 있는 전략적인 지역이었다.

동인도회사의 의료기구는 의사, 외과의사, 약사로 구성되어 있었다. 동인도회사의 활동 기간 동안 3,000명 이상의 외과의사가 고용되었다.

장거리 항해의 조건은 열악했다. 추위뿐 아니라 더위와 겹치는 습한 바다 기후에 배 안에는 수백 명의 선원들과 가축들과 쥐들이 득실거렸다. 항해 중 선원들의 사망률이 평균 20퍼센트를 넘었고 외과의사의 사망률도 30퍼센트에 달했다. 관절염은 필수였고 곪은 종기들은 살이 썩어 들어가는 지경에 이르렀으니 절단을 요하는 외과술을 주로 필요로 하는 조건이었다.

하지만 당시 서양의 의술은 마취제와 항생제가 아직 개발되지 않은 열악한 조건이었다. 유럽대륙의 경우도 마찬가지였다. 천연두 환자와 결핵 환자, 죽어가는 환자의 구분이 없었다. 증상과 상관없이 네댓 명이 같은 침대를 나누어 써야 했다. 사실상 무덤과 병원의 구분은 힘들었고, 운이 좋아 살아서 돌아간다면 다행이었다.

그들이 일본에서 직접 보고 배운 침구법은 새로운 의술 그 자체였다. 이틀간 배앓이가 심하고 열이 몹시 나던 선원이 침을 맞고 언제 그러했냐는 듯 일어날 때는 침구법이야말로 장거리 항해에 적합한 치료법이라는 생각이 들었다. 또한 유럽 내에서도 항해에 동반될 의사를 공급할 목적으로 7만 명 이상의 외과의사가 배출되면서 점점 외과 위주의 의학 분위기가 조성되고 있었다.


## ✛ 조선 침이 최고로다!

1778년에 간행된 《침구극비초》가 번역되어 1825년 프랑스 의사 사흐랑디에르의 논문에 나오기까지는 1778년 전후 동인도회사로 파견되었던 의사들의 활동과 맥락적으로도 연결이 된다. 그 중 대표적인 인물로는 텐 라인과 캠퍼 그리고 덕승(이삭 티칭)이 있다.

그들은 모두 일본 데지마에서 네덜란드 동인도회사의 책임자급 의사들이었다. 일본의 통제 하에 데지마에서 서양 의학과 동아시아 침구의 상호 교환 학습이 이루어졌다. 그들은 앞서 보고된 데지마에 체류한 동인도회사 의사들의 기록들을 학습했고, 모두 일본 왕립 침구학을 경험했다는 공통점이 있다.

그들 중 텐 라인(Willem ten Rhijne)은 1674년 일본 데지마의 의사로 발탁되어 '최초의 서양 침구서적'(1683년)을 유럽에 전파했고, 유럽의 의학사에서 침구의 선구자로 불린다. 그의 문헌에는 아주 흥미로운 기록이 나온다.

'꼬레아 침이 최고다!(Conficiuntur optimae in insula Corea)'

라인은 일본 데지마에서 직접 배우고 써본 여러 침 중에 조선 침의 품질이 최고로 좋았다는 평을 침법 챕터 첫 부분에 기록해놓았다. 이것은 당시 조선과 일본과의 의학적 교류를 동인도회사도 잘 파악하고 있었다는 것과 종류와 질이 다른 여러 침들을 경험했다는 것을 엿볼 수 있다.

현재 한국으로 한의학 연수를 와서 경험한 프랑스인들의 대답도 동일하다.

"한번 한국산 침을 써본 후로는 다른 침들을 쓸 수가 없다."

한국 침은 버터에 꽂는 기분인데 다른 침들은 소가죽을 뚫는 느낌이 든다고 말한다. 라인의 말대로 침 그 자체마저도 우리 고유의 담금질의 노하우가 집약되어 있

**라인의 책, 《관절염 치료》**(바이에른 주립 도서관 소장)
1683년 라인은 《관절염 치료》라는 책을 발표하며, 침술을 소개한다. 이 책에서 라인은 '꼬레아 침이 최고'라고 쓰고 있다.

는 의료 도구였고, 단순히 찌르기만 하는 바늘이 아니었다. 그가 본 이곳의 의사들은 유럽보다 훨씬 앞서 혈액순환의 원리를 이해했고, 혈액순환의 정체를 침으로 치료하는 방법과 그로 인한 통증을 뜸으로 가라앉히는 방법을 이미 알고 있다고 생각했다.

에도 문화와 침구법 체험을 병행한 독일인 캠퍼(Engelbert Kaempfer)는 네덜란드 동인도회사의 상관 의사로 발령 받았으며, 1727년 발간된 그의 저서《일본의 역사(The History of Japan)》에서도 침구를 유럽에 소개한다. 그는 일본에서 가장 정통성 있는 왕족의 가문에서 내려오는 침법을 체험하러 성주 저택에도 갈 기회가 있었다. 그가 관찰하

여 스케치한 복통(Colica)치료 침법은, 현존하는 김덕방 침법, 즉 덕본 류파의 침법 구조와 유사성이 확인되었다.

## ❖ 김덕방의 침법, 유럽에서 빛나다

유럽에 전해진 침법이 한 가지만은 아닐 것이다. 그런데 1825년 덕 승의《침구극비초》필사본이 프랑스 의사 사흐랑디에르 논문에 번 역되었는데, 사흐랑디에르는 그의 논문 서문에서《침구극비초》가 일본과 중국에서 히포크라테스 법전 역할을 하는 '침의 법전'이라 고 서술한다. 덕승은 일본 왕실 침법을 교토에서 전수 받은 자가 단 한 명이었고, 아무에게나 전수되는 침구법이 아니라는 것을 강조 한 부분에서 다시 한 번 일본에서의 김덕방의 지명도를 일깨워주 었다.

PRÉFACE. iij
dules. Cependant, loin de ternir l'acupuncture, dont
j'ai fait usage avec succès depuis plus de neuf ans, je
contribuerai ici à en relever l'éclat par la publication
du précieux traité japonais qui termine cet ouvrage.
Ce traité est pour les peuples de la Chine et du Japon,
ce que sont pour nous les Aphorismes d'Hippocrate,
c'est assez dire de quelle importance il peut être (1).
J'ai joint à ces deux pièces un mémoire ou plutôt
une notice sur la préparation du *moxa japonais*,
d'après le procédé que j'emploie pour le confection-
ner, suivie de quelques considérations sur son emploi,
et les avantages qu'il a sur le moxa de coton générale-
ment usité en france.

**사흐랑디에르의 논문 서문**(나향미 제공)
《침구극비초》가 일본과 중국의 히포크라테스 법전이라
고 서술하는 부분이다.

사흐랑디에르는 유럽에서 는 드문, 침의 임상 경험이 풍부한 의사였다. 덕승이 번 역한《침구극비초》필사본 의 내용과 덕승이 가져온 혈 자리 동인상을 충실하게 연 구 해석하여 침구법의 원칙 과 응용 및 경락의 혈자리의 흐름을 이해하고 전기침을 임상 연구에 직접 응용하여

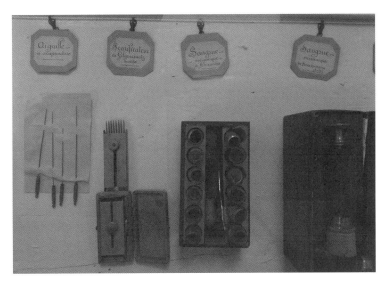

**19세기 침과 사혈침, 거머리 보관통 (프랑스 로슈포흐 해군의학교 박물관 소장)**
프랑스 로슈포흐 해군의학교 박물관에 소장되어 있는 19세기에 유럽에서 사용된 침과 도구들.

유럽 침의 기술을 업그레이드시킴으로써 유럽 의학사에 한 획을 긋게 된다.

같은 해에 또 다른 프랑스 의사 샤흐보니에가 영국의 유명 의사가 추천한 침법이라며 같은 배혈 구조의 침법을 그의 논문에 소개한다. 그렇게 김덕방의 조선 침법은 시간이 흐를수록 더 멀리 더 넓게 유럽까지 확산되고 있었다.

일반적으로 우리는 서양의 문물은 우수하다며 받아들이고 아시아의 문화는 등한시 여기는 경향이 있다. 그러나 의학 부분 기록에서만 보더라도 우수한 문물을 전수 받았다기보다는 동·서양 의학의 교류가 서양에서 동양으로만 치우치지 않았고, 상호간의 교류였다는 것을 잘 보여주고 있다.

서양에 없는 아시아의 우수한 기술과 물품들을 목숨을 건 항해를 통해 가져가야만 했던 것이다. 김덕방의 조선 침법이 담긴《침구극비초》는 유럽에 전달된 최초의 경험의서로서 덕승의 말처럼 유럽 의학사에서 히포크라테스 법전에 버금가는 침구의 법전 역할을 했을 뿐 아니라 유럽 침구 발달에 결정적인 역할을 했음을 확인할 수 있다.

하지만 덕승이 가져온《침구극비초》가 유럽의 중국학 학자들에 의해 번역되는 과정에서, 나가타 도쿠혼에게 침법을 전수한 의사가 조선 의사 김덕방이라는 것이 명확하게 밝혀지지 않았다. 중국학 학자 레뮤자는 김덕방이 중국인이라 번역했고, 그 후에도 "조선인인지 중국인인지"라고 명확히 서술하지 못한다.

중국은 중국인이라 했고, 일본은 일본 침법이라 했고, 조선은 아무 말도 없었다. 분명히 존재하는 나라였지만 보이지가 않았다. 이제는 명확히 말할 때이다.

"김덕방은 조선인이요!"

● **참고문헌**

《조선왕조실록》

《일성록》

Braam Houckgeest, Andreas Everardus,《Voyage de l'ambassade de la Compagnie des Indes Orientales hollandaises vers l'empereur de la Chine, dans les années 1794 et 1795》, 1797

M. de Guignes,《Voyages a Peking, Manille et l'Ile de France faits dans l'intervalle des annees 1784 a 1801》, 1808

나향미, 〈유럽에 전파된 김덕방의 조선침법 연구〉, 경희대 한의과대학 박사논문, 2015

# 23
# 경종의 죽음을 둘러싼
# 조선 의학계의 이단아

_ 이공윤

영조가 말하길,

"이공윤이 괴연 모반할 마음이 있었다면 내가 어찌 너그럽게 대했겠
느냐? 단지 성품과 행실에 문제가 있었을 뿐이다. 자신의 의견을 내
세워 과격한 처방을 사용한 것은 그의 죄이지만, 마음에 다른 생각
을 품었겠는가?"

라고 하였다.

《승정원일기》 영조 즉위년 7월 22일

## ❖ 패악한 의사, 이공윤

고종 26년(1889년) 11월의 어느 날이었다. 평상시처럼 업무를 보고 있던 고종에게 봉조하(奉朝賀) 김상현의 상소가 올라왔다. 영종대왕의 묘호를 영조로 바꾸자는 내용이었다. 공적이 많은 왕에게는 '종'대신 '조'라는 묘호를 붙여왔는데, 영종대왕 역시 공적이 많기 때문에 '조'로 바꾸어야 한다는 의견이었다. 그렇게 영종대왕의 공적을 하나하나 짚어가며 하던 이야기는 어느덧 선왕 경종의 죽음과 관련된 내용으로 이어졌다.

경종께서 병세가 위독해지시니 관대도 벗지 아니하시고 왕이 한 술을 뜨면 또한 한 술을 뜨고 두 술을 뜨면 또한 두 술을 뜨셨습니다. 이때에 역적 이광좌가 패악한 의원 이공윤을 믿고서 과격한 처방을 연이어 올리자, 영종께서 이공윤에게 울면서 이르시길 "서둘러 따뜻한 처방으로 양기를 돌리라."고 하셨건만 이광좌가 의견을 굳게 고집하는 바람에 결국 임금께서 승하하셨습니다.

경종은 1724년 승하하였다. 즉 김상현이 150년도 더 된 이야기를 꺼낸 것이었는데, 이 와중에 이공윤이라는 인물을 언급한 것이었다. 김상현의 말에 따르면 그는 병세가 위독한 선왕에게 과격한 처방을 주었으며, 당시 세제, 즉 차기 왕위 계승자였던 영조의 눈물 섞인 호소까지 거절하며 경종을 죽음으로 몰고 간 의원이었다. 차기 왕이 보고 있는 눈앞에서 선왕을 죽이는 이 말도 안 되는 반역 행위를 저지른 이공윤은 결국 150년이 아니라 300년이 다 되어 가는 오늘날까지도 패악을 저지른 대표적인 의원으로 회자되곤 한다.

## ✛ 이공윤의 입궁과 행적

이공윤은 명문가의 자제였다. 그의 할아버지는 이정규로 정3품 승지에 오른 인물이었으며, 아버지 이민징은 정4품까지 오른 인물이었다. 숙종 35년(1709년), 선조의 증손이자 경창군의 아들인 유천군 이정이 의약(議藥, 왕실의 약을 논의하는 일)에 동참하게 되었는데, 이공윤 역시 이때 추천을 받아 입궁하게 되었다. 입궁 당시 그의 나이는 알 수 없으나, 아버지인 이민징이 1627년생인 점, 입궁 당시 그가 이미 의술로 사대부가에 명망이 있었다는 점 등으로 보건데 40~50대 정도였을 것으로 추정된다.

그는 왕실의 정식 의관, 즉 내의(內醫)는 아니었다. 내의가 되기 위해서는 의과 과거시험에 합격해야 하는데, 이공윤은 이런 정식과정을 거친 인물이 아니었다. 그는 왕실의 필요에 의해 별도로 왕실 의료에 참여하게 된 인물이었으며, 이들은 통상 외의(外醫)라고 불렸다. 외의들은 왕실 의약 업무 전반에 참여하였던 내의들과는 달리, 자신들이 왕실에 불려온 목적만을 위해 일하였는데, 이공윤의 업무는 내의들과 함께 왕에게 쓸 처방을 논의하는 일이었다.

한편 외의가 왕실 의료에 항상 참여하는 것은 아니었다. 숙종 시기에 이공윤이 의약에 동참한 시기는 도합 1년 정도인데 이 역시도 숙종 35년(1709년), 숙종 39년(1713년), 숙종 41년(1715년)으로 나뉘어 있으며, 그가 의약에 동참한 경우는 보통 내의들의 의견만으로 치료가 잘 되지 않은 경우였다.

숙종은 질병 치례가 많은 왕이었으며, 특히 숙종 39년(1713년)부터 그가 승하한 46년(1720년)까지는 의관들이 매일 진료하였을 만큼 병을 달고 살았다. 그러다 보니 왕의 병을 치료하기 위해 더욱 다양한 방법이 모색되어야만 했으며, 이 과정에서 왕실 밖에서 의업으로 이름을 떨친 명의들의 의견이 필요했던 것이다.

숙종 승하 이후에도 이공윤이 왕실 의료에 참여한 일은 계속되었는데, 그는 경종 2년(1722년) 11월에 불려 입궁하였으며, 경종 4년(1724년) 8월까지 꾸준히 국왕의 진료에 참여하였다.

이공윤의 의학적 성과와는 별개로 그에 대한 주변 사람들의 평판은 그리 좋지 못하였다. 그는 의업으로 명성은 있었으나 성질이 나빴다고 하며, 겸손함이 부족하고, 행동거지도 올바르지 못하며, 자신의 의견을 말함에 있어서도 마치 자기가 말한 대로만 하면 다 해결될 것처럼 행동하는 사람이었다고 한다.

숙종 39년에는 그의 성품과 관련된 불명예스러운 기록도 남아있는

데, 그가 춘천에서 국가 일을 핑계로 쌀을 빼돌렸다는 이야기였다. 이 일로 그는 추문을 받고 유배도 다녀온다.

## ✥ 경종 치료를 둘러싼 의견 차이

이공윤은 국왕의 처방을 논의하는 자리에서 종종 내의들과 다른 의견을 펼치곤 했다. 특히 그의 의학적 견해는 '과격한 치료'로 요약되곤 하는데, 그만큼 그의 치료법은 당시 어의들에 비해 다소 공격적이었다. 대표적으로 경종의 '열이 인체 상부로 치솟아 오르는 증상'을 치료하는 과정을 보면 이러한 면모를 알 수 있다.

당시 대다수의 어의들은 이 문제를 몸이 허약해지면서 생긴 문제로 보고 따뜻한 성질의 보약으로 치료하고자 하였다. 그러나 이공윤은 이 병이 혈도(血道)가 막혀서 발생한 것으로 보았으며, 따라서 혈도를 뚫을 수 있는 공격적인 약으로 치료해야 한다고 주장하였다. 이처럼 이공윤의 의학적 관점은 내의들과 그 맥락을 달리 했다. 특히 그의 남다른 사고방식은 경종 4년 8월에 발생한 한 사건으로 더욱 두드러진다.

때는 8월 20일 밤이었다. 경종이 갑작스럽게 흉통과 복통을 호소하였다. 한 달 전부터 감기 기운이 돌면서 몸이 안 좋았고 식사도 제대로 못하고 있던 왕이, 그날 밤 갑자기 통증을 호소하면서 설사를 시작하였는데 설사가 이튿날 새벽까지 멎지를 않았다. 증상을 살펴본 의관들은 입을 모아 그날 저녁에 먹은 게장과 감이 원인이라고 지목했다.

서둘러 왕의 병세를 살핀 의관들은 인삼차를 기본으로 왕의 병세를 치료코자 하였다. 그러나 이러한 노력에도 불구하고 경종의 증세는 점점 악화되어만 갔다. 설사가 시작된 지 3일째가 되던 날 의관들 사이에서 진료를 하던 이공윤이 새로운 주장을 하였다. 현재 왕의 설사를 치료하기 위해서는 '계지마황탕(桂枝麻黃湯)'을 사용해야 한다는 것이었다. 계지마황탕은 설사를 치료하는 처방으로 《동의보감》에도 여러 차례 등장하는 처방이었다. 인삼차로 크게 효과를 보지 못했던 탓인지 의관들도 그의 의견을 따르기로 결정한다. 그러나 계지마황탕을 복용한 이후에도 경종의 건강 상태는 별로 호전되지 않았다. 이때가 24일 오전 11시경이었다.

그리고 24일 오후 6시경, 경종의 증세가 갑자기 더 심해졌다. 죽음의 그림자가 드리우기 시작한 것이었다. 여기저기 흐느끼는 소리가 흘러나오기 시작했다. 모두가 슬픔으로 혼란스러워 하던 중에 세제 영조가 울먹이는 목소리로 어서 왕에게 인삼과 부자를 대령하라고 명하였다. 인삼과 부자 모두 정신이 혼미한 상태를 회복하기 위해 쓰는 약재였다. 이에 의관들은 급히 인삼과 부자를 준비하였으며, 우선은 미리 준비되어 있던 인삼차를 먼저 대령하였다.

경종이 인삼차 한 그릇을 다 복용한 직후였다. 뒤늦게 진찰에 참여한 이공윤이 인삼차를 복용하면 안 된다고 외친 것이었다. 때는 이미 인삼차를 사용하기로 내의들까지 합의가 끝난 상황이었다. 그는 오전에 복용한 자신의 처방 계지마황탕이 인삼차와 어울리지 않으므로 인삼차를 드리면 안 된다고 말하였다.

그 순간이었다. 감정에 복받쳐 오른 세제 영조는 더 이상 화를 참을 수 없어, "지금이 어떤 상황인데 자기 주장만을 내세우느냐!"며 소리

**동궐도(東闕圖)(고려대학교박물관 소장, 문화재청 제공)**
조선 후기에 경복궁 동편에 위치한 창경궁과 창덕궁을 그린 그림. 경종은 이곳 창경궁 환취정에서 승하하였다.

치기 시작하였다. 그의 주장에 따라 계지마황탕을 썼음에도 불구하고 별다른 효과는 보지 못하였는데, 아니 사실상 상황은 더욱 악화되었는데 이제 와서 내의들의 의견은 무시한 채 자기 주장만 하고 있는 이공윤의 모습에 화가 난 것이었다.

결국 25일 새벽 3시경 경종은 승하하였다. 이후 왕세제였던 영조가 왕위에 오르고 의관들은 경종 죽음에 대한 책임을 지게 된다. 이공윤은 왕의 건강은 제대로 지키지 못한 채 자신의 주장만 내세운 역적으로 평가되었으며 결국 유배지로 떠나라는 명을 받는다.

처음 이공윤에게 명해진 유배지는 극변, 즉 조선 땅의 아주 먼 변두리 지역이었다. 그런데 몇몇 신하들이 이를 반대하였다. 그의 잘못에 비하면 극변으로 유배 가는 것은 너무 관대한 처사라는 것이었다. 영조 역시 이를 수긍하였으며, 영조 즉위년(1724년) 9월 30일 그의 유배지를 섬으로 변경하였다.

그러나 다음해인 영조 원년(1725년) 1월부터 이마저도 처벌이 가볍다는 상소가 올라온다. 상소문에 따르면, 이공윤의 잘못은 단순히 왕의 죽음에만 국한된 것이 아니었다. 경종에게는 오랫동안 치료되지 않아 '기이한 질병(奇疾)'이라 불리는 병이 있었는데, 이처럼 오래된 병들은 완만한 약으로 치료하는 것이 상식적인 방법이었다. 그런데 이공윤은 여러 가지 공격적인 약을 사용하자고 주장하였고 이로써 왕의 몸을 상하게 했다는 것이었다. 그렇지 않아도 왕이란 공격적인 치료법을 극도로 조심히 써야 하는 지존하신 존재였다. 그런 왕에게 통상적으로 공격적인 치료법을 쓰는 급성질환도 아닌, 만성질환에 그런 치료법을 썼다니 이는 용서할 수 없는 처사였다.

한편 3월이 되자 조금 다른 종류의 상소가 올라온다. 그전까지 경종이 복용했던 공격적인 처방들이 모두 이공윤의 주장에서 비롯된 처방으로 알려졌었는데, 이것은 옳지 않다는 의견이었다. 실제로 경종이 복용한 공격적인 처방 중에서 이공윤이 주장한 처방은 '도인승기탕(桃仁承氣湯)'이라는 처방뿐이었으며, 사실 도인승기탕은 약성이 아주 과격하다고 볼 수는 없다는 것이었다. 이공윤을 변호하는 사람들이 생겨나기 시작한 것이었다. 그러나 이공윤을 변호하는 그들마저도 그의 성품과 언행에 문제가 있었다는 점만큼은 인정하였다.

결국 4월이 되자 영조는 다음과 같은 결론을 내린다.

이공윤은 성품이 좋지 못하고 자기 주장을 내세워 과격한 처방을 사용한 자이나, 왕을 해하려는 목적을 가지고 있던 사람은 아니며 따라서 그에게 그 이상의 벌을 내리지 않겠다는 것이었다. 이후 시간이 지나면서 이공윤을 변론하는 측의 의견은 늘어갔으며, 특히 좌의정 민진원은 자신이 직접 내의원의 기록을 확인해본 결과, 도인승기탕이 이공윤의 처방이나 그리 과격하지 않다고 하며 그의 유배지를 조금 덜 먼 곳으로 바꾸자고까지 주장한다.

7월이 되자 이공윤의 형벌을 줄여주자는 이야기가 다시금 올라오는데, 이때 영조는 이공윤이 당연히 써야 할 인삼과 부자를 못 쓰게 한 인물이나 그 성품과 행실이 문제인 것이지 반역의 마음이 있던 사람은 아니라고 평가한다. 그렇게 이공윤의 죗값에 대한 논쟁은 이공윤의 유배지를 전라도 흥양현(현 고흥군)으로 변경함으로써 마무리된다.

조선 왕실 의료에서 이공윤이 보여준 치료법은 기존의 의관들과 확연히 달랐다. 그는 기존 의관들보다 공격적인 치료법을 선호하는 인물로 평가받았으며, 이러한 그의 남다른 의학적 견해는 왕의 죽음과 엮이면서 왕을 시해하려 했던 인물로 평가받기까지 이른다.

그러나 주지할 점은 그가 주장한 도인승기탕이라는 처방이 대변을 소통시킴으로써 어혈을 제거하는 한의학의 명방이라는 점이다. 따뜻하게 기운을 더해주는 '인삼' 같은 조선 왕실의 의학적 분위기와는 분명 다르지만, 빠르게 병의 원인을 제거함으로써 환자를 치료하는 '도인승기탕' 역시 훌륭한 치료법이라는 뜻이다.

게다가 이공윤은 조선 왕실에 외의로 입궐한 인물이었다. 그는 왕의 처방을 논의하는 중요한 자리에서 내의들의 논의만으로 답을 찾기 어려운 상황에 새로운 해법을 제시해줄 인물로 왕실 의료에 참여한 사람이었다. 특히 그가 경종 4년 대비전에 추천한 '십육미유기음(十六味流氣飲)'과 '이진탕(二陳湯)'은 모두 현묘한 효과가 있었다고 한다.

공격적인 처방으로 왕을 죽이려 했다는 오명을 남긴 패악한 의료인 이공윤, 사실 그는 높은 의학적 수준과 남다른 관점으로 왕실 의료에 새로운 조언을 해주었던 '조선 의학계의 이단아'였다고 봐야 하지 않을까?

● **참고 문헌**

《승정원일기》
김동율, 정지훈, 〈경종 독살설 연구〉, 한국의사학회지 27(1), 2014.
김동율, 차웅석, 〈이공윤의 의약동참기록 연구〉, 한국의사학회지 29(2), 2016.

# 24
# 왕실의 보약,
# 경옥고를 대령하라

_ 경옥고

의약청(議藥廳)에서 왕에게 고하기를,

"의녀들에게 듣기로 지난 밤 중궁전께서 그간의 병세에 무릎 통증까지 더해져 한숨도 편히 못 주무셨다고 합니다. 저희 의관들의 생각으로는 기혈(氣血)을 더하는 데에 경옥고만한 것이 없으니 경옥고를 시시로 복용하시는 것이 좋겠습니다."

라고 하였다.

《승정원일기》 숙종 27년 8월 8일

## ✛ 경옥고로 전하는 임금의 마음

17세기 기호학파의 대표적 산림학자이자 우암 송시열과 더불어 노론의 쌍벽을 이루던 대학자, 동춘당(同春堂) 송준길 선생이 54세 되던 해였다.

건강상의 문제로 여러 차례 체직(遞職, 관직을 바꾸는 것)을 요구했으나 효종은 그의 요청을 들어주지 않았다. 도리어 왕은 그가 빨리 건강을 회복하여 정사에 더욱 적극적으로 참여해주길 바라는 마음이었다. 왕은 선생의 집으로 왕실 의원을 보내는 것은 물론이거니와 휴가까지 주면서 몸조리할 여건을 마련해주었다. 그럼에도 불구하고 선생의 몸 상태는 쉬이 돌아오지 않았고, 선생은 본직과 모든 겸직을 해면해 달라는 요청까지 하였다.

그의 건강이 염려되었던 효종은 결국 당시 조선 의학계에서 최고라 칭송받는 사람이자 왕실 어의들의 수장인 유후성을 그의 거처로 보냈다. 진료를 마친 유후성은 궁으로 돌아와 송준길 선생에게 필요한 것들을 준비하였다. 먼저 그의 건강을 회복하기 위해서 지금보다 더 많은 휴가를 왕에게 요청하였다.

다음으로 그가 병환을 이기기 위해 필요한 처방을 준비하였다. 처방은 바로 '경옥고(瓊玉膏)'였다. 내의원에서는 곧 선생에게 보낼 경옥고를 만들기 시작했다. 귀한 약재를 모아서 꼬박 5일을 밤낮으로 조제해야 만들 수 있는 처방이었다. 그렇게 힘들여 완성된 경옥고는 항아리에 담겨 송준길 선생에게 전달되었다.

경옥고를 보낸 이후에도 효종은 지속적으로 왕실 의관들과 궁관(宮官)들을 선생의 집으로 보내어 문병케 하였다. 효종이 선생에게 보낸 비답에는 이런 내용이 담겨 있었다.

> "경이 병에 걸린 지 이미 열흘이 지났는데도 아직 낫지 않으니 어찌 경만의 불행이겠는가. 실로 국가의 불행이다. 강연(講筵) 때마다 경이 경의(經義)를 토론하는 것을 들을 수 없으니 내 마음이 서운하여 그리운 정을 견딜 수 없었다. 경은 어쩌면 이렇게 슬퍼하고 괴로워하는 말을 하는가. 더욱 그리워 잊을 수 없다. 경은 안심하고 더욱 조리하고서 직무를 살피라."

그렇게 효종은 정성을 다해 송준길 선생에게 자신의 마음을 전하였다. 그러나 안타깝게도 효종의 정성은 효종 자신이 허무하게 세상을 떠나면서 끝나고 말았다. 때는 효종 10년(1659년) 5월 4일, 선생에게 경옥고를 보낸 지 겨우 두어 달 지난 때였다.

## ❖ 왕실의 보약, 경옥고

경옥고는 조선시대에 손에 꼽히는 명약이었다. 《동의보감》에서도 경옥고의 효능을 높이 평가하였는데, 모든 허한 병증을 치료하며 노인을 어린아이처럼 돌아오게 만들 정도의 효과가 있다고 평하였다. 그러한 이유 때문인지 역대 왕실에서도 경옥고를 복용한 예가 많았다.

현종의 어머니 인선왕후 장씨는 말년에 종기로 고생하였다. 당시 종기는 사람을 죽음으로 몰고 갈 수 있는 무서운 질환이었다. 병이 잘 낫지 않아 현종의 걱정도 이만저만이 아니었다. 그러던 현종 13년(1672년) 2월 무렵, 왕의 건강 상태를 살펴본 의관들은 이제 자전(慈殿)의 종기만 걱정할 것이 아니라 현종의 몸도 챙겨야 한다는 사실을 파악하였다. 현종의 증상 중 가장 부각된 것은 바로 입맛이 없는 증세였다. 과도한 업무와 자전의 건강에 대한 염려가 그의 몸과 마음을 다 병들게 한 것이었다. 이에 어의 이동형은 "왕은 지금 음양이 모두 허한 상황이기 때문에 이를 함께 보할 수 있는 처방이 필요하다."고 하였다. 그렇게 그가 추천한 처방이 바로 경옥고였다.

숙종 대에는 여러 왕실 인물

**《동의보감》에 나오는 경옥고 설명**(세명대학교 한의과대학 원전의사학교실 제공)
《동의보감》 '신형문'에 기재되어 있는 경옥고를 설명하는 부분이다. 경옥고는 《동의보감》에서 가장 처음 나오는 처방이기도 하다.

이 경옥고를 복용하였다. 기록상 가장 먼저 경옥고를 복용한 인물은 인현왕후 민씨였다. 고관절의 통증과 가슴 답답함 등을 호소하였던 그녀는 고통이 너무 심해서 차라리 빨리 죽는 게 낫겠다고 말하기도 하였다. 질고(疾苦, 병으로 인한 고통)가 오래되어 기운마저 없어진 그녀에게 의관들은 기혈을 모두 더해주기 위해 경옥고를 대령하였다.

비슷한 이유로 숙종 역시 경옥고를 복용하였다. 숙종은 재위 39년 10월부터 그가 죽는 46년까지 약 6년 8개월간 병을 달고 살았다. 경옥고는 질고를 이겨낼 기운이 부족한 왕에게 추천되었던 처방으로, 숙종은 이 처방을 40년 1월부터 복용하였고, 잠시 그쳤다가 45년 11월부터 다시 복용하였다.

인원왕후 김씨도 경옥고를 복용하였다. 항상 몸이 약한 편이었던 그녀는 숙종 45년부터 이 처방을 복용하기 시작하였으며, 숙종이 승하한 이후에도 그녀의 건강을 걱정한 경종은 그녀를 위해 계속해서 경옥고를 드리도록 명한다. 그 외에도 《승정원일기》에는 영조, 정조, 혜경궁, 순조, 철종 등 많은 왕실 인물들의 경옥고 복용 기록이 남아 있다.


## ✣ "조선의 경옥고가 좋다던데……."


조선의 경옥고는 중국 사신에게 주는 선물로도 사용되었다. 그 대표적인 예가 인조 대의 일이다.

반정에 성공하면서 새로운 왕으로 등극한 인조는 명나라로부터 왕으로 승인받기 위해 오랜 시간 공을 들였으며, 결국 명나라 사신들이 인조 3년(1625년)에 명나라 황제의 서신을 전하기 위해 조선에 찾아왔다. 6월 2일, 명나라의 두 사신 감문서 태감 왕민정과 총용군 제독 태감 호량보가 한양에 도착하였고, 왕실에서는 그들을 천사(天使)라 부르며 그들의 방문 소식에 인조가 직접 교외로 나가 맞이할 정도로 극진히 대접하였다.

다음날, 공식적인 행사가 시작되고 왕 천사와 호 천사는 가지고 온 조서와 칙서를 공개하였다. 인조를 조선의 국왕으로 삼겠다는 내용의 글들이었다. 오랜 시간 끝에 인조가 명나라로부터 국왕으로 인정을 받은 것이었다. 이윽고 인조는 두 사신을 위한 연회를 준비케 하였으며, 이튿날 남별궁에서는 사신들을 위한 거대 연회가 진행된다.

문제는 그 다음부터였다. 명나라 사신이 돌아갈 때 가져갈 선물을 준비해야 했던 것이다. 다양한 조선의 특산품들을 준비하였는데, 대표적인 선물이 인삼이었다. 왕실에서는 구비된 인삼으로 수량이 모자라 개성과 평양에서 더 많은 인삼을 구비해오도록 명령했으며, 선물로 보낼 은도 모자라 더 구비케 하였다. 그 외에도 사신들이 노골적으로 요청한 상품도 많았다.

6월 8일에는 살아있는 사슴을 가지고 싶다며 요청하였는데 사슴은 사냥을 해야 얻을 수 있어 수일이 걸리기 때문에 시일에 맞추어 준비하기 어렵다고 하자 그 정도도 준비를 못 해주냐며 화를 냈다. 또 해구신(海拘臀)을 구해 달라고 했는데, 해구신은 수컷 물개의 생식기를 말려서 만든 것으로 구하기 굉장히 어려운 약재였다. 그밖에 인삼 500근을 별도로 준비해 달라고 요구하기도 했으며, 호피(虎皮), 표피(豹皮), 수달피(水獺皮) 등 구하기 어려운 것들을 수십 장씩 구해 달라고 요청했다.

경옥고도 사신들에게 줄 선물이었다. 당시 내의원에서는 경옥고 13승(약 8리터)을 단지 두 개에 나누어 담아 준비하였다. 인삼의 본고지라 불리는 조선에서 만든 경옥고는 사신들 입장에서도 갖고 싶은 물건 중 하나였다. 왕실에서 사신들에게 조선의 별미를 묻자 은구어(은어), 전복, 대하 등과 함께 경옥고를 언급하였으며, 사신들은 경옥고 완제품을 받은 걸로 모자랐는지 경옥고의 제조법을 별도로 기록하여 달라고까지 하였다. 결국 이 모든 선물들을 받은 후, 한양에 방문한 지 열하루가 지난 때에서야 그들은 명나라로 돌아갔다.

## ❖ 경옥고를 제조하다

경옥고는 인삼, 생지황, 백복령, 꿀 이렇게 4가지 약재로 구성된 처방이다. 대부분의 처방이 약재를 물이나 술 등에 넣어 몇 시간 끓여 만드는 것과는 달리, 경옥고는 더 많은 시간과 노력이 필요한 처방이다.

경옥고를 만들려면 먼저 약재들을 손질하여 이들을 항아리에 넣고 잘 밀봉한다. 다음으로 이 항아리를 중탕 형식으로 졸여내는데, 뽕나무 장작으로 3일 밤낮을 달여야 한다. 이렇게 3일을 꼬박 달인 뒤 항아리를 꺼내어 우물에 넣고 하루 밤낮으로 식힌다. 마지막으로 식힌 항아리를 다시 솥에 넣어 하루 밤낮을 달여서 물기를 빼면 경옥고가 완성이 된다. 약재를 준비하는 과정을 제외하고서도 조제에만 5일 밤낮의 시간동안 정성을 다해야만 만들어지는 처방인 것이다.

따라서 경옥고 만드는 일은 내의원에서도 상당히 큰 업무였다. 숙종 대에는 경옥고를 만들 뽕나무를 구하는 일이 골칫거리 중 하나였다. 뽕나무 장작을 구해야 하는데 이를 민가에서 구하다 보니 민가의 피해가 적지 않았기 때문이었다. 이에 내의원 제조 민진원은 다른 공수처로 남한산성을 추천했으며, 결국 한동안 뽕나무 장작은 남한산성에서 구하게 되었다.

순조 대에는 경옥고를 아예 북한산성에 가서 만들었다는 기록이 있다. 당시 내의원 부제조 김이영은 혜경궁이 복용할 경옥고를 만들기 위해 직접 북한산성까지 다녀왔다.

제작에 이처럼 노력과 정성이 들어간 만큼 경옥고 제작 업무를 맡은 관리들에게는 추가수당이 지급되기도 하였다. 순조 8년(1808년)에 씌어진 《만기요람(萬機要覽)》을 보면 경옥고를 만들 때 이를 관리감독하는 명목으로 매일 제조에게는 2냥, 의관에게는 7전, 서원은 5전, 수공 및 군사에게는 각각 3전씩을 지급하였다. 경옥고를 한번 제작하는 데 최소 5일 밤낮이 소요되었기 때문에 총 5일간 관리감독을 한 대가로 제조는 총 10냥, 의관은 총 3냥 5전 등의 추가수당을 받은 셈이다.

그들이 받은 추가수당이 오늘날 얼마 정도인지 대략적으로 추정해보면 다음과 같다.

19세기 초에 쌀 1석(144킬로그램)은 3~5냥 정도였고, 오늘날 쌀 1석이 대략 30만 원 정도이므로, 1냥은 6~10만 원 정도의 가치로 볼 수 있다. 이에 따라 1냥을 평균 8만 원으로 계산해보면, 당시 경옥고를 5일간 관리 감독한 대가로 제조는 80만 원, 의관은 28만 원 정도의 추가수당을 받았던 것으로 보인다.

그렇다면 이렇게 만든 경옥고 자체의 가격은 얼마일까?

19세기 후반에 지규식이 작성한 《하재일기(荷齋日記)》에는 당시 경옥고 가격이 적혀 있다. 고종 28년 (1891년) 3월 28일에 유통된 경옥고 두 사발의 가격은 62냥이었다고 한다. 참고로 19세기 말은 19세기 초보다 물가가 2~3배 올라 쌀 1석이 9~10냥 정도로 판매되었다. 따라서 1냥의 가치를 3만 원 정도로 계산해보면, 경옥고 2사발의 가격

**경옥고** (세명대학교 한의과대학 생리학교실 제공)
경옥고는 이처럼 단지에 담아서 보관하였다.

은 약 186만 원, 경옥고 1사발이 90만 원에 달하는 가격이었음을 알 수 있다. 물론 물가 계산을 쌀값만 가지고 비교한 것이라 정확하다고 할 수는 없겠으나 제작과정에 드는 비용과 완성품의 가격이 상당했다고 추정해볼 수 있겠다.

이처럼 경옥고는 많은 노력과 정성으로 만들어진 처방이었다. 그 높은 가치를 알아보는 사람들이 여전한 것인지 오늘날까지도 경옥고는 대표적인 보약으로 많은 사랑을 받고 있다. 명품의 가치는 쉬이 사라지지 않는다고 하는데, 과연 중국의 사신들까지도 탐냈던 왕실의 보약이라 이를 만하겠다.

● **참고문헌**

《승정원일기》
허준, 《동의보감》

방성혜, 《조선, 종기와 사투를 벌이다》, 시대의창. 2012.

이덕일, 《조선 왕을 말하다》, 역사의 아침. 2010.

이상각, 《조선왕조실록》, 도서출판 들녘. 2009

이영훈, 《수량경제사로 다시 본 조선후기》, 서울대학교 출판부. 2004.

조민기, 《조선 임금 잔혹사》, 책비. 2015.

고대원, 〈조선 숙종의 치병에 관한 '승정원일기'의 기록 연구〉, 경희대학교 박사논문, 2015.

김혁규, 〈조선 인조의 치병기록에 대한 의사학적 연구〉, 경희대학교 박사논문, 2013.

역자 정태현, 《동춘당집》, 한국고전번역원. 한국고전종합DB

역자 고려대학교 민족문화연구소, 《만기요람》, 한국고전번역원. 한국고전종합DB

역자 이종덕, 《하재일기》, 한국고전번역원. 한국고전종합DB

# 25
# 숙종의 장기 집권을
# 가능하게 한 뜸
## _ 중완혈 수구사

정오에 임금께서 흥정당으로 납시었다. 내의원 도제조, 부제조 이하 기사관, 의관들까지 뜸 치료를 위해 입시하였다. 도제조 최석정이 임금의 안부를 물은 뒤 의관 권성징이 혈자리를 잡겠다고 아뢰고 시행하였다. 이후 의관 최성임이 좌우 족삼리혈을 일컬으며 뜸 뜨기를 고하고 시행하였다.

《승정원일기》 숙종 34년 2월 10일

## ❖ 해수병, 위장병, 통풍이 한꺼번에 찾아오다

숙종 9년(1683년) 10, 11월 두 달간 숙종은 천연두인 두창을 앓았다가 회복되지만 기력이 온전하지 않은 상태에서 어머니 명성왕후가 12월 5일 사망하며 모친상을 치른다. 이때 명성왕후는 무당 막례의 뜻에 따라 매일 찬물로 목욕재계하며 치성을 드리다 몸져누웠다가 사망한 것이었다. 아들의 안위를 비는 치성을 드리다가 사망하였으니 불효자 숙종이 겪었을 마음의 고통은 이루 말할 수 없었다.

결국 이튿날부터 숙종은 지병인 찬바람이 불고 추위가 찾아오면 기침으로 속을 끓이는 해수병이 발생하고 힘든 나날을 보낸다. 모친상을 치르면서 체력은 떨어지고 해수병은 해를 넘겨 이듬해 숙종 10년(1684년) 1월까지 계속되었다.

설상가상으로 이때부터 우측 무릎과 왼쪽 발목이 아프기 시작하였다. 또한 기침을 하는 가운데 속이 미식거리고 점차 입맛이 떨어진다. 해수병은 여전한데 입맛은 떨어지고 속이 미식거리는 오심 증상과 함께 무릎과 발목의 통증은 좌우를 가리지 않고 더해진다. 오심 증상이 심해져서 임금의 밥상인 수라를 물리치기 일쑤였고 탕약을 들기도 어려웠다. 점점 떨어지는 소화기능을 달래기 위해 인삼과 좁쌀을 푹 끓인 인삼속미음을 올려도 증상이 호전되지 않았다.

숙종은 평생 다발성 관절통에 시달렸고 팔다리 여기저기가 붓고 통증이 극심한 통풍(痛風)으로 고생했다. 숙종은 무릎, 허리, 발목, 어깨, 팔, 손 등등 다발성 관절통을 감기, 해수, 위장병만큼 꾸준히 앓는다.

이때 1월에 해수병, 위장병, 통풍이 한꺼번에 발생한다. 최악의 상황으로 빠져들고 있었다. 빈번한 기침으로 인한 해수병과 속이 미식거리는 오심으로 먹지 못하고 좌우측 무릎과 발목이 아픈 하지관절통으로 잠을 설치고 기력은 점점 떨어져갔다. 무릎과 발목에 간간이 뜸과 침을 맞았지만 그때뿐이었다. 숙종은 점점 예민해졌고 불같은 성격은 내의원의 대신들과 의관들을 전전긍긍하게 만들었다.

약을 쓰지 못하니 해수병과 통풍은 좋아지지 않고, 약해진 소화기능으로 먹지 못하니 기력은 점점 떨어져갔다. 그런 가운데 내의원에서 아침에 입진하여 임금의 증상을 진찰하려고 해도 숙종은 이미 의관에게 증상을 말하였다 하여 입진을 물리치는 지경에 이른다. 내의원에 대한 신뢰가 바닥으로 떨어진 것이었다.


## ❖ 새로운 치료법을 제안하다

임금의 추궁을 받은 내의원에서 음식은 물론이고 더 이상 탕약조차 쓸 수 없자 고심 끝에 새로운 치료법을 제안했다. 비(非)약물요법으로 뜸 치료를 권한 것이었다. 그것도 과감하게 윗배 한가운데 중완혈(中脘穴)에 뜸 뜨기를 임금에게 권하였다. 중완혈이란, 명치와 배꼽의 가운데에 위치한 혈자리다. 앞서 무릎관절통으로 간간히 무릎에 뜸 뜬 적이 있지만 윗배 한가운데 뜨는 뜸은 처음이었다. 내의원에서 중완혈은 통풍을 치료하면서도 소화기능을 개선시키고 속이 미식 거려 먹지 못하는 오심 증상을 진정시키는 효과가 있다고 거듭 설득하였다. 숙종은 당황스러웠고 걱정이 앞섰지만 먹지도 못하고 기침으로 밤을 새우며 여기저기 쑤시는 관절통으로 고생 중이었기 때문에 다른 선택이 없었다. 드디어 임금의 윤허가 떨어지고 숙종 10년(1684년) 1월 7일에 중완혈 뜸 치료를 처음 시작하였다.

처음에는 중완혈과 무릎에 같이 뜸 떴다. 중완혈에 뜸 뜨고 이틀이 지나자 속이 메스꺼운 증세가 미약하지만 좋아지기 시작하였다. 숙종은 신기했다. 수라와 탕약을 조금씩 들 수가 있었다. 이제는 의관들조차 답답한 가슴을 쓸어내리며 무릎에 뜸 뜨기는 중단하고 믿음을 갖고 중완혈에만 집중하여 뜸 뜨기를 권하였다. 숙종은 계속해서 뜸을 뜨라 명하였다. 다시 3일이 지나자 기침이 줄고 밤에 편히 잘 수가 있었다. 수라도 점점 들기가 편해지고 탕약을 완전히 비울 수 있었다. 생살을 지지는 고통을 참으며 계속해서 뜸을 떴다.

숙종은 의관에게 뜸을 몇 장까지 뜰 것이냐고 물었다. 그러자 의관은 100장은 떠야 효과가 있다고 대답했다. 뜸의 열기를 견디기 쉽지는 않았지만 오랫동안 메스꺼운 증세로 고통 받았던 숙종은 효과만 있다면야 그까짓 열기는 얼마든지 견딜 수 있었다. 계속 뜸을 뜨라 일렀다. 마침내 100장을 모두 채웠다. 이제 숙종을 괴롭히던 증상은 씻은 듯이 사라졌다. 뜸의 효과를 제대로 본 것이다.

이렇게 중완혈에 뜸을 떠서 병을 치료한 이 사건을 일러 '중완혈 수구사(中脘穴 受灸事)'라고 부른다. 숙종에게 찾아온 해수병, 통풍, 위장병은 중완혈에 뜸 뜨며 오심 증상부터 차츰 개선되기 시작하여 일주일 동안 100장을 뜸 뜨고서야 완전히 좋아졌다.


## ✥ 100장씩 살갗을 지지는 방법

그렇다면 뜸 100장을 어떻게 지졌다는 것일까? 이에 대해서 《승정원일기》에서는 자세한 기록이 등장한다. 숙종 22년(1696년) 2월 5일의 기록을 들춰보자.

당시 숙종의 나이는 36세였다. 아침 일찍 내의원을 책임지고 있는 제조와 부제조가 임금께 문안을 드리며 물었다.

"추웠다 더웠다 오락가락하여 날씨가 고르지 못한데, 옥체는 어떠하십니까? 오늘 중완혈에 뜸 뜨기로 이미 정하였사온데, 시각을 언제로 하겠습니까?"

이제 숙종도 몇 해를 이어서 해오는 치료법이라 익숙하게 뜸 뜨는 시각을 오시(午時, 오전 11시~오후 1시)로 정하라 명하였다.

숙종이 오시에 숭문당으로 들어섰다. 이미 내의원 최고책임자인 도제조를 비롯하여 제조, 부제조, 기록을 담당하는 기사관, 그리고 7명의 의관이 대기하고 있었다. 숙종은 내시에게 도제조 아래로 모두 들어오라고 명하였다. 도제조 남구만이 먼저 입을 열었다.

"날씨가 여전히 추운데도 사방의 창문을 다 열어놓고 계시옵니다. 뜸을 뜰 때는 어찌 하올까요?"

숙종은 평소에도 열기가 올라 창문을 자주 열어젖히던 터였다. 신하들이 열어놓은 창문을 닫자고 했으나 숙종은 나중에 뜸 뜰 때 닫으라 했다. 하지만 제조 이세화가 나서서 정면의 창문만이라도 먼저 닫기를 청하였다. 아직 2월 초순으로 날씨가 추웠기에 중완혈 수구사를 통해 소화기능을 개선하고 쑥을 통해 따뜻한 기운을 보충하는 데 찬바람 때문에 방해를 받을까 염려한 것이었다. 숙종은 답답한 열기를 느꼈지만 마지못해 승락하였다.

숙종을 치료하기 전에 의관들이 임금의 몸 상태를 확인하였다. 의관 김유현이 먼저 나아가 임금 앞에서 무릎을 꿇고 진맥하였다. 이어서 의관 백광현과 정유각이 차례로 진맥하였다. 김유현이 좌우 맥이 고르고 안정되었다 확인하였다. 임금의 몸 상태가 평안한 것을 확인 후에 뒤이어 나머지 의관들이 나서서 명치와 배꼽을 나누어 한가운데 위치한 중완혈에 점을 찍고, 다시 한 번 더 혈자리를 일컬으며 11번 뜸뜨기를 반복하였다. 한 명의 의관이 아니라 여러 명의 의관이 돌아가면서 치료를 단계별로 시행하고 확인을 거듭했다. 이는 치료의 실수를 줄이고 누군가의 독단적인 처치를 막는 조치였다.

뜸 치료를 마친 후에 도제조 남구만이 뜸 뜬 후에는 전례와 같이 생맥산(生脈散)을 복용하는데, 오늘은 열기가 더할 수도 있어 흑두죽엽탕(黑豆竹葉湯)을 올리겠노라 하였다. 또한 앞으로 남은 중완혈 뜸 치료 일정을 다음과 같이 아뢰었다.

"오늘은 11장을 뜸 뜨고, 내일과 모레 각 15장씩 뜸 뜨겠습니다. 5일은 상현달로 병자를 치료하는 의원에서 금기하여 뜸 뜨기를 쉬겠습니다. 9일부터 12일까지 모두 101장을 뜨게 됩니다. 마지막 13일은 무릎 아래의 족삼리혈(足三里穴)에 뜸 뜨는 걸로 마치겠습니다."

모든 뜸 뜨기를 마치고 숙종은 벗었던 옷을 다시 입으며 뜸 뜨는 횟수는 홀수로 한다고 하니 101장이 좋겠으며, 오늘 이후로는 15장 씩 연이어 시행하도록 하라고 명하였다. 이날은 숙종이 적극적으로 한 번에 뜸 뜨는 횟수를 늘리면서 치료에 임하고 있다. 이로써 이날 의 중완혈 수구사는 모두 마치게 되었다. 대부분 뜸 뜨기는 중완혈에 100장을 뜸 뜨되 며칠을 할 것이며, 하루에 몇 장씩 뜸 뜰 것인지는 미리 정하지만, 이렇게 임금의 몸 상태와 요구에 따라서 조금씩 변하 기도 하였다.

## ✤ 숙종에게 뜸은 바로 장기 집권의 주역

숙종은 눈앞에 보이는 증상은 없으나 예방을 위하여 숙종 10년 이후 매해 1월과 2월 사이에 중완혈에 뜸 뜨기를 반복하였다. 간혹 찬바람 이 부는 가을에도 하고 드물게 한 번에 200장을 뜨기도 하였지만 거 의 매해 100장씩 개수를 정해 놓고 뜸 떴다.

숙종 27년(1701년)에는 합쳐서 1000장이 넘어가므로 중완혈 위의 상완혈(上脘穴)과 배꼽 아래의 기해혈(氣海穴)로 혈자리를 바꿔서 뜨 기도 하였다. 이렇게 중완혈 뜸 뜨기를 마치면 마지막 날에는 중완혈 과 아랫다리의 족삼리혈에 함께 뜸 떴다.

족삼리혈 뜸 뜨기는 뜸 치료 후에 발생한 열감을 내려주고 하지관 절통으로 인한 통풍을 치료하고자 한 것이었다. 중완혈 뜸 뜨기 치료 후에 체력이 회복되고 위장병이 개선되면서 숙종은 뜸 치료를 더욱 선호하였다. 중완혈 뜸 뜨기는 숙종 46년간의 재임기간 중에 숙종 10

**중완혈수구사 치료(고대원 제공)**

뜸 치료는 쑥이나 여러 약물을 정해진 혈자리에 올려놓
고 태워 뜨거운 기운과 약물의 작용을 이용하여 질병 예
방과 치료를 돕는다. 숙종은 양쪽 갈비뼈가 만나는 명치
와 배꼽의 정중앙에 해당하는 중완혈에 뜸 치료를 시행
하여 위장병과 여러 관절통을 다스릴 수 있었다.

넌부터 숙종 40년까지 31년
에 걸쳐 시행되었다.

숙종은 집권 46년 동안 무
쇠를 휘두르듯 강력한 왕권
을 행사했다. 그에 반해 온
갖 병에 시달린 고달팠던 몸
을 갖고 있었다. 성격적으로
꼼꼼했고 급했으며 한번 정
해지면 과감하게 행동으로
옮겼다. 적장자로 왕의 자리
에 올랐던 숙종이 온몸으로
짊어진 업무 스트레스는, 불
규칙한 식사와 잠자리 때문
에 위장병과 화병으로 이어
지고 해수병이 일생을 따라
다니게 되었다. 또 숙종은
다발성 관절통과 통풍(痛風)을 해수병만큼 자주 앓으며 고생했다.

그러나 숙종의 장기 집권에는 숨겨진 비법이 있었으니, 바로 뜸
100장을 뜨는 중완혈 수구사였다. 고달팠던 몸과 급한 성격 때문에
숙종은 늘 아팠지만 중완혈 수구사라는 맞춤 치료법을 찾아낸 후 장
기간 집권할 수 있었다. 숙종 10년 24세부터 해마다 중완혈 수구사를
꾸준히 시행하였기에 건강을 유지할 수 있었다.

중완혈 뜸 뜨기는 내의원에서 위장병과 통풍 치료를 목적으로 제
안하여 시작하였으나, 이후에는 질병 예방을 목적으로 진행되었다.

이는 숙종의 뜻과 관심으로 중완혈 수구사를 오랫동안 하였다.

두창으로 사경을 헤매던 숙종을 치료해주었던 어의 유상에게 엄청난 포상을 내렸던 숙종이었던 만큼, 자신의 건강을 몰래 지켜주었던 이 뜸법에도 포상을 내리고 싶지 않았을까?

● **참고문헌**

《승정원일기》

고대원, 〈조선 숙종의 치병에 관한 '승정원일기'의 기록 연구〉, 경희대학교 박사논문, 2015.

김동율, 고대원, 김현경, 차웅석, 안상우, 〈숙종의 중완혈 수구사 연구 – '승정원일기' 내의원기록을 중심으로〉, 대한한의학원전학회지, 2015:28(4).

# 26
# 꼬레는 의학이
# 제일 우수한 나라
_ 동의보감과 꼬레 의학

칙사가 증정품을 조금만 받았다.
칙사가 원래의 예단(禮單)만 받고 따로 주는 것은 받지 않았으며,
《동의보감(東醫寶鑑)》과 청심환(淸心丸) 50환과 다리(髢髮) 두 묶
음만 구하여 갔다.

《승정원일기》 영조 14년 2월 21일

## ❖ 아시아의 귀한 보물, 《동의보감》

1613년에 발간된 허준의 《동의보감》은 백 년이 지난 영조 때에도 여전히 인기가 많았다. 이웃나라 중국과 일본에서도 40회 이상 발간되었던 허준의 《동의보감》은 이름 그대로 '동양의 보물'이었다.

《승정원일기》에 나오는 청나라 사신이 예단 목록 물품 이외에 다른 물품들은 거절하면서도 굳이 《동의보감》과 청심환만은 구해 갔다는 기록만 보아도 당시의 명성을 짐작할 수 있다.

2016년 1월 프랑스 '툴루즈의 국립 과학 & 서지학 학술원'에서 릴(Pierre Lile) 의학교수가 우리의 한의학서 《동의보감》을 소개했다. 그는 이 한국 의학서가 이미 17세기에 몸과 마음과 자연과의 균형을 통한 예방의학적 처치법들을 제시함으로써 현대 문명사회의 부작용과 오염된 환경문제에서 오는 여러 중독 증상들의 해법을 제시했다는 점과 해부도인 '신형장부도(身形藏府圖)'가 단순한 장기의 나열이 아니라 많은 병의 원인이 기능적인 문제에서 온다는 이치를 핵심적으

**일본판 《동의보감》** (나향미 제공)
허준의 《동의보감》은 중국뿐만 아니라 일본에서도 40회 이상 발간되었던 '동양의 보물'이다.

로 잘 보여주고 있다며 앞으로 프랑스에서도 더욱 활발하게 《동의보감》을 연구할 것을 제안했다.

### ✛ 꼬레 의학, 중국을 앞서다

루이14세의 어린 시절부터 그를 보필해온 예수교 선교사들의 중국 활동의 전성기는 저물고 있었다. 프랑스 혁명의 동기가 되었다는 볼테르는 "다른 세계의 관습과 지역 문화와 역사의 이해가 없이 왕명을 앞세운 포교 활동은 관용이 결여된 일방적인 소통 방식이었다."며 똘레랑스(Tolérance)를 주장하였다. 하지만 본격적인 서양 열강들의 압력에 조선은 이웃나라 일본보다 약 200년이 지난 후에야 굳게 닫았던 빗장을 풀고 있었다.

1874년 달레 신부가 기록한 《꼬레의 교회 역사》에도 그 시기 조선
의 현황이 잘 묘사되어 있다. 그는 산업과 과학 분야에 대하여 전반
적으로 낙후되었다는 평가를 했지만, 단 의학 분야는 예외라고 지목
한다.

> "다른 산업 분야들이 기본적인 수준에 머물러있다면 단 한 분야, 의학
> 은 예외이다. 중국 의학의 기본을 잘 적용하면서도 중국보다 훨씬 우수
> 한 수준에 도달했다. 중국의 북경에서도 꼬레의 의학서적이 인쇄되는
> 데 꼬레에서도 가장 유명한 《동의보감(Tieng-oi-po-kan)》이다."

꼬레의 의학에 관한 사례는 그 이후에도 보고서들을 통해 전달된다.
1880년 프랑스 선교사들이 공동으로 집필한 '한불사전'의 첫 도입
부분에도 꼬레의 대표적 저서로 《동의보감》이 언급되어 있다. 1888년
의 〈프랑스 툴루즈 지리학 보고서〉 기록에도 수학 교수 푸그가 조선
의 의사 시험제도를 설명하고 《동의보감》을 선교사들이 자주 언급했
다고 보고한다. 이들은 모두 19세기 초 극동지역에서 직접 동아시아
의학을 경험했었다는 공통분모가 있다.

선교사의 경우 장기간 체류하며 직접 겪은 경험담을 기록하였고,
해군 의관의 경우는 유럽 대륙 의학의 이론적인 학습보다 전쟁과 해
양에서 필요한 군사의학에 적용 가능하고 실용적인, 아시아에서 가
장 우수하고 대표적인 기술을 찾은 것이었다. 다른 의학 전문가들에
비해 새로운 실험을 하고, 획득한 약초를 직접 재배해 복용하였고,
침구 또한 직접 사용했다는 점에서 그들이 동아시아 의학을 긍정적

으로 수용했음을 엿볼 수 있다.


❖ 프랑스에 소개된 꼬레 의학


한편, 프랑스 해군의학교 출신 의사 샤스탕이 1894년 극동지역에서 수집한 자료들을 종합하여 기록한 〈한국과 한국인〉이라는 의료지리학 보고서를 통해 당시 조선의 질병 현황과 의학 경험들을 엿볼 수 있다.

샤스탕이 본 꼬레는 소박했다. 국화와 접시꽃이 집집마다 피어 있었고, 계층이 있었지만 사람들을 노예부리듯 하는 상류층은 없었다. 가난해 보였지만 밥을 굶는 거지도 없었다. 사회에서 소외된 사람들도 드물었는지 자살도 거의 없어 보였다. 중국처럼 아편을 하는 사람도 손에 꼽을 수 있을 정도로 거의 보이지 않았다.

하지만 페르시아와 도자기를 무역하고 16세기 일본에 도자기 기술을 전수한 명성이 자자하던 동방의 고대 문명국이 '꼬레'라고 알고 있던 그의 지식과는 거리가 멀어 보였다.

조선인들을 직접 치료한 질병 통계의 결과 가장 흔한 질병은 만성 소화불량이었다. 그는 조선에는 대식가들이 많다고 하였다. 장티푸스가 유행할 때에는 물을 끓인 숭늉

ne connaissent que des formules astrologiques ridicules. La science des principaux calculateurs du ministère des finances, ne dépasse pas les opérations ordinaires d'arithmétique nécessaires pour la tenue des livres. Celle des élèves du Nioul-hak ou école de droit se borne à une connaissance, à peu près machinale, des textes officiels de la loi et des décrets royaux. La médecine seule semble faire exception. Tout en adoptant la médecine chinoise, les Coréens y ont introduit, semble-t-il, des améliorations sérieuses, à ce point qu'on n'a pas dédaigné de composer à Péking même les planches pour l'impression du plus célèbre livre coréen de médecine, le *Tieng-oi-po-kan*. Nul autre livre coréen n'a jamais eu cet honneur.

**1874년 샤를 달레(Charle Dallet)가 쓴 《꼬레의 교회 역사(Histoire de l'Eglise de Corée)》**
중국보다 앞선 꼬레의 의학과 북경에서 《동의보감》이 발간되었다고 기록한 부분

을 마셔서인지 조선인보다는 생수를 마시는 외국인들이 주로 걸렸다고 기록했다. 음력 달력을 국가에서 보급했고 질병도 절기에 맞추어 치료하였다.

한의학은 왕실에서 내려오는 전통이 있다고 기록했다. 중국 의학과 닮았고 계층을 막론하고 신뢰하였다. 지방에서는 의학교육을 많이 받지 않았지만, 여러 가지 효험방을 쓰는 의사 부류가 있었다. 그리고 아버지에게 의업을 대물림 받은 의사나 유명한 의사 밑에서 배운 상류층 의사들은 서울에 와서 의학교육을 받았다. 의사제도는 궁내 의원제도와 궁외 의사 자격시험이 치러졌는데, 궁외 의사 또한 궁내에 발탁되는 자격이 주어지기도 했다. 침 전문의사와 소아과 전문의사가 있었다.

외과적 시술로는 침구가 많이 쓰였다. 침구 전문서적들이 굉장히 많았다고 기록되어 있다. 침은 신속한 효과를 봤던 치료법을 예로 들었는데, 보통 침을 4~5센티미터 가량의 깊이로 찔러 넣었고, 피가 몇 방울 나온 후에 치료 효과가 바로 나타났다. 침구는 수없이 많은 병에 활용되었고, 반신불수인 경우 마비된 반대편에 침을 놓는 '거자법(巨刺法)'을 썼다고 한다. 콜레라의 경우, 두 번째 요추에 있는 명문 혈자리에 침을 놓았다고 기록했다. 침구 치료법은 류머티즘, 소화불량, 복통 증상 등 모든 병에 쓸 수 있고 전혀 위험한 시술이 아니라고 기록했다.

뜸은 잎을 말려서 가루를 내서 피부에 직접 뜨거나 마늘을 얹은 간접 뜸을 뜨기도 하였다고 전했다.

한약으로는 환약보다 탕약이 많이 쓰였고 그 종류는 천차만별이었다. 특히 환자의 경제 사정에 따라 차이가 많이 났다고 전했다. 알려진 약 처방 외에도 의사들은 각자의 효험 있는 비방들을 가지고 있었다. 약재 중에서 인삼과 녹용이 제일 유명했다. 프랑스 선교사 페레올이 방광 결석에 처방된 한약을 먹고 몇 시간 만에 괜찮아졌다고 기록했다.

달레 신부의 《꼬레의 교회 역사》에서도 동아시아 의학의 처방들이, 서양 의학과 약으로는 별 효과를 나타내지 못하는 병에 한약으로 완치에 가까운 효과가 나타났다고 말한다. 다브뤼 선교사는 만성피로에 녹용을 수시로 복용했더니 팔과 다리에 힘이 나서 가장 험한 산지도 평야처럼 걸어서 다닐 수 있게 되었고, 조선 전국을 한 바퀴 거뜬히 돌 수 있을 만큼 건강해졌다고 전한다.

진맥을 할 때에는 팔목을 짚거나 발목을 짚었다. 남자는 왼쪽 동맥, 여자는 오른쪽이었다. 세 번 숨 쉬는 동안에 맥박 횟수를 잰다. 가운데 세 손가락을 대고 맥박의 강도, 혈관의 탄력성을 재고는 깊게 눌러서 심장에서 가장 가까운 넷째 손가락을 강하게 눌러 맥이 잘 뛰는지를 살폈다.

또 출산을 준비할 때, 바닥에 부드러운 짚을 깔고, 친구 두 명 정도가 도우러 온다. 꿀을 탄 미지근한 차 종류를 마시게 하는데 특별한 효능이 있어 보이는 쓴 웅담을 넣었다고 한다. 신생아는 따뜻한 물로 씻기고 이틀간 밥물만 주다가 셋째 날 젖을 물린다. 그후에 짚으로 만든 요를 치우고 보통 요를 깐다.

산모는 8일에서 10일간 미역국을 먹고 외부인 출입을 금한다. 이후에는 여인들이 일을 많이 해서 아기에게 오랫동안 모유를 주지 못하는데, 상류층 여인들은 예외적으로 7년에서 8년 정도 장기간 모유를 줄 수 있었다고 한다. 여성들은 특히 임파선 질환이 많았는데, 폐쇄

된 생활이 원인인 것으로 추측했다.


## ✤ 꼬레는 의학이 가장 우수한 나라

이상으로 19세기 프랑스에 소개된 여러 기록에 나타난 한의학의 자취를 추적해보았다.

이웃 나라 중국과 일본보다 200년 이상 늦게 세상에 알려지기 시작한 꼬레의 의학은, 세계를 향해 스스로 나올 준비를 하고 있다. 그저 늦게 알려지기 시작했을 뿐이다.

200년 동안 한의학은 독창성을 갖추고 임상 경험을 축적하며 실용성이 높은 의학으로 발전했고, 수많은 전쟁의 경험과 축적된 인쇄술의 영향으로 대중과 나누는 지식 전파력을 갖추었다.

'세계기록문화유산'으로 지정된 《동의보감》은 한의학이 무르익는 시대에서 다시 한 번 전환점을 맞이하고 있다. 세계의 무대 앞에 나오기까지 빠른 시대적 흐름에 적응력을 길렀고 서양 의학과 공생하며 면역력 또한 높였다.

내가 경험한 바에 의하면 우리 고유의 한의학은, 오히려 외국에서 더욱 빛이 났고 이해를 받고 있다.

세계 최초로 금속활자를 만든 이들도 꼬레인이었고, 중국 대륙에서 눈길을 사로잡은 질 좋은 종이와 먹은 '메이드 인 꼬레'였다. 조선인 김덕방이 전수한 침법이 일본을 거쳐 서양으로 건너갔고, 페르시아와 로마에서는 꼬레의 비단과 도자기가 인기가 있었다. 서양의 여러 문헌들을 통해 본 꼬레인은 손재주가 뛰어나고 기술의 빠른 대중화 능력을 갖춘 선진 문명국가를 이룬 사람들이었다.

1900년 파리의 만국박람회에서 모리스 쿠랑이 한 말을 새삼 떠올려본다.

"꼬레는 이웃 나라들로부터 수백 년간 고초를 겪으면서도 그들의 본질은 잃지 않았다. 현대 인류 문명의 최고 발명품을 창작한 나라가 처음으로 모습을 드러내었다. 그들은 현재 모습을 그대로 우리에게 보여주고 있다. 이제 우리가 우월하다는 자만심은 놓아둘 때이다."

● 참고문헌

Charle Dallet, 《Histoire de l'Eglise de Corée》, 1874.

Adrien Launay,《La Corée et les missionaires français》, A. Mame et fils, 1901.

C. Lévy, 《Grammaire coréenne : précédée d'une introduction sur le caractère de la langue coréenne, sa comparaison avec le chinois, etc, suivie d'un appendice sur la division du temps, les poids et mesures, la boussole, la généalogie, avec un cours d'exercices gradués pour faciliter l'étude pratique de la langue》, 1880.

Du Halde J.B.,〈Description géographique, historique, chronologique, politique et physique de l'Empire de Chine et de la Tartarie chinoise〉, 1730.

M.P Fouque, 〈Bulletin de la Sociétéde Géographie de Toulouse〉, 1888.

Maurice Courant, 〈Souvenir de Seoul, Corée〉, 1900.

L.Chastang, Archives de médecine navale et coloniale, 〈La Corée et les coréens〉, Octave Doin, 1896.

나향미, 〈프랑스의 동아시아 전통의학 현황〉, 원광대학교 석사논문, 2009.

Pierre Lile, 〈Le Donguibogam ou le livre fondateur de la Médecine coréenne traditionelle〉, 2016.

# 27
# 침략자가 탐냈던
# 조선의 귀한 약재

_죽력

영접도감이 아뢰기를,

"방금 정명수의 통사가 와서 말하기를, '정명수가 죽력달담환을 복용하고자 하면서 직접 조제하는 것을 보겠다.'고 하였답니다. 약재를 갖추어 지급하게 하겠습니다."

라고 하였다. 다음날도

"어제 저녁, 정명수가 말했던 죽력달담환의 약재는 막 구하여 들여서 조제하여 주도록 하였습니다. 그런데 방금 역관 박선이 칙사가 쓴 약재 목록이 적힌 작은 종이를 들고 와서 칙사 자신들도 복용하였으면 한다고 말하였습니다. 죽력달담환과 죽력화담환을 좋은 약재로 가려서 조제하여 주시고, 당귀, 목향, 사인, 모과, 맥문동 등의 약재는 엄선하여 매 종류마다 2봉씩 구해 달라고 하였습니다. 이 또한 약재를 갖추어 들이도록 하겠습니다. 감히 아룁니다."

하니, 알았다고 전교하였다.

《승정원일기》 인조 21년 3월 27일, 28일

## ❖ 조선의 죽력(竹瀝)을 탐하는 이들

한양과의 거리 1,660리. 고요했던 심양관(瀋陽館)에 심상치 않은 바람이 불어닥쳤다. 풍증(風症)이었다! 그것도 명나라를 멸망시키고 천하를 통일한 만주족의 수장, 청나라 황제의 풍증이었다.

황제가 호소한 증상은 극심한 어지러움이었고, 이것은 단순한 문제가 아닌 뇌졸중의 전조증상이었다. 한양에서는 급히 침의와 약의가 채비를 서둘렀다. 하지만 그보다 더 중요한 것, 청인이 꼭 구해야만 했던 것은 황제를 다시 일어나게 만들 치료약이었다. 청나라 황실 의사들이 말하기를 그것은 꼭 조선에서 온 것이어야만 했다.

이른 새벽 심양관의 문을 두드린 청인의 눈동자 속에는 간절함과 다급함이 가득했다. 눈 덮인 삼전도와 그 눈발 위에 떨어진 인조의 핏방울. 역사에 유례를 찾아보기 힘든 굴욕을 안긴 청 태종. 하지만 그의 말년에 이토록 다급히 구하려고 했던 조선의 약재는 무엇이었을까?

청나라 황제의 중풍 소란이 있기 4년 전, 인조도 이 약을 먹고 병석에서 회복한 적이 있었다. 인조 17년(1639년) 10월 15일 실록의 기록에 의하면, 인조는 초저녁부터 열담(熱痰)으로 심하게 앓았고 내의원에서 급히 올린 이 약을 두 사발 먹고서야 비로소 회복될 수 있었다. 열담은 머리와 얼굴에 후끈후끈 열이 나고, 가슴이 몹시 답답하며 심계항진 등을 동반하며 심하면 정신을 잃기도 하는 병증으로, 당시의 백관과 재상들 사이에서도 왕의 병세로 인해 흉흉한 분위기가 감돌았다고 전해진다. 사경을 헤매던 인조를 병석에서 일어나게 만든 이 약, 이것은 바로 대나무 기름이라고 불리는 '죽력(竹瀝)'이었다.

청인이 청나라 황제가 먹을 조선 죽력을 찾아다녔다는 소문은 순식간에 퍼져나갔다. 이제는 청나라 황실뿐만 아니라 조선을 왕래하는 청나라의 사신, 역관에 이르기까지 너도 나도 조선의 죽력을 구해 달라며 아우성이었다. 그리고 그 중심에는 조선 출신이면서 청나라의 침략과 약탈에 대표적인 앞잡이로 활동한 반역자 정명수가 있었다.

평안도 은산의 천민 출신이었던 정명수는 명나라를 돕는 조선의 원병으로 전투 포로가 되었다가 석방된 후 청나라에 자리를 잡고 청국의 언어를 배웠다. 조선의 사정을 밀고하여 청나라의 신임을 얻어 청의 역관이 되었으며, 후에는 조선 중추부의 정1품 관직까지 올랐으니 그야말로 신분 상승의 사다리를 수직으로 오른 셈이다. 하지만 뒤틀린 그의 욕망은 청국과 조선 속에서 거대한 암덩어리로 자라났는데, 가는 곳마다 뇌물이나 공물, 여색을 탐하고 약한 민초들을 약탈하며, 관리를 몽둥이로 구타하는 등 패악질이 극에 달해 백성들 모두가 죽기를 바랄 정도였다고 한다.

그런 그에게 조선 조정에선 뇌물을 주고, 벼슬을 주어 비위를 맞추고자 했다. 《승정원일기》의 인조 21년(1643년) 3월 27일 기록에 의하면, 정명수의 이번 요구는 청나라 황제가 찾았던 바로 그 약, 죽력이 들어간 죽력달담환(竹瀝達痰丸)이었다. 의심 많은 성격 때문이었는지, 아니면 자신에 대한 조선의 비호감을 감지했기 때문인지 이례적으로 그는 자기가 보는 앞에서 환약을 제조할 것을 요구했다. 죽력달담환에는 적지 않은 양의 죽력(약 350그램)이 들어간다는 사실을 들었을 것이고, 아마도 그것이 적게 들어가거나 아예 들어가지 않는 것에 대해 노심초사한 나머지 그런 요구를 한 것으로 보인다.

## ✛ 죽력이 도대체 무엇이기에

죽력은 푸른 대나무에서 나온다. 우후죽순이라는 말처럼 대나무는 거침없이 하늘을 향해 자라나가는 쾌통한 성질을 지녔다. 이러한 특징은 우리 몸의 막힌 것을 뚫어내고 찌꺼기를 제거하는 효능과 닮아 있다. 중풍으로 정신이 혼미하거나, 힘줄이 당겨 경련을 일으킬 때, 열이 쌓여 온몸이 달아오르거나 호흡에 이상이 생길 때 죽력은 뛰어난 효과를 보인다.

하지만 이 죽력은 제조가 매우 까다로운 것이 특징이다.

대나무를 장시간 구워가며 한 방울 한 방울 모아 정제를 해야 하는데, 구워내는 온도가 너무 높으면 죽력이 나오기도 전에 대나무가 타버리게 될 것이고, 온도가 너무 낮거나 시간이 짧으면 제대로 된 즙액이 유출되지 않기 때문이다. 전통적으로는 2척(尺), 즉 60센티미터 정도로 자른 신선한 대나무를 두 쪽으로 쪼갠 뒤 우물물에 하룻밤 담가두었다가 센 불로 대나무를 달구면서 양쪽 끝으로 나오는 진액을 그릇에 받아 모은 뒤 이것을 무명천에 걸러서 불순물을 제거하는 과정으로 제조했다. 이것이 《동의보감》 속에 적힌 방법이다.

또는 어리고 신선한 대나무들을 항아리에 가득 넣고, 입구를 아래쪽으로 향하게 하여 항아리 아랫부분과 주위를 톱밥과 장작으로 단단하게 싼 다음 불을 붙여 연소시키는 방법으로 흘러내리는 즙을 모으는 방법도 있다. 이 또한 간단한 방법은 아니다. 지금과 같은 현대적인 설비가 없던 시기에 죽력을 만들기 위해서는, 한 방울 한 방울 떨어지는 대나무 즙액만큼이나 만드는 사람의 땀방울 또한 마른 땅을 적셨을 터다.


## ✛ 죽력 대신 대나무로

사실 조선의 죽력 또는 대나무 등을 요구받은 것은 이번이 처음은 아니었다.

인조 5년(1627년) 12월 1일의 《승정원일기》 기록에 의하면, 당시 조선 평안도 지역에 진을 치고 있었던 명나라 말기 장수 모도독이 20개의 죽력을 요구했다. 이것은 당시 혜민서에서 1년 동안 거두어들이는 것보다 더 많은 양이었기 때문에 준비하는 일이 쉽지 않았다. 명과 청 사이에서 조선을 불편하게 했던 모도독의 존재만큼이나 그가 요구한 20개의 죽력 또한 혜민서에서는 매우 불편한 요구사항이었던 것이다.

청나라 심양에는 죽력을 직접 보내기보다 죽력을 채취할 '청죽(靑竹)'을 보내는 경우가 더 많았는데, 이것은 심양관의 왕세자나 빈궁이 사용하는 것보다 청나라 황실에서 필요로 하는 경우가 더 많았던 것으로 보인다. 청국에 수송할 청죽을 마련하고, 보내는 일에 관련한 기록은《승정원일기》에만 30회 가까이 언급되는데 대부분 인조 때에 있었던 일이었다.

"심양에 먼저 운반해 들여보낼 죽력 채취용 청죽을 호남에서 올려 보내도록 하였는데, 방금 얘기를 들어보니 저들이 비할 바 없이 다급하게 죽력을 요구하고 있다고 합니다. 기한이 지금 차츰 다가오는데, 호남의 청죽이 때맞춰 오지 못할까 걱정됩니다. 의주에 나와 있던 군관들 중에 이달에 돌아가는 자가 있으니, 수송해 가게 하는 것이 어떻겠습니까?"

"방금 통사가 이르기를 '황제의 약으로 쓸 청죽을 급히 수송해 오십시오.'라고 하였습니다. 이 청죽을 남방에서 가져오려면 날짜가 점점 지연되어 절대 기일 안에 들여보낼 수가 없으니, 내의원에 저장해둔 청죽을 급히 수송한 뒤, 양남에서 올라오는 청죽으로 내국의 것을 채우면 어떻겠습니까?"

특히 중풍, 고열, 고혈압 등 시일을 다투는 증세에 죽력이 처방되면서, 신선한 상태로 죽력을 바로 제조해 쓸 수 있는 대나무의 수요가 급증하게 되었고, 조선 대나무에 맞는 제조 기술 또한 전해졌을 것으로 추측할 수 있다.

## ❖ 죽력을 둘러싼 억울한 사연들

인조 19년(1641년) 10월 17일의 일이었다.

　청나라에서 또다시 청죽과 생강을 서둘러 들여보내라는 요구가 있던 터다. 비변사에서는 당일 저녁에 출발할 수 있도록 이미 준비해놓은 상태였지만 이를 거느리고 갈 군인들이 비를 맞고 달려온 탓에 비에 젖은 옷으로 먼 길을 떠날 수는 없는 상황이었다. 하는 수 없이 출발을 하루 물리고, 내일 새벽 궐문이 열리기를 기다려 출발하기로 하였다. 하지만 문제는 이틀이 지나고서 일어났다.

> "그저께 생강과 청죽을 마련하였으나 금군에서 출발을 뒤로 물리도록 요청한 내용을 이미 다 아뢰었습니다. 그런데 그날 밤 본사의 실무담당인 신근이라는 사람이 어수룩하게 잘 살피지 못하고서, 금군은 현재 대령하고 있다고 답변하였습니다. 이 때문에 마치 물품을 미처 마련하지 못하여 출발하지 못하고 있는 것처럼 되어 승정원에서 해당 관청을 추고할 것을 청하는 일까지 있었습니다. 무엇보다 중대한 일을 이렇게 잘못 대답하였으니 태만하고 동서를 구분하지 못하는 것이 심합니다. 신근을 파면하고 쫓아내도록 하겠습니다."

　이 사건은 어수룩한 답변으로 관직을 박탈당한 신근의 억울함, 청죽과 생강을 미리 다 준비해놓고도 출발이 지연된 누명을 쓴 비변사의 억울함이 뒤섞여 있는 사건이다. 하지만 그 당시 청국에 보낼 양질의 대나무를 준비하기가 얼마나 어려웠으며, 이를 위해 동분서주했던 다양한 기록들을 감안해보면 비변사의 억울함도 어느 정도는

**전라남도 담양군 죽녹원(竹錄原)(조가영 제공)**
전라남도 담양에 있는 대나무숲 사진. 약으로 쓰는 죽력을 만드는 청죽은 주로 양남(兩南). 즉 호남과 영
남지방에서 채취되어 봉진되었다. 인조 13년(1635년) 1월 3일의 《승정원일기》 기록에 전라도 담양에
서 봉진한 정월령 청죽이 가늘고 작아 3개를 2개로 간주하기로 했다는 기록이 있을 만큼 청죽의 크기와
굵기, 색깔 등의 신선함을 엄격히 관리했음을 알 수 있다.


이해할 만하다.

　그간의 《승정원일기》의 기록을 보면, 청죽의 수배가 원활하지 않아
서, 가늘거나 색이 바랜 품질이 떨어지는 청죽을 바쳐서, 혹은 청죽
이 신선도가 떨어져 죽력이 충분히 나오지 않아 추고를 당한 이가 한
둘이 아니었다.

　사실 죽력의 력(瀝)은 '물방울이 뚝뚝 떨어진다'는 뜻으로, 죽력이
대나무에서 물방울처럼 하나하나 떨어지는 모습을 담고 있다. 조선
의 왕실뿐만 아니라 청국의 황제, 반역자로 일컬어지는 정명수에 이
르기까지 권세를 가진 많은 이들이 탐했던 조선의 죽력.

하지만 가장 억울했던 사람은 신근도, 비변사도 아닌 온 산의 청죽을 찾아 베고 죽력을 만들기 위해 땀 흘려야 했던 이름 없는 백성들이 아니었을까? 혼란의 시기에 이들의 욕심을 채우기 위해 수고하고 고군분투해야 했던 백성들의 땀과 눈물도 죽력처럼 하나하나 방울져 떨어지지 않았을까?

● **참고문헌**

《승정원일기》
《조선왕조실록》
허준, 《동의보감》, 법인문화사, 1999
김남윤, 《병자호란 직후(1637~1644) 朝淸 관계에서 '淸譯'의 존재》, 한국문화 제40집, 2007.
한국역대인물 종합정보시스템(https://people.aks.ac.kr)

四
조선 왕실
사람들이
향유한
의료문화

· 박주영 ·

# 28
# 죽 쒀서 왕 준다
## _타락죽, 녹두죽, 의이죽

내의원에서 말하길,
"수일 내로 우유를 진상해야 되는데 연달아 소들이 죽고 있습니다.
다른 소들로 대체한다 하더라도 전염될 우려가 있으니 우역(牛疫)이
잠시 멈출 때까지 타락죽 진상을 중지하는 것이 어떠하겠습니까?"
라고 하였다.

《승정원일기》 숙종 9년 1월 9일

## ❖ 죽, 조선 임금들의 영양 간식

쌀쌀한 공기 속 별들이 조용히 반짝인다. 정적인 밤에 고단한 몸과 온 정신을 맡긴 채 깊은 잠에 취한다. 방문 너머 상선의 쉰 목소리는 이 평화로움을 깨우는 방해꾼이었다.

"전하, 묘시(卯時, 새벽 5~7시)입니다. 내의원에서 따뜻한 타락죽을 올렸사옵니다."

어젯밤 밀린 공부를 하느라 늦게 잠을 청하여 마냥 피곤하다. 졸린 눈을 비비며 일어나니 상궁들이 죽을 내온다.

'이 귀한 타락죽이 나온 걸 보니 이제 곧 겨울이 오겠구나.'

대왕대비전과 대비전께 문안인사를 올리고 한숨 돌릴 새 없이 아침 조례(朝禮, 회의)에 참석한다. 조례를 마치고 조선에서 유학으로 한 가닥 한다는 학자 대여섯 명과《자치통감(資治通鑑)》을 따라 읽고 경연(經筵, 토론)을 진행한다.

"전하, 수라간에서 아침 수라를 대령하였사옵니다."

머리가 아파오던 찰나 반가운 소리다. 하던 공부를 잠시 중단하고 12첩 반상을 받는다.

'가만 보자. 생선구이, 장조림, 장아찌, 젓갈, 나물, 수란에 내가 좋아하는 편육과 회까지 있구나.'

기미상궁이 기미를 먼저 하고 수라상궁에게 건네주면 수라상궁이 시중을 든다. 든든하게 한 끼를 먹고 편전에 나가 보니 도승지가 기다린다. 도승지를 통해 늘 하루에 처리해야 할 업무를 보고 받는다.

"전하, 생물방에서 기력 회복을 위해 인삼차를 올렸사옵니다."

따뜻한 인삼차를 한 잔 마시니 개운하다.

오시(午時, 오전 11시~오후 1시)가 되니 국수를 말아준다. 간단한 점심으로 출출함을 달랜 후 학자들과 경연을 재개한다. 이번에 참판 후보로 거론되는 최모 씨에 대한 평가 및 험담은 덤이다.

"전하, 생물방에서 옥체가 상하실까 염려되어 두죽(豆粥)을 진상하였사옵니다."

따끈한 콩죽을 먹으며 잠깐의 휴식을 취한다. 전국에서 올라온 상소문을 검토하고 도승지에게 일처리를 지시한다. 평소보다 업무가 일찍 마무리되어 남은 시간동안 활쏘기로 체력 단련을 한다. 야간 경비를 서는 관원들의 인적사항을 보고 받고 오늘의 암호를 정해준다.

유시(酉時, 오후 5시~7시)가 되자 수라간에서 상다리 휘어지게 저녁 수라를 올린다. 반주로 좋아하는 술을 한 잔 곁들여 피로함을 달랜다. 술상을 무르고 남은 업무를 마무리한 후, 부랴부랴 대왕대비전과 대비전께 저녁 문안인사를 올리고 내일 경연에서 읽을 분량을 마저 읽는다.

"전하, 생물방에서 야참으로 약식을 올렸사옵니다."

'오늘 약식은 달달하니 참 맛나다. 쌀쌀해진 날씨 탓인가 더욱 고단하구나.'

해시(亥時, 밤 9시~11시)가 되어서야 지친 몸을 뉘였다.

명절을 쇠거나 장례를 치를 때를 제외하고는 쉬지 못하고 반복되는 일상.

이렇듯 조선의 임금들은 보통 아침, 저녁을 거하게 먹고 점심은 간단히 먹었으며 매일 3~4회 정도 생물방에서 만든 간식을 먹어 영양분을 보충하였다. 질병에 걸리거나 입맛이 없어 수라를 먹지 못한다면, 죽, 떡, 정과, 차, 화채 등을 챙겨 먹었다.

특히, 죽은 허약해진 옥체가 상하지 않도록 도와주는 보양 간식으로 제격이었으니, 어의들과 상궁들은 임금의 체질을 미리 파악해서 죽을 대령해야 했다. 평소 몸이 찬 임금에게 찬 성질의 죽을 줬다가 복통, 설사가 발생하거나 몸이 열한 임금에게 뜨거운 성질의 죽을 줬다가 두통이 발생하기라도 한다면 호되게 문책을 당하기 십상이었다.

《승정원일기》에는 탕약뿐만이 아니라 음식물의 섭취 전후 나타나는 증상의 변화도 기록되어 있어 식품영양학적으로도 큰 의미가 있는 기록 유산이다. 《승정원일기》에서 '죽'이라는 키워드로 검색해보면, 타락죽(우유죽)이 287건, 녹두죽이 168건, 의이죽(율무죽)이 29건 순으로 가장 많이 나타난다.

그럼, 왕들이 가장 사랑했던 세 가지 죽, 타락죽, 녹두죽, 의이죽에 대해 좀더 자세히 알아보자.

## ❖ 타락죽, 내의원에서 직접 대령한 귀한 약선(藥膳)

타락죽(駝酪粥)은 우유를 쌀과 함께 끓여 만든 죽이다. 성질이 약간 차며 겨울철 허약해진 원기를 돕고 비위를 조화롭게 해준다.

소와 말을 키우는 목장을 관리하는 왕실 기관이었던 사복시(司僕寺)에서는 날이 쌀쌀해지는 음력 10월 1일부터 소의 젖을 짜서 타락죽을 쑤어 그 다음해 정월까지 임금에게 진상하였다. 당시는 소젖의 생산량이 극히 적었기에, 짠 우유를 그대로 마시지 못하고 쌀과 함께 끓여 죽의 형태로 만드는 방법으로 양을 늘려서 섭취하였다. 임금은 타락죽 중 일부를 아끼는 측근들에게만 나누어주었기 때문에, 양반이라 하더라도 우유를 쉽게 맛볼 수는 없었다.

보통 임금의 수라는 수라간에서, 간식은 생물방에서 담당하는 것이 원칙이었다. 그러나 타락죽을 쑤는 과정은 내의원 소속 어의가 특별히 관장하였다. 왕실 의료를 담당하던 내의원에서 타락죽을 직접 관리할 정도였으니, 우리 선조들은 타락죽을 단순한 음식이 아닌 약으로 여긴 것이 아닐까?

그렇다면, 타락죽을 좋아하여 자주 찾았던 조선의 임금은 과연 누구였을까? 바로 19대 임금 숙종과 21대 임금 영조이다. 두 임금은 타락죽을 즐겨 먹기도 했지만, 우유를 생산하는 젖소의 생명 또한 긍휼히 여겼다.

숙종은 친어머니인 명성왕후의 성격을 닮아서 성격이 불같고 다혈질이었다. 20대부터 화병을 앓았고 중년 이후 창(瘡, 부스럼)과 간병(肝病)으로 고통 받았다. 《승정원일기》를 보면, 부스럼이 심한 곳에 고약을 바르고 아침 기상 후 타락죽을 먹는 치료를 받았으며, 병이 깊어졌을 때는 구역감이 심해져 음식을 넘기지 못하는 상황이 되자 타락죽만 조금씩 자주 먹었던 것을 알 수 있다.

숙종 대에는 유난히 우역(牛疫, 구제역)이 성행했던 시기였다. 숙종 8년(1682년) 1월 전라도 지역에서 소 1,500여 마리가 우역으로 죽었기 때문에, 같은 해 9월 25일 우역의 상황을 관찰하면

**타락죽(박주영 제공)**
쌀을 불린 후 곱게 갈아 체에 밭쳐 물을 붓고 끓이다가 죽이 퍼질 때쯤 우유를 넣어 풀어준 후 소금, 설탕 간을 한다.

서 타락죽을 봉진하기로 하였다. 타락죽을 좋아하였던 숙종이었지만 숙종 9년 1월 9일과 숙종 11년 2월 15일에는 우역이 가라앉을 때까지 타락죽의 봉진을 잠시 정지하라는 어명을 내렸다.

"소화가 매우 안 되는구나. 음식을 먹지 않았는데도 아랫배가 더부룩하고 이상하게 대변을 보는 횟수가 상당히 잦다."

성격이 예민하고 까다로워 살이 찌지 않는 스타일이었던 영조는 소화기계의 불편함을 자주 호소하였다. "소화가 안 되니 고기류를 올리지 말라. 잡곡밥에 담백한 음식이 좋구나.", "가뭄이 들었으니 간장만으로 식사하겠다."라고 말하며, 신하들과 회의를 하다가도 식사시간이 되면 회의를 멈추고 밥부터 꼬박꼬박 챙겨먹었다. 또한, 소화가 잘 된다며 따뜻하게 데운 타락죽을 사랑하였다. 소식하는 규칙적인 식습관에 타락죽을 장복한 덕분일까? 영조는 53년간 재위하였고, 82세의 나이로 승하하였으며, 역대 조선 임금들보다 두 배 정도로 장수

하였다.

'영조실록' 영조 46년(1770년) 1월 25일 기사를 보면, 영조가 대신들에게, "나라는 백성을 의지하고 백성은 농부에게 의지하는데 농사에 가장 긴요한 것은 소이다. 소는 사람을 위해 일생동안 노동하였음에도 사람이 그 노고를 알아주지 않고 도살하니 이것이 과연 인술인가?"라고 하며 그토록 좋아하였던 타락죽의 진상을 멈추도록 하였다. 영조는 이복형 경종이 임금으로 즉위한 이후 잠시 궁궐에서 나와 사가에 살았기 때문에 서민의 삶을 이해할 줄 알았고, 절약정신과 검소함이 몸에 배인 군주가 될 수 있었다.


#### ✢ 녹두죽, 조선의 해열제이자 진통제

녹두는 《동의보감》에 '성질이 차고 맛이 달며 독이 없다. 약물에 중독된 것을 해독시켜주고 열을 내리고 부은 것을 가라앉히며 당뇨를 멎게 해준다.'고 적혀 있다. 해열제나 진통제가 없었던 조선시대에 선조들은 녹두와 쌀을 함께 끓여 만든 녹두죽을 약으로 활용하였다.

인조 14년(1636년) 12월 친명배금 정책에 반감을 가진 청나라가 조선을 침입하여 병자호란을 일으켰다. 인조는 방어 준비를 제대로 갖추지 못한 채 남한산성으로 급히 피난을 갔다. 하필 한겨울에 눈길이 얼어 다른 곳으로 대피하지 못한 인조는 발만 동동 굴렀다. 부상을 당해 피를 흘리는 성 위의 병사들은 술을 달라 아우성이었다. 인조 14년 12월 25일 충신 허계는 "아직 전쟁이 끝나지 않았습니다. 술 대신 녹두죽을 쑤어 나누어주는 것이 어떻겠습니까?"라며 전쟁 속에서도 녹두죽을 준비하였다.

영조는 이복형인 경종을 독살하고 보위에 올랐다는 의심을 받았기 때문에 재위 기간 내내 누군가 자신을 해하지 않을까 전전긍긍하였다. 즉위 6년 만에 그가 우려하던 일이 실제로 일어났다. 영조 6년(1730년) 4월 15일 강도가 궁궐의 담벽을 넘어 무언가를 훔치려 했던 절

**녹두죽**(박주영 제공)
녹두를 끓여 체에 밭쳐 녹두 껍질을 제거한 후 불린 쌀과 함께 끓인 후 소금 간을 한다.

도 미수 사건이 발생한다. 범인을 붙잡아 심문한 결과, 궁궐 내 화약을 훔쳐 방화를 저지르고 영조를 암살하려는 의도로 벌인 사건이라는 점이 발각되어 최필웅, 정수명, 이태건 등이 참수 당하였다.

가뜩이나 까다롭고 예민한 성정을 가진 영조는 이 사건 이후 심장이 두근두근 거리고 놀란 마음이 진정이 되지 않았다. 며칠 째 입맛이 싹 사라져 끼니를 챙기지 못하였다. 이에 신하들이 녹두죽을 복용하길 권하게 된다.

녹두죽은 조선의 아이들도 자못 좋아하던 죽이다. 숙종 19년(1693년) 2월 1일 당시 세자였던 경종의 좌측 턱과 뺨이 붓기 시작하였다.

"머리가 아프다. 열이 나며 구역질이 난다. 음식을 씹으려고 하니 턱이 아파 씹을 수가 없다."

이는 현대의 유행성 이하선염으로 보이며, 어의들은 밥을 먹지 못하는 세자에게 녹두죽을 권하였다.

고종 22년(1885년) 1월 23일 세자였던 순종이 홍역에 걸려 콧물, 발열, 기침, 발진 증세가 나타났다. 의관들은 재빠르게 진맥을 하고 녹두죽을 쑤어 올렸다.

녹두죽은 장례를 치르는 동안 유가족들도 복용하였다. 장례식에서 녹두죽을 먹는 것은 과연 어떤 의미일까? 녹두의 청색은 오행(五行)에서 동쪽에 해당되며, 생명의 탄생과 창조의 의미를 지닌다. 귀신과 죽음을 물리치고 복을 부르는 의미를 가지므로 선조들은 상을 당했을 때 녹두죽을 먹었다.

왕실에서 임금이 승하하면 왕대비, 대비, 중전, 세자, 세자빈 등은 식음을 전폐하였고, 몸과 마음이 많이 상한 유가족들을 위해 신하들은 식사 대신 녹두죽을 권하였다.


## ❖ 의이죽(율무죽), 자연에서 얻은 이뇨제

율무의 한약재명은 의이인(薏苡仁)으로, 그 성질은 차다. 율무는 소변을 통해 몸의 붓기를 빼주며 기혈(氣血) 순환이 잘 되도록 해주고 포만감을 느낄 수 있도록 해준다. 《승정원일기》에는 율무죽이 '의이죽'으로 기재되어 있다. 총 29건이 기록되어 있는데 28건이 인현왕후 대, 1건이 영조 대에서 보인다. 율무죽은 인현왕후가 가장 즐겨 먹은 죽이라는 점을 알 수 있다.

숙종의 원비 인경왕후가 스무 살의 나이로 사망하고, 다음 중전으로 인현왕후 민씨가 책봉되었지만 안타깝게도 자식을 낳지 못한다. 설상가상으로 남인 세력의 후원을 입은 장희빈이 숙종의 사랑을 한몸에 받으며 숙종 14년(1688년) 아들 윤(훗날 경종)을 낳는다. 서인 은 윤의 세자 책봉을 반대하 다가 기사환국으로 몰락, 인 현왕후는 폐위되고 장희빈 이 중전의 자리에 오른다.

폐비 민씨는 물질적 지원 을 제대로 받지 못하여 제대 로 먹지 못하고 입지 못하는 피폐한 생활을 약 5년간 이

**의이죽(박주영 제공)**
율무를 곱게 갈아 멥쌀과 같이 죽을 끓인 후 꿀을 조금 넣는다.

어간다. 숙종 19년(1693년) 무수리 출신 최씨가 숙종의 아들을 임신하 자(훗날 영조) 장씨를 향한 숙종의 마음이 시들해지고, 다음해 갑술환 국으로 서인이 재집권하면서 인현왕후가 중전으로 복위된다.

왕비로 복위되면서 인현왕후에게 맺힌 한은 풀어줄 수 있었겠지 만, 사가에서 고생을 많이 하였던 그녀의 엉덩이 부위에 악성 종기가 생기기 시작하였다. 침으로 종기의 고름을 째고 제거하는 치료를 받 았지만 깊숙한 곳에 있던 고름을 완전히 제거하지 못하였고, 그 후유 증으로 복통, 구토, 설사 증세가 나타났다. 위장에서 먹은 음식을 받 아들이지 못하고 구토를 하자 어의들은 타락죽과 녹두죽을 권하였 다. 가슴이 답답해지는 증세까지 생기자 의이죽을 권하였다. 호흡곤 란으로 사망하기 전까지 그녀는 여러 종류의 죽을 조금씩 자주 꾸준 히 먹었다.

영조 대에는 고작 1건의 의이죽에 관한 기록이 남아있는데 과연 무 엇일까?

그것은 바로 "의이죽은 올리지 말라."는 어명이었다. 영조는 성질이 따뜻한 타락죽은 아주 좋아하였지만, 성질이 찬 율무죽은 본인한테 맞지 않는다는 것을 잘 알고 있었다. 율무는 열을 내리고 몸의 붓기나 정체되어 있는 수분을 배출시키는 효능을 가지고 있기 때문에 영조가 먹으면 설사를 했던 것이 아닐까.


## ✛ 약과 음식은 그 근원이 같다

'약식동원(藥食同源)'은 '약과 음식은 그 근원이 같다'는 말이다.

선조들은 침을 맞을 때나 질병으로부터 회복할 때 죽을 먹었으며, 목숨이 경각에 달린 위태로운 상황에서 죽 몇 모금을 겨우 넘기면서 생명을 연장하였다. 위장이 상하여 한약이나 음식을 먹으면 구토하는 경우 각자의 기호와 체질에 맞는 죽으로 약을 대신하였다. 타락죽은 내의원에서 담당하였을 정도로 약과 동일시하여 귀하게 여겼다는 점이 특기할 만하다. 장례식에서 유가족들이 끼니를 먹지 못할 때 귀신을 쫓고 복을 부르기 위해서 특별히 녹두죽을 먹었다.

죽은 성질에 따라 그 효능이 달라진다. 현대의 합성 의약품이 없었던 당시, 친자연적으로 질병을 예방하고 치료하였던 선조들의 지혜가 담긴 음식 유산이 바로 죽이라 할 수 있다.

조선 백성들은 평생 우유를 맛볼 기회조차 없었지만, 이에 비해 요즘의 현대인들은 소화불량, 급체, 식도염 등 과잉으로 먹어서 생기는 질환을 많이 가지고 있다. 비만, 고혈압, 고지혈증, 당뇨 등으로 양약을 달고 사는 경우도 많다. 기름기 많은 음식, 인스턴트, 밀가루로 만든 면과 빵을 많이 먹고 야식과 군것질을 즐기다 보니 체지방은 점차 쌓이고 운동은 하지 않아 근육량이 점차 감소하며 체중이 늘어난다. 심혈관 질환, 지방간, 간경화 등으로 고생할 수 있으니 미리 예방하기 위해서는 식습관 교정이 필수적이다.

조선 임금 중에서 가장 좋은 식습관을 가진 임금은 바로 영조였다. 정해진 식사시간에 맞춰서 식사를 하고 육류를 많이 먹지 않으며 체질에 맞는 타락죽을 장복하고 담백한 음식으로 소식을 하였던 것이 영조의 장수 비법이었다. 야근을 하거나 주말에 밀린 늦잠을 자다가 식사를 제때 하지 못하고 운동을 못하는 우리 현대인들이 충분히 본받을 만하다.

마지막으로,《승정원일기》를 보면 세자들이 아플 때 탕약 대신 녹두죽을 먹여 열을 내리고 통증을 가라앉혔다는 것을 알 수 있다. 우리 아이가 아파 식사를 제때 하지 못할 때, 녹두죽 한 그릇 쑤어 주는 것은 어떨까?

● **참고문헌**

《승정원일기》
《조선왕조실록》'영조실록'
방성혜, 차웅석, 〈인현왕후의 발병에서 사망까지 '승정원일기'의 기록 연구〉, 한국한의학연구원논문집, 2012;18(1).
박주영, 이향영, 이진철, 안상우, 〈'승정원일기'에 기록된 녹두죽 활용에 대한 고찰〉, 한국식생활문화학회지, 2016;31(6).

# 29
# 왕실의 티 테라피
_ 인삼차, 송절차, 마통차

민진원이 말하기를,
"옥색을 살펴보니 붉게 상기된 기운이 있으니 이는 화(火)가 있음이
분명합니다. 다음(茶飮)을 자주 올리는데 혹 갈증이 있어서 그러한
것입니까? 다음은 의관에게 물어 의논하여 병에 마땅하고 맛이 좋은
것을 선택하여 올리는 것이 좋겠습니다."
라고 하였다.

《승정원일기》 영조 원년 1월 26일

## ✣ 왕실에서 가장 사랑받았던 인삼차

병약하여 여기저기 아픈 곳이 많았던 현종은 특히 종기로 고생한 왕이다. 현종의 종기는 얼굴에 나서 없어졌다 싶어 한숨 돌리고 나니, 이번에는 넓적다리에 생기는 식이었다. 현종 10년(1669년)에 이르러서 턱 아래에 또다시 종기가 생겼다. 이번에는 매우 심해서 침으로 종기를 터뜨리자 한 되, 즉 1.8리터 정도의 농이 나왔을 지경이었다. 의관들은 농이 잡히는 종기를 치료하기 위해서 기를 보하고 열을 내리는 치료법을 사용하였다. 이와 동시에 11월부터 해가 바뀌도록 계속해서 인삼차를 마시게 하였다. 이후에도 종기가 계속되자, 농을 없애는 데 효과가 있는 황기를 함께 넣어서 달인 황기인삼차로 바꾸어 지속적으로 마시게 하였다.

인조 3년(1625년) 2월 16일 《승정원일기》에는 다음과 같은 기록이 나온다.

"모든 약재 가운데 가장 많이 쓰이기로는 인삼이 거의 진피, 감초와 차이가 없습니다. 전부터 매번 부족한 것을 근심하여 관청에서 값을 지급하고 무역하여 근근이 잇대어 써왔습니다. 그런데 근년 이후로 공물의 수량이 반 이상이나 줄어 현재 있는 것이 부족하니, 매우 염려됩니다."

그만큼 왕실의 인삼 사용량이 많았다는 이야기인데, 이는 인삼차의 복용이 큰 일조를 한 것이 분명하다. 왕실에서 많은 사랑을 받은 차 중 하나를 꼽으라면 바로 인삼차이다. 인삼 한 가지로 달인 차도 있었지만, 황기, 복령, 귤피 등의 다른 약재와 인삼을 함께 달여 마시는 경우도 흔하게 볼 수 있었다.

'인삼'이라고 하면, 흔히 허약한 사람들에게 기운을 북돋아주는 것으로 알려져 있다. 실제로 숙종은 '몸이 노곤하게 피로하면서 열이 나는 것 같고, 배가 불러 그득하며 가슴이 답답한 느낌'에 인삼차를 오랫동안 마셔왔다. 그뿐 아니라, 특별히 불편한 증상이 없더라도 피곤

**인삼차(황지혜 제공)**
인삼으로 차를 끓이면 인삼의 유효 성분이 추출되므로 건강 차로 좋다. 인삼차는 피로회복과 스트레스 해소에 좋으며, 눈이 맑아지고 집중력, 분별력 등 뇌기능이 활발해진다.

한 경우에 혹은 날씨가 좋지 않은 날에도 인삼차를 마시는 모습을 볼 수 있다. 왕과 왕비, 세자에 이르기까지 왕실 가족 누구나 시시때때로 인삼이 들어간 차를 마셨으니, 인삼이 부족하다는 이야기가 나올 만도 했겠다.


## ∹ 영조가 싫어했던 송절차와 마통차


영조 42년(1766년) 임금은 다리에 힘이 없어 제대로 걷지 못하고 있었다. 임금의 병은 각기병이었다. 내의원에서는 각기병을 치료하기 위해 탕약을 정성스레 올렸고 또 한 가지 특별한 처방을 올렸다. 바로 송절차였다. 하지만 어의가 올린 송절차를 맛본 영조는 바로 인상을 찌푸렸다.

"무슨 차가 이리도 맛이 없단 말인가!"

임금이 투덜거리자 어의는 내심 당황했다. 하지만 주변의 신하들은 어찌 몸에 좋은 차를 드시면서 맛이 나쁘다고 타박하시냐며 꾹 참고 드시라고 권하였다. 이렇게 어의와 신하들의 강요에 못 이겨 오랜 기간 송절차를 마시게 되었다.

영조 45년(1769년)에는 금주령과 함께, 송절차도 함께 중단시켜버렸다. 소나무 가지 마디부분과 오가피 등으로 술을 담가 만드는 송절차는 실제 술이기도 했지만, 사실은 맛없는 송절차를 마시기 싫은 영조의 마음이 반영된 결과였을지도 모른다.

영조가 마시기 싫어한 차는 또 있었다. 영조 원년(1725년), 찌는 듯한 무더위를 견디고 왕위에 오른 영조는 복통을 동반한 설사와 기침, 콧물 등의 감기로 고생하고 있었다. 더위를 피하려고 생각 없이 마신 찬 음료와 과일 때문이었다. 어의는 따뜻하게 하여 한기를 흩뜨리고, 내부를 보호해주는 치료법으로 삼소음(蔘蘇飲)과 곽향정기산(藿香正氣散) 등의 탕약을 올렸는데, 이와 함께 마통차를 권하였다. 그 이후에도 음력 5월경에 올 여름의 무더위를 잘 견딜 수 있도록 해준다는 의미로 임금에게 많이 진상되었다.

"전하, 올 여름 무더위를 견디시려면 이 마통차를 드시는 것이 좋습니다. 어서 드시옵소서."

"마시기 싫으니, 어서 치워라."

음력 섣달에 나온 말의 똥을 건조시킨 것으로 만든 차가 마통차임을 안다면, 마통차 마시기를 싫어하는 영조의 마음을 알 것도 같다. 더구나 마통차에는 호초라는 약재가 들어가 매운 맛이 강해, 맛도 좋지 않았다. 하지만 처음에는 마시기 꺼려하던 임금도 나중에는 그 효능에 탄복하여 매일 마셨다고 한다.

세상에서 가장 좋은 것만 먹어야 할 왕이 어떻게 말의 똥을 먹을 수 있냐고 생각할 수 있겠다. 하지만 건초만 먹는 말은 그 똥에 식이섬유가 매우 풍부하다고 하니, 사실 기름진 음식 섭취가 많고 운동이 부족한 왕들에게 딱 맞는 차였다.

#### ✛ 다양한 왕실의 차

왕실에서 차를 처방하는 가장 흔한 증상은 갈증이었다. 대신들은 왕이 차를 마신다고 하면, 으레 갈증이 생기지 않았나 하고 짐작하기도 했다. 현대의 당뇨와 유사한 소갈(消渴)의 흔한 증상이 갈증이다.

조선시대 많은 왕들이 소갈병을 앓았기 때문에, 갈증을 그냥 넘기지 않고 세심한 관리가 필요한 증상으로 생각하였다. 그래서 갈증을 호소하는 왕에게 탕약보다는 편하게 마실 수 있고, 물보다는 더 근본적으로 갈증을 치료할 수 있는 차를 처방하였다. 그 중 하나가 오미자차이다.

오미자차는 별다른 증상이 없어도 평소에 마실 수 있는 차였다. 인조 11년(1633년)에는 '별다른 증상은 없으나, 노쇠가 심하여 정신이 맑지 않고 속에서 열이 나며 갈증이 시시 때때로 있을 때' 오미자차를 연속해서 올린 기록이 있다. 영조의 경우에는 신하들이 음주를 자주 하는 것을 걱정하자, "오미자차를 마시고 있다."는 대답을 한 적도 있었다.

왕실에서 마시는 차의 종류는 매우 다양해서 《승정원일기》를 통해 지금까지 연구된 것만 해도 거의 145종에 이른다. 《승정원일기》에서

**오미자차(황지혜 제공)**
차갑게 우려내어 여름에 마시면 좋은 오미자차는 갈증 해소 및 식전 입맛을 돋우는 효과가 있다.

가장 많이 등장하는 차는 금은화차이다. 열이 나거나 갈증이 있는 증상에 열을 내리는 효능이 있는 금은화차가 사용되었다. 귤피와 건강으로 달인 귤강차, 행인과 길경 등으로 달인 행길차, 씨앗 성분의 호도차 등은 기침 증상에 사용되었다. 체한 증상에 신곡차, 산사차 등을 사용하고, 복통이나 설사에는 두시차 등을 이용하였다. 잇몸이 부으면서 치통이 있는 경우에 세신차를 마셔 효과를 보거나, 계속해서 땀을 흘리는 증상이 있을 때 땀을 막아주는 효능의 부소맥차를 마셨다. 이렇게 한번쯤 흔하게 앓고 넘어가는 증상에 대해서 다양하고 많은 차들이 적절하게 응용되어 왕실 사람들의 건강을 챙겼다.

## ❖ 왕실의 차는 의사가 처방하는 약이다

조선시대 절대 권력을 가진 왕은 무엇이든 마음대로 했을 것 같지만, 사실은 차 한 잔도 마음대로 마실 수 없는 자리였다. 왕의 건강이 곧 국가 그 자체이고, 때문에 왕의 일거수일투족이 관심의 대상이었다.

영조 원년(1725년)에 차를 자주 마시는 영조의 모습을 본 신하는 차를 자주 마시는 이유를 묻는다. 영조는 "차는 매번 봄에 갈증이 날 때만 마실 뿐이다. 많이 마시지는 않는다."며 애써 변명하는데, 차를 너무 자주 마셔도 좋을 것이 없다는 신하의 말에는 대답을 하지 않는다. 영조는 "차를 마시려면, 의관에게 물어 병에 맞고, 맛도 좋은 차를 선택하여 마셔야 한다."는 충고를 듣게 된다.

이쯤 되면, 왕실에서 마시던 차가 오늘날 우리가 쉽게 접하는 기호식품의 '차'가 아니라는 것을 알 수 있다. 왕실의 '차'는 의사가 처방하는 '약'이었다. 종기를 치료하면서 마신 인삼차처럼 보조적인 치료약으로 사용되기도 하였다. 혹은 목마를 때 마신 오미자차처럼 탕약을 처방할 만큼 심하지 않은 가벼운 질환이나 평상시 건강 관리 차원에서 마시기도 하였다. 증상과 목적에 맞는 차를 적당량 마셔야 한다는 생각. 이것이 조선 왕실에서의 차에 대한 생각이었다. 그래서 왕실에서의 차는, 환자의 증상과 상태를 모두 살핀 주치의의 처방전이었다.

왕을 진찰한 의사는 왕의 증상과 상태, 맛에 대한 기호까지 함께 고려하여 차를 정한다. 처방을 정하기 어려운 경우에는 몇 명의 의사들이 모여서 논의한 후에 왕에게 처방을 허락받았다. 왕의 허락을 받는 일은 생각보다 쉽지 않았는데, 의사에 버금가는 의학적인 지식을 자랑하는 왕도 있었고, 까다로운 입맛을 가진 왕의 취향도 맞춰야 했기 때문이다.

탕약이 쓰다는 이유로 차로 대신한 경우도 심심치 않게 볼 수 있다. 아무래도 차는 탕약보다 덜 쓰고 맛도 좋으며, 가볍게 마실 수 있다는 장점이 있었기 때문이다. 그래서 차의 종류를 선택할 때는 맛에 대한 기호도 함께 고려되었다.


## ∴ 증상에 맞게 처방한 왕실의 티 테라피

차 처방은 정해진 것이 아니었다. 증상에 맞게 약재를 더하거나 빼고, 다른 차 처방을 합쳐서 만들기도 하였는데, 이것은 왕실 의원의 일이었다. 담(痰)을 치료하는 데에 효과가 뛰어나 왕실에서 많이 사용되었던 삼귤차(蔘橘茶)를 예로 들어 보자. 구성 약재인 인삼과 귤피의 용량과 비율을 결정하는 일은 매우 중요한 문제였다. 허약한 증상이 더 심한 경우에는 인삼의 양을 늘려 처방하고, 불필요한 노폐물이 많다고 생각되는 경우에는 귤피를 더 첨가하였다. 들어가는 약재가 같다고 같은 처방이 아니라, 약재의 용량까지 고려하는 세심함을 보였다. 증상에 따라 생강, 복령 등의 약재를 더 추가하기도 하였다.

이런 과정을 거쳐, 차가 올려지기 전에 '인삼차는 뜨겁게 복용하는 것과 차갑게 복용하는 것 모두 좋지 않다'는 개별적인 차의 특성에 맞는 세심한 복용법이 전달되었다. 차를 달여 마시고 나면, 증상의 변화나 맛에 대한 평가 등이 이루어졌다.

차 한 잔의 처방을 위해 이것저것 다 신경 쓰고 복잡한 과정을 거쳐야 하는 왕실 의원은 분명 머리 아픈 직업이었을 것이다. 왕실 의원이야 말로 두통과 심신의 이완을 위해 자신에게 맞는 차 한 잔의 여유가 필요한 사람들이 아니었을까?

우리나라의 1인당 연평균 커피 소비량은 약 430잔으로 일주일에 10잔이 넘는 커피를 마신다고 한다. 길거리에 우후죽순처럼 늘어나는 카페 역시, 요즘 우리나라의 커피 사랑을 잘 보여준다.

커피를 마시고 나서 잠이 안 오고, 가슴이 두근거린다고 하는 사람들이 많다. 커피 속 카페인의 각성 작용 때문이다. 커피가 단순한 기호 식품은 아니라는 얘기이다. 어쩌면 현대인들은 쌓여가는 피로를 커피 속 카페인의 힘으로 반짝 힘을 내서 다시 일을 하고 있는지 모른다.

앞에서 조선시대 왕의 입으로 차가 한 모금 넘어가기까지, 어떤 차를 어느 정도 마셔야 하는지를 정하는 왕실 의원의 노력에 대해 언급하였다. 반면에 오늘날 우리는 차의 약리적인 효능은 생각하지 않고 너무 쉽게 차를 마시는 게 아닌지 생각해봐야 한다.

최근 티 테라피(Tea Therapy)가 주목을 받으면서, 단순한 기호식품으로만 인식되던 각종 차들이 질병 치료와 예방적 관점에서 새롭게 부각되고 있다. 잦은 술자리에 항상 피곤한 상태로 갈증과 입마름을 호소하는 요즘 사람들에게 피로를 잠시 잊게 할 뿐인 커피보다는, 오미자차를 추천해본다. 달면서 신맛이 나는 오미자차의 그 독특한 풍미와 맛을 즐기면서 건강도 챙기는 것은 어떨까?

● **참고문헌**

《승정원일기》

김종오, 〈조선시대 약차 연구 – 의학서적과 '승정원일기'를 중심으로〉, 경희대학교 대학원, 2010.

김종오 외 3인, 〈조선의 왕실 차처방의 운용〉, 한국한의학연구원 논문집 15(3), 2009.

# 30
# 바쁜 임금이 즐긴
# 틈새 웰빙 건강법

_온천욕

정오에 임금께서 욕실에 들어가시되 먼저 욕탕 밖에서 머리에 물을
100바가지 부어 감으셨다. 잠시 쉬었다가 다시 100바가지를 끼얹은
후에 미역국을 한 그릇 드셨다. 다시 100바가지를 끼얹고는 잠시 쉬
었다가 다시 100바가지를 끼얹고 미역국을 또 한 그릇 드셨다. 이어
서 욕탕 안으로 들어가시되 배꼽 아래를 잠기게 30분 정도 하셨다.
욕탕 밖으로 나와 다시 100바가지를 머리에 끼얹고는 생맥산(生脈
散) 1첩을 드시고, 마른 의대로 갈아입으신 후에 온천욕을 마쳤다.
집무실로 돌아와 승정원과 여러 관원들의 문안을 받으셨다.

〈승정원일기〉 숙종 43년 3월 19일

## ❖ 서울을 떠나 온양으로 행궁하다

숙종 43년(1717년) 3월 3일, 숙종은 서울을 떠나 3월 8일 온양온천(溫陽溫泉)으로 행궁(行宮)하였다. 《조선왕조실록》에는 온양에 도착한 이튿날에 내일 있을 온천욕의 절차를 논의하였다는 사실만 나오지만, 《승정원일기》에는 그 논의 과정을 자세하게 기록하고 있다.

　서울을 떠나 엿새 만에 온양에 도착하였다. 불편한 몸을 이끌고 쉬엄쉬엄 내려왔지만 역시 힘들었다. 하지만 온천욕을 시작하기 전 숙종의 마음은 기대감으로 차 있었다. 신하를 시켜 선왕이 온천욕을 했던 방법을 잘 알아오도록 했다. 온천욕이 숙종의 고단한 몸에 치유와 휴식을 줄 것만 같았다.

　처음 거둥(擧動, 임금의 행차)을 결정할 때만 해도 걱정이 많았으나 내려오면서 마음만은 이미 평안해졌고, 더욱이 어가를 수행하는 군병들 가운데 한 사람도 쓰러지지 않았다고 하니 더할 나위 없었다. 내일 있을 온천욕의 절차를 논의하는 자리에서 내의원을 총괄하는 도제조 김창집이 숙종의 안위를 거듭 물었다. 숙종은 스스로 불편함을 말하기를 "배가 그득하고 흉격이 답답한 증상은 전보다 줄었다."하였다. 하지만 "지금 땅을 밟아 걷는 것 같지만 부축 받을 때가 많고 스스로 걷는 때가 적으며, 입맛은 점점 좋아지지만 눈병은 마찬가지다."라고 하였다. 다리의 관절통으로 제대로 걷지 못하고 눈병으로 불편함이 이만저만이 아니었다.

온양온천 우물의 상태와 선왕의 온천욕 방법에 대하여 논의하였다. 도제조 김창집은 아침 일찍 탕정(湯井)에 갔다 온 이야기를 하였다. 문을 열자 훈기가 있었고, 욕실에 들어가 앉아서 물에 손을 담그자 땀이 몸을 적셨다고 보고하였다. 또한 온천욕 후에 효과를 볼지 안 볼지 지금은 알 수 없지만 영험한 온천임에 틀림없다고 덧붙여 말하였다. 숙종도 어제 온양에 도착하자마자 설레는 마음으로 탕정에 잠깐 들러본 터였다. 숙종은 온양 온천수에 대체적으로 만족하였고 선왕의 예에 따라 온천욕 하기를 원하였다.

"온수가 매우 뜨거워서 오랫동안 목욕할 수 없다고 들은 적이 있는데, 지금 보니 그 정도는 아닌 듯하다. 내가 근래에 땀이 없었는데 어제 욕실에 들어가서 탕 주변에 앉아서 시간을 보내자 땀이 나왔다. 을사년(현종 6년, 1665년)의 선왕께서 하실 때와 얼마나 다른지 모르겠다. 다만 물에 손을 담그자 처음에는 뜨겁지 않다가 시간이 지나자 점차 뜨거워졌다. 선왕께서 다섯 차례 온천행을 하셨는데 목욕하실 때마다 모두 수건이나 손으로 눈을 가려서 머리를 감은 물이 뒤로 흘러내리게 한 뒤에 눈으로 들어가지 못하도록 하셨다. 어머니 명성왕후께서 목욕하실 때도 이 규정대로 하였는데 세상 사람들 가운데는 이 물로 눈을 씻은 자가 있다고 하나 옳지 않은 듯하다. 선왕께서 목욕하셨을 때의 예대로 하겠다."

다음으로 온천욕 후에 들일 식음에 대하여 의논하였다. 먼저 내의원 부책임자인 제조 민진후가 목욕 후에 차좁쌀미음을 드셔야 하지만 맛이 좋지 못한 듯하니 멥쌀미음을 드시는 것이 좋다고 아뢰었다. 또한 숙종은 목욕 후에 국 같은 것을 먹고자 하니 수라간에 미역국을 준비하라 일렀다. 왕실 인척인 유천군 이정이 나서서 여염집 사람들도 목욕 후에는 반드시 미역국을 먹는다는 말로 미역국이 가장 알맞다고 거들었다. 결국 멥쌀미음과 미역국을 같이 준비하는 것으로 하였다.

숙종의 주치의들이 나서서 임금의 몸 상태를 체크하고 주의사항을 아뢰었다. 의관 유상, 정시제, 권성징이 돌아가며 임금의 맥을 잡고는 평소와 다름없음을 확인하였다. 의관 권성징이 임금의 눈을 진찰하며, 왼쪽 눈의 예막은 여전하고 오른쪽 눈은 이상 없다고 진단하였다. 온천욕에 조예가 깊었던 전담의관 이중번이 임금에게 주의사항을 아뢰었다.

목욕 방법은 먼저 손을 씻고 그 다음 발을 씻은 연후에 머리를 들고 자리에 앉는 게 좋다고 하였다. 머리를 구부리면 열이 오르기 때문이었다. 귓구멍은 솜으로 단단히 막고 눈은 수건으로 가려서 물이 들어가지 않는 것이 좋다 하였다.

마지막으로 제조 민진후가 온천욕의 일정과 수행원의 이름을 한 번 더 말하였다.

"내일이 길일(吉日)이니 사시(巳時, 오전9시~11시)에 목욕하고, 어의 중의 최고 책임자인 수의(首醫)와 전담의 이중번이 함께 입시하도록 하겠다."

이것으로 이날의 회의는 마무리되었다.

현종은 재위기간 동안 모두 다섯 차례 온양으로 온천욕을 다녔다. 현종은 25세부터 29세까지 해마다 한 달여 간의 온천욕으로 피부 질환과 눈병에 상당한 효험을 보았다. 현종 10년(1669년)에 마지막 온천욕에는 왕대비를 모시고 중전인 명성왕후와 함께 다녀왔다. 이렇듯 현종은 재위기간 유난히 온천욕을 즐겼다.

그 이유는 현종 6년(1665년) 처음 온천을 다녀온 후 크게 효험을 보았기 때문이었다. 임금이 눈병이 난 이후로 서책의 글자 획을 거의 구분하지 못하였는데, 온천욕을 하고 나더니 크게 효험을 보아 문서의 작은 글자도 분명하게 볼 수 있었으며 피부병과 종기도 거의 나았다. 이후 매해 온양온천에서 온천욕을 즐겼다.

그에 비해 현종의 아들 숙종은 재위 43년(1717년)에 병이 깊어지고서야 단 한 번 온천욕을 떠날 수 있었다. 숙종은 승하하기 3년 전인 57세에 만성 신부전증의 합병증으로 한쪽 눈이 멀기 시작하였다. 왼쪽 눈동자에 무언가 막이 끼이면서 작은 글자는 보이지 않자 모든 서류를 큰 글자로 써서 올리도록 명하였다. 약재 달인 물로 눈을 씻고 훈증하여도 변화가 없자 아버지 현종이 선호한 온천욕을 하고자 한 것이었다.

숙종이 행했던 온천욕을 살펴보면 선왕의 전례를 많이 따랐다.

온천욕도 온양에 도착하자마자 시작하지 않았다. 미리 대신과 의관들이 둘러보고 임금도 몸소 살펴보기를 마다하지 않았다. 그리고 길일(吉日)을 잡았고 온천수 몇 바가지를 할지 양을 정했고, 목욕의 순서를 정하고 중간에 들일 식음을 정하였다. 물론 함께할 의관을 정

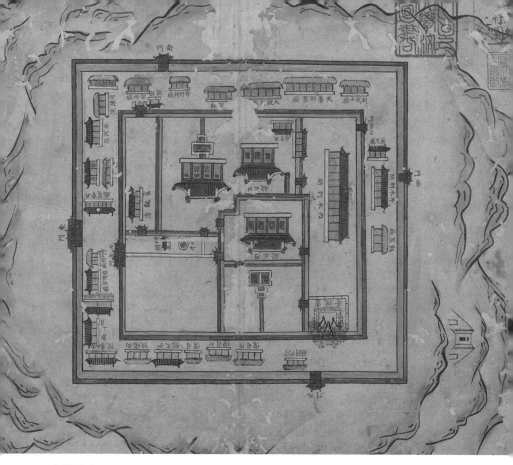

**온양별궁전도**(규장각한국학연구원 제공)

조선시대 왕들이 목욕을 즐기기 위해 행차한 온양행궁의 모습을 기록한 《영괴대기(靈槐臺記)》의 '온양별
궁전도(溫陽別宮全圖)'. 《영괴대기》는 1760년(영조36년)에 사도세자가 온양별궁에 머무를 때 뒤뜰에서
활을 쏘는데 햇볕이 뜨거워 그 자리에 괴목을 세 그루 심었는데, 35년 후인 1795년(정조19년)에 온양군
수가 그 괴목 주위에 대를 만들어 충청도관찰사 이형원이 '영괴대'라 이름 지은 것이다.

하고 전날 진맥 등을 통하여 임금의 컨디션을 체크하였다.

  탕정(湯井)에 올라 먼저 수건으로 눈을 가리고 미리 정해진 바가지
횟수에 따라 온천수를 머리에 끼얹어 흘러내리게 하였다. 보통 100바
가지씩 반복적으로 끼얹었고, 중간 중간 휴식을 취하며 미역국을 들
었다. 충분히 몸이 데워지면 탕정 안으로 들어가되 배꼽 아래로 잠기

게 반신욕을 하면서 땀을 내었다. 30분을 넘기지 않았으며 온천욕 후에는 땀으로 흘린 진액을 보충하고자 생맥산(生脈散)이 처방 되었고, 식음료로 미역국(藿湯), 멥쌀미음(粳米飮), 꿀을 탄 배즙(梨汁膏) 등을 들었다.

숙종은 온천욕으로 복부의 포만감과 가슴이 답답하고 다리가 불편하고 입맛이 없던 증상은 줄어들었지만 눈병은 큰 효험을 보지 못했다. 그래서인지 온천욕을 마치고 선대왕들이 행하던 온정신(溫井神)에게 감사의 보사제(報祀祭)도 올리지 않고 서울로 돌아왔다.

숙종은 3월 27일 온양의 온천행궁을 떠나 천안, 직산, 수원행궁을 거쳐, 4월 3일 창덕궁으로 돌아왔다. 그해 8월에 눈병이 더 심해져 왕세자(훗날 경종)에게 대리청정을 맡기게 된다.


#### ✥ 온양온천은 왕들의 휴양지였다

조선 초기 태조, 정종, 태종은 주로 황해도 평산온천(平山溫泉)을 이용하였다. 세종은 강원도 이천온천(伊川溫泉)을 1번, 충청도 온양온천을 3번 다녔다. 세조, 현종, 숙종, 영조도 온양온천을 다녔다. 광해군과 사도세자는 왕세자의 신분으로 혼자서 온양온천을 다녀왔다. 문종 또한 왕세자 시절 부왕인 세종을 따라 온양온천을 다녀왔다. 세종 이후 조선의 왕들은 주로 온양으로 온천욕을 다녔다. 보통 20일 정도 머물렀으며 오고가는 일수를 더하면 한 달을 소요하는 여정이었다. 본인은 물론 왕족을 대동하기도 하고 대신들에게 온천욕을 허락하기도 하였다.

《동의보감》에서는 물을 34가지로 나누어 설명하는데, 특별히 온천수를 여러 가지 풍병으로 근육과 뼈마디가 당기고 오그라드는 것과 피부의 감각이 없어지고 손발을 잘 쓰지 못하는 병, 문둥병, 그리고 옴이 있을 때 효과가 좋다고 설명한다. 목욕 후에는 기운이 허해지고 피곤하므로 약이나 음식으로 보충하도록 당부하고 있다.

또한 온천수는 성질이 뜨겁고 독이 있으므로 절대로 먹어서는 안 된다. 온천수에서는 특유의 유황 냄새가 나는데 이 유황 성분 덕분에 관절병과 몸이 차서 생기는 냉병을 치료하는 데 아주 좋다고 한다. 조선시대 임금들의 온천욕과 관계되는 질환은 풍병, 눈병, 피부병 등으로 나타난다. 여기서 풍병은 뇌혈관계 질환인 중풍이 아니라 팔다리를 잘 쓰지 못하는 관절 질환을 말한다.

현종과 숙종은 온천욕으로 질병을 근본적으로 치료하지는 못할지라도 도성을 떠나 잠시 정사를 내려놓고 휴식을 취하면서 조선시대 여느 임금처럼 권력자의 몸과 백성을 돌보는 웰빙 정치를 하였다. 반신욕은 지금도 많은 사람들이 하고 있는데, 실은 조선 왕실에서도 이렇게 반신욕을 하고 있었던 것이다. 더군다나 아무렇게나 했던 것이 아니라 절차에 따르고 자신의 몸 상태에 따른 주치의의 조언에 따라 반신욕을 했다.

임금의 건강이 왕실의 건강이요 나라의 건강이니만큼 이렇게 목욕 하나에도 세세함을 기울였던 것이다. 궁궐 안에서 100바가지를 부으며 반신욕을 할 수도 있었겠으나 굳이 온천을 찾았던 이유는 조용한 장소, 건강에 좋은 물, 마음의 휴식을 두루 갖추기 위해서이지 않았을까?

● 참고문헌

《승정원일기》

허준, 《동의보감》

고대원, 〈조선 숙종의 치병에 관한 '승정원일기'의 기록 연구〉, 경희대학교 박사학위논문, 2015.

이상원, 〈조선 현종의 치병기록에 대한 의사학적 연구 – 예송논쟁이 현종 질병에 미친 영향〉, 경희대학교 박사학위논문, 2011.

김훈, 〈조선시대 임금들의 온천욕과 질병〉, 한국의사학회지, 2001 : 14(1).

# 31
# 전하의 네일 케어
_황납고와 매핵인

내의원 도제조 신흠과 제조 이귀가 아뢰기를,
"삼가 의녀가 전하는 말을 들으니, '전하께서 왼손 새끼손가락의 손톱을 깎다가 다쳐서 대지증(代指症, 생인손)으로 변하였으니, 반드시 서둘러 통증을 그치게 하고 새살이 돋도록 해야 합니다. 황납고에 매핵인과 유향을 넣고 약을 만들어 조각을 내서 붙이고, 또한 상회수에 피마자의 잎을 함께 끓여서 자주자주 담가서 씻어주는 것이 좋습니다.'라고 하였습니다. 이 약을 지어 올리겠습니다."
하니, 아뢴 대로 하라고 답하였다.

《승정원일기》 인조 6년 5월 20일

## ✥ 인조의 손톱에 상처가 나다

왕의 손톱을 다듬는 일은 늘 최고참 의녀의 일이었다. 손톱의 상태
는 왕의 건강과 영양 상태를 알 수 있는 중요한 지표였을 뿐만 아니
라 손끝 발끝 하나하나까지도 소중한 옥체의 일부로서 소홀히 해서
는 안 되는 것이 왕실 일원 모두의 의무였다. 왕의 손톱을 다듬는다
는 것은 어쩌면 왕을 가장 가까운 곳에서, 가장 세밀한 부분을 보필
해야 하는 것이었기에 내의원 안에서도 경험 많은 최고참 의녀가 맡
곤 했다. 문제는 언제부터인지 최고참 의녀의 눈이 나이보다 빠르게
어두워지기 시작한 데 있었다. 아마도 내의원 어의들 몰래 밤마다 작
은 호롱불 하나에 의지한 채 의서를 읽고 베끼고 하던 버릇 때문일 것
이다.

　그날도 최고참 의녀는 잔뜩 눈에 힘을 주고 긴장한 채 인조의 손톱
을 하나하나 살피기 시작했다. 지금처럼 정교한 손톱깎이가 있는 시
절이 아니었기 때문에 왕의 손톱은 머리카락이나 수염 등을 정리하

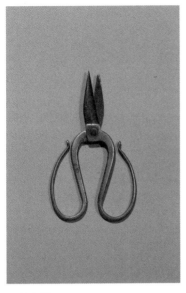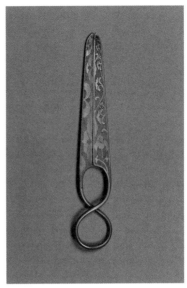

**(좌)철제가위(鉸刀)(국립중앙박물관 제공)**

좌측에 보이는 철제가위는 조선 19세기에 제작된 날이 짧은, 작은 크기의 가위이다. 큰 손잡이의 모양은 마치 귀를 연상시킨다. 손잡이의 유려한 곡선이 전체적으로 담백하면서도 세련된 느낌을 준다. 가위 손잡이는 백동이며, 가윗날은 철제이다. 크기가 12.1센티미터 정도로 매우 작으며 바느질용 뿐만 아니라 머리카락, 손톱, 발톱 등을 다듬는 생활용품으로 사용했을 가능성이 있다.

**(우)은제 넝쿨무늬 가위(국립중앙박물관 제공)**

우측은 중국 당나라 7세기 제작품으로 손잡이 부분이 '8'자 모양이며 촘촘한 어자문을 배경으로 당초무늬와 새 문양을 단아하고 정교하게 시문하였다. 바느질용 가위로 추정되는 이러한 금은 공예품을 통해 당대인들의 예술적 창의력과 높은 수준의 공예기법을 알 수 있다.

과거에는 별도의 손톱깎이를 사용하기보다는 이러한 가위를 이용하여 손톱과 발톱을 다듬었을 것으로 추측해본다.

는 작은 가위, 혹은 작은 칼과 같은 도구로 다듬기 마련이었다. 그만큼 한 치의 실수라도 생기면 왕의 손가락이 크게 다칠 수도 있는 상황이었다.

"아, 아차!"

그때였다. 눈 깜박하는 순간 '설마!' 하는 상황이 발생하고 말았다.

인조의 왼쪽 새끼손가락의 손톱 끝이 반쯤 부러진 채로 상처가 생기고 말았다. 다행히 피가 흐를 정도는 아니었고 불같은 진노도 없어 성급히 마무리하고 나올 수 있었다. 하지만 문제는 여기서 끝이 아니었다.

인조의 손끝은 붉게 부어오르기 시작했다. 2~3일이 지나자 손가락은 멀리서도 알아볼 수 있을 정도로 부어올랐다. 매일 아침 손을 씻기 위해 대야에 손을 담글 때마다 인조는 불편한 기색을 감추지 못했다. 더 이상 지체할 수 없었다. 이렇게 며칠 지나면 통증은 점점 더 심해질 것이고, 고름이 차올라 손톱이 빠질 수도 있다. 왕의 손톱을 빠지게 한 의녀라니! 의녀 자신뿐만 아니라 궁 밖의 가족까지 벌을 받을지도 모른다. 최고참 의녀는 마음을 졸이며 의관들을 찾아가 사실을 알렸다.

"당장 전하의 상태를 살피러 가야 한다. 어서 도제조 대감님께 전갈을 넣어라!"

문제는 인조의 곪아가는 손톱이 빠지지 않게 치료할 수 있을지 여부였다.

사실 왕과 왕비, 세손들의 손톱은 늘 상처 하나 없이 세심하게 다듬어져 빠질 일이 없었다. 궁궐에서 일하는 사람들의 손톱이야 다치더라도 가라앉기를 기다리거나 빠져도 그만이었던 것이다. 하지만 왕의 옥체는 달랐다. 손톱이 빠지기라도 하는 날이면 상상도 하기 힘든 일들이 기다리고 있었다. 최고참 의녀는 전전긍긍하는 상태로 도제조 대감이 도착하기를 기다릴 수밖에 없었다.

## ❖ 특별한 손톱 관리를 받은 인조

그렇다면 내의원에서는 대지증(代指症) 즉, 생인손을 앓는 인조의 증상을 개선시키기 위해 어떤 처방을 내렸을까? 이어지는《승정원일기》의 기록에 의하면, 내의원은 인조에게 황납고(黃蠟膏)라는 외용 연고와 상회수(桑灰水)라는 씻는 처방을 지어 올렸다. 그런데 이 모두 원방이 아니라 각각 세부적으로 약재들을 가감하여 인조의 손톱과 주변 피부의 상태에 꼭 맞는 처방을 하였다.

첫 번째로 인조가 처방 받은 황납고는 겨울에 손발이 터서 아픈 것을 치료하는 처방이다.《동의보감》에 의하면 참기름을 약한 불에 끓어오르게 달이다가 황랍(bee's wax) 1덩어리를 넣은 다음 연분(염기성 탄산연)과 오배자(五倍子) 가루를 각각 조금씩 넣고 자줏빛이 나도록 졸이는 방법으로 제조하는데, 인조의 황납고는 여기에 매핵인(梅核仁), 즉 매실의 씨와 유향(乳香)을 더 첨가하였다. 열을 해소하고 염증을 가라앉히는 작용을 하는 매핵인과 부종을 내려주고 새살을 돋게 하는 유향을 더 첨가한 것이다.

두 번째로는 상회수, 즉 뽕나무를 태운 잿물에 상처를 자주 담가 씻어주라고 하였는데, 뽕나무 잿물은 특유의 다공성 구조로 진물을 빨아들이는 역할을 하였을 것으로 생각된다. 여기에 상처가 부은 것을 가라앉히는 효능이 있는 피마자(萆麻子)의 잎을 더 첨가하였다. 이런 처방을 내린 사실을 역으로 추측하면 인조는 손톱과 손톱 주변 피부가 많이 부어올랐고 진물이 나왔으며 심한 통증을 느꼈을 것으로 추측해볼 수 있다.

한편, 발가락과 발톱에 생긴 상처로 고통 받은 왕도 있었는데, 그는 현종이었다. 현종은 유독 병약했던 왕으로 알려져 있는데, 그 중에서도 안질, 습창, 화병 등을 줄곧 앓았던 것으로 보인다. 이렇듯 현종이 앓았던 다양한 질환들은 이미 알려져 있지만, 그 중에 발가락의 환처에 대해서는 잘 알려져 있지 않다. 하지만《승정원일기》에는 다른 문헌에서는 중하게 여기지 않았던 발가락의 환처에 관한 언급이 자세히 기록되어 있음을 알 수 있다.

현종은 18세로 왕이 되던 즉위년부터 발가락 부분의 불편감이 나타났다.

"승전색이 전하기를, 오른쪽 엄지발가락에 붉은 기운이 돌면서 걷는 것도 평소 같지 않으시다하니 신하들이 놀라고 걱정하고 있습니다. 침의와 함께 임금님을 뵙고 상태를 살펴 침이나 약을 의논하고자 하는데 어떠하십니까?"

"증상은 대단하지 않다. 의관 몇 명만 입진하라."

현종은 대단하지 않은 것으로 치부했지만, 발가락의 환처는 이어지는 10년이 넘는 임기 내내 현종을 괴롭히는 증상으로 자라났다. 처음에는 붉은 기운이 도는 것으로 시작된 발가락의 습창(濕瘡)은 3일 후 심한 가려움을 호소하기에 이르렀고, 내의원에서는 창이자(蒼耳子)의 줄기와 잎을 태운 재를 식초로 개어 붙이는 외용제를 지어 올렸다.

"삼가 살피니, 왼쪽의 엄지발가락에도 역시 상처가 있으시다는 소식을 들었습니다. 신하들 모두가 놀라고 근심하는 마음 이루 말할 수 없습니다."

붉고 가려웠던 오른쪽 발가락에 비해, 왼쪽 발가락은 통증이 심했던 것으로 보인다. 내의원은 오른쪽 발과 다른 처방을 내렸는데, 씨와 껍질을 제거하지 않은 오매(烏梅)를 짓이겨서 환처를 싸놓는 처방이었다. 하지만 신하들의 걱정과 정성 담긴 치료에도 불구하고 현종의 환처는 나을 기미가 보이지 않았다.

10여 일이 지난 7월 18일과 19일 이틀간, 현종은 발이 불편하여 조전(朝奠, 장례에 앞서 아침마다 영전에 음식을 차리고 올리는 의식)과 같은 왕실 장례의식에 제대로 참석할 수가 없었다. 발의 불편함으로 장례의식을 할 수 없었다는 기록은 7월 28일, 8월 1일, 8월 4일에도 계속 이어지게 된다.

현종 즉위 뒤, 효종의 상례 중 장렬왕후, 즉 자의대비(慈懿大妃)의 복상문제로 남인과 서인의 당쟁이 계속 되었던 '예송논쟁'을 고려해 보면, 당시 각종 예식을 매개로 한 정치적 갈등이 적지 않았음을 알 수 있다. 그럼에도 불구하고 효종의 불참은 그의 발 상태가 심상치 않았음을 시사하는 것이다.

현종의 발에 대한 기록은 일 년 가까운 기간 동안 소강상태를 보이다가, 다음해 6월 다시 등장하기 시작했다. 이때는 단순한 붓기, 통증이 아니라 좌측 발을 중심으로 극심한 가려움을 동반한 통증이었다. 현종은 이로 인해 각종 연고 등의 외용제, 침 치료, 초정약수 족욕 등 다양한 방법을 시도하였으나 소용이 없었고 지지부진하게 이어져 승하하기 며칠 전 날까지도 발의 통증과 염증은 가라앉지 않았다.

인조와 현종이 공통적으로 처방 받은 약재가 있는데, 그것은 매실이다. 조금 더 정확히 말하면 매실의 씨앗 부분으로, 일반적으로는 약용하지 않는 부분이다.

건강식품으로도 애용되는 매실은 장미과인 매실나무의 과실을 말하는데, 한약재로는 생매실보다는 오매를 더 많이 활용한다. 오매는, 전통적인 방법으로는 미성숙한 매실을 볏짚이나 왕겨를 태우는 매연 속에서 훈증하여 흑색이 될 때까지 건조하여 만든다. 인조의 처방에는 황납고라는 외용 처방에 첨가하는 약재로 매핵인, 즉 오매의 씨가 추가되었고, 현종은 오매 단독으로 껍질과 씨를 제거하지 않은 채로 짓이겨 싸매는 처방을 받았으니 이 또한 오매의 씨앗이 포함된 것이다.

어느 정도의 의학지식이 있었던 현종을 위해 어의는 이 처방이《향약집성방(鄕藥集成方)》에 소개되어 있으며 전조갑(剪爪甲), 즉 손발톱이 다친 것을 치료하는 처방이라는 설명을 곁들였다.

흥미로운 점은 매실의 씨에는 아미그달린(amygdalin)이라는 독성 성분이 들어 있어 제거하여 쓰는 것이 권장된다는 점이다. 매실을 오매로 만드는 과정도 이러한 독성을 완화하기 위한 방법인 것이다.

하지만 인조와 현종이 처방 받은 매실은 둘 다 씨앗 자체를 쓰거나 씨앗을 제거하지 말고 남기라고 한 것이 특징적이다. 보수적인 왕실 내의원이지만 외용으로 사용되는 탓에 독성으로부터 조금은 자유로울 수 있었던 것으로 생각되고, 반복되는 염증 반응을 빠르게 소실시킬 수 있는 강력한 소염 진통 효과가 필요하지 않았을까 싶다.

실제로 3세기 전후에 씌어진 《주후방(肘後方)》이라는 의서에도 대지증, 즉 조갑주위염(손·발톱 주위염)을 치료하는 방법으로 잘 찧은 매핵인을 순수한 식초에 개어 바르라고 기록되어 있으니 전혀 근본이 없는 처방은 아닌 것이다.

버리는 부분으로만 생각했던 매실의 씨앗이 손발톱의 염증을 가라앉히는 명약으로 다시 태어난 사례, 방대하고 세밀한 왕실 기록인 《승정원일기》에서 볼 수 있는 또 하나의 왕실의 지혜라고 할 만하다.

● 참고문헌

《승정원일기》

허준, 《동의보감》, 법인문화사, 1999.

출판사 편집부, 《중약대사전》, 정담출판사, 2006.

# 32
# 왕실 가족을 위한
# 내의원표 미용크림

_육향고

이시만이 내의원 관원이 전하는 도제조와 제조의 뜻으로 아뢰기를,
"연례적으로 짓는 육향고에 들어가는 재료로 강원도에서 봉진한 청
밀을 오늘 살펴보았더니, 빛깔이 하얗지 않았을 뿐만 아니라 잡질과
맑은 것이 섞여 있었으니, 크게 놀랄 정도입니다. 봉진한 관리 및 약
재를 심사한 관리 모두를 그 죄과를 따져 엄정하게 처벌하소서. 이번
에 봉진한 청밀은 이미 돌려보냈으니, 앞으로 내의원 안에 남아있는
청밀을 가지고 육향(六香)을 담가두어야 할 텐데, 그렇게 한다면 여
름을 지난 청밀은 필시 새 청밀만 못할 것입니다. 그러나 날짜가 이
미 촉박하여 부득이 이것으로 지어 들이겠습니다. 미리 감히 아룁니
다."
하였다.

《승정원일기》 인조 26년 9월 19일

## ❖ 매년 가을 내의원에서 하던 일

내의원 마당에 서늘한 바람이 불기 시작했다. 내의원의 어의와 의녀들의 손길이 바빠졌다. 지난 달 중국을 다녀온 사신들이 가져온 값비싼 약재들이 약장에서 나와 그으한 풍미를 뽐내기 시작했다.

붉은색 꽃봉오리 정향에서 나는 알싸한 향기가 약보자기를 펼치는 열두 살 막내 의녀의 코끝을 자극했다. 백단향과 침향이 담긴 약보자기를 펼치자 달큰하고도 익숙하지 않은 흙냄새 같은 향기가 피어올랐다. 이 약재들은 중국보다도 먼 나라에서 온 것이라 했다. 말련, 인도, 월남……. 막내 의녀는 어디인지 모를, 하지만 언제쯤인가 중국 사신을 따라 먼 여행을 하고 온 내의원 어의가 일러준 지명들을 가만히 읊조려보았다. 약장 서랍을 펼쳤다 접은 막내 의녀의 품에 한가득 이국적인 향기가 남았다.

내의원 안쪽에서는 가림막을 치고 약재들을 하나하나 가루 내는 작업이 한창이었다. 워낙 구하기 힘든 약재들이다 보니 가루 한 톨도

바람에 날아가지 않도록 모두가 긴장하고 있었다. 평소 기침이 잦은 막내 의녀는 근처에 얼씬도 하지 못하게 했다. 의녀들은 모두 입가에 얇은 무명천을 두르고 최대한 숨을 죽인 채 약연을 밀기 시작했다.

약재를 곱게 가는 작업이 끝나갈 무렵, 꿀이 담긴 항아리가 들어왔다. 이번 꿀은 지난 여름 강원도 인제에서 진상된 특상품이다. 조심스럽게 한 수저 떠보니 수정같이 맑고 투명한 윤기가 뿜어 나오는 것이 특상품임에 틀림없다. 달콤한 향기가 온 방에 퍼졌다. 약재들은 이 꿀과 고루 섞어 항아리 속에 꼭꼭 막아두었다.

일주일의 시간이 흘렀다. 내의원 마당에 솥이 걸리고 잘 마른 장작들이 수북이 쌓였다. 이번에는 특별히 뽕나무 장작으로만 모아 오라는 특별 지시가 내려진 터다. 바람 잘 드는 내의원 뒤뜰에서 잠자고 있던 꿀 항아리가 다시 나왔다. 장작에 불을 붙이고 솥에 물을 담아 항아리를 중탕하기 시작했다. 항아리가 적당히 따뜻해지자, 뒤집어 체에 걸러 찌꺼기는 버린다. 여기에 얼굴빛을 곱게 해주는 삼내자 가루, 염증을 가라앉혀주는 용뇌 가루, 얼굴 반점을 없애주는 동아씨 가루를 고루 섞은 뒤 몇 번 더 체에 거르자, 미리 준비된 작은 백자 단지엔 고운 입자를 머금은 금빛 크림이 담겼다. 마침내 육향고가 완성되었다.

육향고(六香膏)는 본래 춥고 건조한 겨울철, 손발이 트고 갈라지는 피부에 바르는 동상 치료제였다. 육향고를 바르면 거칠었던 피부도, 갈라져서 피가 나던 피부도, 새 살이 다시 나는 듯 고와지곤 했다. 게다가 그윽한 향기는 이루 설명할 수 없었다. 좋은 꿀이 향기로운 약재, 피부를 좋게 하는 약재와 만나 춥고 건조한 계절에 거칠어진 피부를 부드럽게 해주는 왕실 보습크림으로 재탄생하게 된 것이다.

## ❖ 좋은 꿀 진상에 문제가 생겼다

이번에는 청밀(淸蜜, 맑은 꿀)에 문제가 생겼다! 결코 그냥 지나가지 않으리라. 내의원 도제조는 단단히 마음을 먹은 눈치다. 왕실에서는 늘 더 많은 꿀을 필요로 했다. 왕은 칭찬할 만한 신하에게, 외국으로 나가는 관리에게 꿀을 하사했다. 그래서인지 약을 짓는 내의원, 그리고 음식을 짓는 사옹원도 늘 꿀이 부족했다.

꿀은 조선 이전 고려시대부터 지방관들이 관할 주, 군에서 해마다 국가에 바치기로 한 세공 품목 가운데 포함되어 있었다. 하지만 세금처럼 거두어가는 꿀의 양을 감당하기 어려워 꿀의 진상과 관련된 잡음은 끊이지 않았다. 이번에는 매년 내의원에서 왕실용 크림으로 제작하는 육향고에 들어갈 꿀이 문제였다. 아마도 질 좋은 꿀을 충분히 확보하지 못한 지방 관리가 하등품의 잡꿀을 조금 섞은 것이 꼼꼼한 내의원 도제조의 눈에 띄었으리라.

"연례적으로 짓는 육향고에 들어가는 재료로 강원도에서 봉진한 청밀을 오늘 살펴보았더니, 빛깔이 하얗지 않았을 뿐만 아니라 잡질과 맑은 것이 섞여 있어 크게 놀랄 정도입니다. 봉진한 관리 및 약재를 심사한 관리 모두 그 죄과를 따져 엄정하게 처벌하소서."

육향고를 만드는 꿀에 문제가 생긴 것은 이번이 처음이 아니었다. 인조 3년(1625년) 9월 21일에도 각 도에 요청한 꿀이 충분히 상납되지 않아 대책을 상의하는 기록이 《승정원일기》에 남아있다. 11월 초일까지 육향고를 지어 바치기 위해 여러 번 재촉했음에도 불구하고 제조할 꿀은 부족하고 기한은 촉박하여 전전긍긍하는 내의원의 마음이 당일의 기록에 그대로 실려 있기 때문이다.

"연례적으로 진상하는 육향고를 오는 11월 1일에 지어 올려야 하는데, 거기에 들어가는 청밀을 기한 전에 상납하도록 각 도에 공문을 보내어 재촉하였음에도 현재까지 아직 상납되지 않고 있습니다. 이제 기일이 박두한 상황에서 약을 담가 우려내고 하는 등의 일이 매우 염려스러우니, 부족한 청밀을 우선 내의원 내부에서 준비하게 하여 약을 짓는 것이 어떻겠습니까?"

좋은 처방, 좋은 음식이 좋은 재료로부터 나오는 것은 당연한 사실이다. 이것은 먹는 탕약뿐만 아니라 바르는 처방에서도 마찬가지의 이치다.

육향고 처방에는 9가지의 한약재와 꿀이 들어가는데, 현대의 화장품처럼 물도, 오일도 포함되어 있지 않다. 간단하게 요약하면 고운 한약재 입자에서 우러나온 유효성분과 향 입자들이 꿀 속에서 숙성됨과 동시에 꿀 자체가 가진 피부에 유익한 성분들 – 당분, 비타민, 아미노산 등 – 이 피부 효능을 극대화시키는 역할을 했을 것으로 생각된다. 매년 내의원 도제조에서 말단 관리에 이르기까지 좋은 꿀을 충분히 구하기 위해 동분서주해야만 했던 것도 바로 이러한 이유 때문이었을 것이다.

## ⁜ 그릇에도 정성을 담다

해마다 육향고를 짓는 계절이 오면 내의원 의관과 관리들이 신경 써야 할 것은 좋은 재료뿐만이 아니었다. 영조와 정조 시기에는 육향고

(좌)청자 음각 '상약국'명 운룡문 합(국립중앙박물관 소장, 문화재청 제공)
(우)청자 상감 '상약국'명 음각운룡문 합(한독의약박물관 소장, 문화재청 제공)

고려시대에 만들어진 뚜껑 달린 원통형의 그릇으로 둘 다 높이 9센티미터, 아가리 지름 7.5센티미터,
밑지름 6~7센티미터의 합(盒)이다.

고려청자에는 이런 합이 상당수 전해지고 있는데, 이 두 합에서 주목되는 것은 몸체 윗부분과 뚜껑 아랫
부분에 새겨진 '상약국(尙藥局)'이라는 글자이다. 좌측은 상약국이라는 글자를 음각하였고, 우측은 흰색
으로 상감 처리한 것으로 이런 종류의 합은 매우 드물다.

상약국이란 고려시대 의약을 담당하던 관청으로, 고려 목종 때(997년~1009년)부터 충선왕 때(1308년~
1313년)까지 있었는데, 이 합은 그 기간 중에서도 12세기경에 제작된 것으로 보인다.

시기 상 차이는 있으나 육향고나 납향고(臘享膏, 동상으로 피부가 헐 때 바르는 약)가 진상되었던 합의 형태
도 유사할 것으로 추측할 수 있으며, 현대의 화장품 용기와도 그 크기나 형태가 매우 흡사하다.

등 왕실에 진배할 제조물을 담아 바치는 합(盒, 뚜껑이 있는 그릇)이 문
제였다.

영조 17년(1741년) 6월 9일 기록에 의하면, 관동지방의 백토 채굴이
원활하지 않아 사기를 굽지 못하게 되었고, 육향고의 용기를 비롯하
여 약원(藥院)에서 진상할 때 쓰는 다양한 그릇을 굽지 못해 일어나는
애로사항에 대한 내용들이 담겨 있다. 심지어 정조 17년(1793년) 10월
3일에는 내의원 도제조가 그릇을 만들어 바치는 일을 담당하는 사옹
원 도제거를 고발하기까지 했으니 그 내용은 다음과 같다.

"약원의 일과 그릇은 관계가 막중합니다. 제호탕(醍醐湯), 게장, 육향고, 타락죽, 전약(煎藥), 차·음료 등은 매년 절기에 따라 연례적으로 지어 바치는 것인데, 근래 해당 관청(사옹원)의 업무가 심히 소홀하고 번번이 임시로 수효(數爻)를 맞춰 그 일과 예가 매우 괴상스럽습니다. (중략) 그 모양을 제대로 갖추지도 못하고, 납기시기를 경과하기까지 하고, 이제는 수량이 부족하기까지 한 항아리를 바치니 어찌 이것이 도리라 할 수 있습니까. 사옹원 도제거의 죄를 엄중히 처벌하여야 합니다."

내의원이 육향고를 포함하여 제호탕, 전약, 타락죽 등을 절기에 맞춰 지어 연례적으로 왕실에 바친 내용은 순조와 철종의 즉위기간에도 반복적으로 등장한다. 담당 관리들은 앞서 언급한 꿀과 같은 개별 원료와, 내용물이 담기는 사기의 상태에 이르기까지 각각의 과정을 꼼꼼하게 살폈다. 육향고가 바쳐지는 시기까지도 세심히 논의했는데, 순원왕후 승하와 같이 궁중의 초상이 있을 때는 진상을 하지 않는 것을 상의하기도 했다.

내의원의 일이라 하면 왕을 비롯한 왕실 가족들이 아플 때 진단하고, 그에 맞는 처방을 내리는 것이 전부일 텐데, 특정 질병과는 상관없는 '육향고'의 제조에 이렇듯 열과 성을 다했던 이유는 무엇일까?

아마도 지금과 같은 스킨케어 화장품이 다양하지 않은 현실 속에서 가을과 겨울, 건조한 피부를 보살펴주는 육향고는 왕실 가족들이 누릴 수 있는 일상의 호사 중의 하나가 아니었을까 생각된다. 그리고 이러한 왕실의 몸과 마음의 필요를 만족시켜주는 것 또한 내의원의 존재 이유 중 하나가 아니었을까?

지금의 우리는 화장품의 홍수 속에 살고 있다고 해도 과언이 아니다. 눈과 입술을 치장하는 '메이크업'뿐만 아니라 피부를 건강하고 아름답게 가꾸어주는 '스킨케어'의 개념이 익숙해진 지가 제법 오래다.

그렇다면 우리가 느끼는 겨울보다 몇 배는 더 춥고 매서웠을 조선의 겨울철, 궁중에서는 어떤 방법으로 피부를 관리하고 보호했을까?

깊은 산 청정지역에서 채취한 맑은 꿀, 먼 나라 각지에서 들여온 약재들이 내뿜는 이국적인 향기들, 그리고 피부를 아름답게 가꿔주는 약재들이 고루 섞인 천연 그대로의 금빛 크림! 스킨케어에 심신케어를 조합한 선조들의 지혜와 재치, 그 고상한 취향이 놀랍기만 하다.

● **참고문헌**

《승정원일기》

허준, 《동의보감》, 법인문화사, 1999.

국립민속박물관 민속연구과, 〈강원도 인제의 토종벌과 토봉꾼〉, 국립민속박물관 민속연구과 조사보고서, 2014.

신동원, 〈납약, 언해납약증치방, 그리고 허준〉, 한국의사학회지, 2000;13(2):23-28.

# 33
# 왕이 중독되었다
_ 감두탕과 해독약재

여러 어의가 상의하고 모두가 말하기를,
"지금의 옥후는 감기 때문에 열이 나는 것도 아니고 으레 앓으시던
신열 증세도 아닙니다. 바로 과거에 드셨던 독이 겨울철이 되어 다시
나오는 것입니다. 당초에 썼던 감두탕(甘豆湯)과 성질이 찬 약 및 모
싯대 나물을, 해독하는 동안 연달아 진어하시고 침 맞으시는 것을 일
단 중지한 상태에서 증세가 어떠한지를 살피는 것이 마땅합니다."
라고 하였다.

《승정원일기》 인조 24년 10월 25일

## ❖ 며느리가 시아버지인 왕의 수라에 독을 넣었다?

"어서 사실대로 고하지 못할까?"

"저희는 모르는 일이옵니다. 억울하옵니다."

"정녕 한 년 씩 차례로 죽어야 입을 열겠느냐?"

"강빈마마님께서 주상전하께 올릴 전복구이에 독을 넣으라 하셨습니다. 흑흑."

왕이 독이 든 전복구이를 들다니 어떻게 된 일일까?

"전하, 전복 드시는 것을 당장 멈추시옵소서! 전복의 맛이 이상한데 어떻게 된 노릇이냐?"

인조 24년(1646년) 1월 3일 조선의 16대 임금인 인조의 후궁 조씨가 왕의 수라 자리에서 외쳤다. 인조에게 올려진 전복구이 안에 독이 들어 있었던 것이다.

인조는 독을 넣은 범인으로 죽은 아들인 소현세자의 아내이자 자신의 며느리인 강빈을 지목했다. 그리하여 강빈의 나인 5명과 수라간 나인 3인은 가혹한 고문을 당했고, 그 끝에 이를 강빈이 사주했다는 진술이 나왔다. 강빈은 이 혐의로 별당에 유치되었다가, 나인들의 진술이 나오자 같은 해 3월 15일에 사약을 받고 한 많은 생을 마감하였다.

"이달 초부터 열이 가끔 위로 치밀어 가슴이 답답하더니 근래에 들어서 증세가 더욱 심해지고 있는데, 독을 먹은 데서 오는 증상인 것 같다."

전복 사건 후 보름만인 1월 18일 인조가 대신들에게 말하였다.

"독을 다스리는 탕약은 모두 평이하고 순한 약재이니 처방한 약을 서둘러 지어 드시고, 향유(香油, 참깨를 짠 기름)와 계란 등도 항상 드시는 것이 합당합니다."라고 말하며, 어의 이형익은 독을 제거하는 처방을 올리니 인조는 이를 복용하였다.

이후 《승정원일기》를 살펴보면, 이전에 먹었던 독을 해독하기 위해 같은 해 7월 26일과 10월 25일, 그리고 11월 19일 세 차례나 더 인조에게 '감두탕(甘豆湯)'을 처방했던 기록이 있다. 특히 마지막에는 11월 19일부터 12월까지 매일 한 첩씩 연이어 복용하도록 하였다.

그런데 과연 며느리가 왕인 시아버지의 수라에 독을 넣은 게 사실일까?

이 사건을 두고 당시 사람들은 강빈과 대립관계에 있던 후궁 조씨가 모함한 데에서 연유한 것으로 의심하였다. 이후 효종 때와 숙종 때 억울하게 누명을 쓰고 죽은 강빈 사건에 대한 신하들의 탄원이 계속되었고, 드디어 숙종 44년(1718년), 숙종이 강빈의 무혐의를 인정하고 민회(愍懷)라는 시호를 내려 복권시켰다. 그녀가 억울하게 죽은 지 80년 만이었다.

경종 즉위년(1720년) 12월 14일, 수라를 마치고 나오다 경종이 반 대야에 가까운 황색 구토물(黃水)을 토하였다.

"윽!"

"전하, 괜찮으시옵니까? 뭣들 하느냐? 어서 대야를 대령하라."

"성상(聖上)을 시해하려고 모의하는 역적들이 있는데, 혹 칼로써, 혹 독약으로, 또 폐출(廢黜, 왕을 쫓아냄)을 모의한다고 하는데, 나라가 생긴 이래 없었던 역적들이니 급하게 토벌해서 종사를 안정시키소서."

경종 2년(1722년) 3월 27일, 대신들이 왕에게 고한다.

이것이 '삼급수(三急手) 고변 사건'이라고도 불리는 '목호룡(睦虎龍) 고변 사건'이다.

삼급수란 칼, 독약, 폐출의 세 가지 수단을 동원해 경종을 죽이거나 내쫓으려 했다는 뜻이다. 목호룡은 김일경의 사주로 김창집 등 노론 4대신을 포함한 일당 60여 명이 경종의 시해를 역모, 자기도 이에 가담하였다고 고변하여 4대신을 비롯한 노론이 숙청된 '신임사화(辛壬士禍)'의 결정적 역할을 한 인물이다.

드디어 경종 2년 8월 26일, 수사 과정에서 독약으로 독살하려는 소급수(小急手)가 실제 시도되었다는 자백이 나와 조정이 발칵 뒤집혔다. 김창집의 친족 김성절이 세 차례의 형문(刑問, 고문하며 묻는 것) 끝에, "장씨 성의 역관이 중국에서 독약을 사가지고 왔고, 김씨 성의 수라간 상궁과 모의를 꾀했습니다. 김 상궁이 많은 은화를 요구하고는 한 차례 임금에게 시험해 썼으나 곧바로 토해냈습니다. 이기지의 무리가 '약이 맹독이 아니니, 마땅히 다시 은화를 모아 다른 약을 사와야 한다.'고 말했습니다."라고 자백을 했다. 중국에서 독약을 사다가 시험해보았으나 경종이 죽지 않자 더 강한 약을 사오려고 했다는 것이었다.

"어제 신이 성궁(聖躬)에 독약을 시험하였다는 말에 이르러서는 마음이 흔들리고 뼈가 부스러짐을 깨닫지 못하였습니다. 황천(皇天)이 도우시어 다행히 즉시 토하시었지만 혹 여독(餘毒)이 장부(臟腑)에 머물러 있으면, 신민(臣民)의 통박(痛迫)한 마음이 다시 어떠하였겠습니까? 의서에 이르기를, '독을 마신 경우 비록 이미 3년이나 오래되었더라도 다시 발생하는 근심이 있다.'고 하였으니, 해독하는 약제를 복용하지 않을 수 없습니다."라며 영의정 조태구가 왕께 고한다.

《승정원일기》의 기록을 보면, 해독탕인 '감두탕'은, 경종 즉위년에 독약에 노출된 후 경종 2년 8월에 두 차례, 3년 2월, 6월 두 차례, 경종 4년 게장을 먹고 난 후 사망하기 이틀 전 한 차례, 총 다섯 차례 처방되었다. 그리고 열을 끄면서 해독작용을 하는 인동등(忍冬藤)을 우려낸 인동차, 같은 작용을 하는 우황(牛黃)을 넣은 인동차, 또 다른 해독약제인 제니(薺苨)로 우려낸 제니차, 해독작용을 하는 흑두차 등을 수시로 복용한 것으로 기록되어 있다.

숙종 43년(1717년) 북경에 갔다 온 역관 중에 장씨 성의 역관이 없자 국청에서 김성절을 다시 추궁했는데, 그는 진짜 범인이 '역관 홍순택'이라고 지목했다. 역관 홍순택은 부인했으나 그가 북경에 갈 때 데려갔던 종 업봉은 '북경에서 계란만 한 황흑색(黃黑色)의 환약(丸藥) 두 덩이를 구입했다.'고 자백했다. 경종은 이처럼 구체적 정황이 드러났음에도 이상하게 김씨 성을 가진 나인에 대한 수사를 중지시킨다.

경종은, "나인을 조사해내는 것은 원래 어려운 일이 아니나, 노론을 타도하려는 계책은 더욱 지극히 근거가 없으니, 이 뒤로 이와 같은 문자는 써서 들이지 말라."라며 거부했다.

이에 대해 대신들은 의아하게 생각했지만 독살 기도 사건이 노론 타도 계책으로 확대되는 것은 바라지 않는다는 경종의 뜻이었다.

당시 노론, 소론의 어지러운 정치 관계 속에서 힘들게 왕위에 오르게 되었고, 위태위태하게 왕 노릇을 이어갔던 경종은, 왕을 죽이려는 대역죄인 역적의 무리조차도 함부로 조사하지 못하고 덮어둘 수밖에 없었던 참으로 힘이 없고 유약한 왕이었던 것이다.

### ✣ 정말 영조는 경종을 독살하려고 했던 것이었을까?

"밥상을 물려라. 열이 계속 나니 기력이 없고 입맛이 없구나."

즉위 4년(1724년), 경종은 자리에 누워 식사조차 제대로 못하였다. 그런데 자리에 누운 지 보름 후인 8월 20일, 경종의 수라상에 게장과 생감이 올라왔다.

"게장을 먹으니 잃었던 입맛이 돌아오는구나."

경종은 게장으로 평소보다 많은 식사를 했고 후식으로 생감을 먹게 된다. 그러나 그날 밤 경종의 병세가 급격하게 나빠지기 시작했다. 복통을 심하게 호소하면서 동시에 설사가 멈추지 않았다.

《본초도경(本草圖經)》에 의하면, 게장은 식중독의 우려가 있고 게와 감은 둘 다 성질이 차기 때문에 이를 같이 먹게 되면 복통과 설사를 일으킬 수 있다. 특히 열이 나고 식사를 못하는 상태에 있는 병약한 이에게 이런 음식을 올리는 것은 위험한 일이다. 하지만 어의들의 반대에도 불구하고 연잉군(훗날 영조)이 나서서 임금의 수라상에 올렸던 것이다.

"전하께서 설사를 계속 많이 하여 항문 작열감이 있고, 설태, 복부의 열 등이 있는 것으로 보아 지금 증상에 '감두탕'이 최고로 좋습니다. 지금 당장 이를 올려야 합니다."

게장을 먹고 이틀이 지난 후에도 왕의 증상이 지속적으로 심해지자, 내의원 도제조 이광좌가 말하였다. 그리하여 탕약을 대령하나 경종은 조금 마시고는 내려놓았다.

"전하께서 너무 조금 드셔서 '감두탕'의 효과가 미미할 듯합니다."

이광좌가 걱정하면서 말하였다.

이후 경종의 병세가 계속 나빠지다가 8월 24일 의식을 잃는다. 열이 있는 증상에 뜨거운 약을 쓰면 큰일 난다고 말하는 어의 이공윤의 심한 반대에도 불구하고, 연잉군은 따뜻한 성질의 약재인 인삼과 매우 뜨거운 성질의 약재인 부자를 올리게 되고, 이를 복용한 경종의 병세는 더욱 악화되어 다음날 사망하고 말았다. 이 사건 이후 영조는 경종의 독살설에 끊임없이 시달리게 된다.


### ✥ 독에 노출된 임금의 해독제는 바로 검은콩

앞서 살펴본 인조, 경종의 해독제로 사용되었던 '감두탕'은 과연 무엇일까?

'해백약백물독(解百藥百物毒)'. 즉 '백 가지 약물과 백 가지 물질을 해독한다'는 뜻이다. 이는 감두탕의 효능을 한 마디로 설명하는 말이다. 그럼 이처럼 해독에 뛰어난 효과를 보이는 감두탕의 구성은 어떨까?

영화, 특히 중국 무협영화에서는 독약에 중독된 소중한 사람의 해독제를 구하기 위해 산전수전을 겪는 일을 마다하지 않는다. 이처럼 구하기 힘들고 베일에 싸여 있는 해독제를 생각해본다면 뭔가 비싸거나 귀하고 신묘한 약재가 들어가 있을 것 같다.

하지만 예상과는 반대로 감두탕은 우리가 생활 속에서 흔히 볼 수 있는 두 가지 약재인 감초(甘草)와 흑두(黑豆) 각 20그램으로 아주 간단하게 구성되어 있다. 감두탕(甘豆湯)이라는 탕약 이름에 처방 구성이 다 들어가 있는 셈이다.

우리나라에서는 현대의 약품이 도입되기 이전까지는 여러 약물·광물·동물의 독을 해독하는 데에 감두탕에 의존한 것으로 보인다. 연탄으로 인한 일산화탄소 중독이나 농약 중독 등에 사용하기도 했으며, 지금도 감두탕에 다른 해독 약재를 가미한 처방으로 중금속의 해독에 이용하고 있다.

감두탕에 있어서 감초의 역할은 매우 중요하다.

감초는 이름 그대로 맛이 달며 성질이 어느 한 쪽으로 치우치지 않아 평화롭고, 소화기계를 조화롭게 하여 그 허약함을 다스린다. 또한 호흡기계를 윤택하게 하고 해독작용을 지니고 있어 모든 약물을 조화시키는 작용을 하여 많은 한약 처방에 들어가고 있다. 그래서 '약방의 감초'라는 말이 나온 것이다.

감두탕의 두 번째 약재 흑두(검은콩)는 몸 속 수분을 관장하는 신장의 기능을 강화하고 몸 안의 독소를 없애는 작용이 뛰어나다. 소변을

**감두탕의 재료 흑두(하동림 제공)**
Glycine max의 종자. 혈(血)을 잘 순환하게 하고 소
변이 잘 나오게 하며 풍(風)을 제거하고 해독(解毒)하는
효능이 있는 약재이다.

잘 나오게 하고, 해독 효능이 있는 데다 항산화 작용이 뛰어나 노화를 막고 혈액순환을 도우며 항암 효과까지 있다.

조선말의 의학자인 이낭청의 기록에 의하면, 미래식품으로 과거보다 콩이 더욱 유익하게 쓰일 것으로 예견했는데, 그 이유는 인구 증가에 따른 식량원의 기능 및 환경오염과 양약의 부작용에 대한 해독제로서의 콩의 기능 때문이라고 하였다.

하지만 이런 감두탕도 복용 시 조심해야 할 점이 있다. 소화장애나 구토 등이 있을 때 생감초를 오래 복용하면 부종을 일으키기 쉽기 때문이다. 그리고 일부 특정 질환에는 조심해서 복용해야 하고, 환자에 따른 복용기간, 증상에 따른 약제 가감 등의 판단이 필요하므로 해독이 필요하다면, 한의사의 처방 하에 복용하는 것이 안전하다.

만약 집에서 간단한 해독을 목적으로 장복하고 싶을 때에는, 검은콩만 달여서 수시로 마시는 흑두차를 활용해보는 것이 좋을 것이다. 흑두 이외에도 앞서 나왔던 인동, 제니, 우황 등도 열을 내리면서 해독하는 약재로 활용 가능하다.

## ❖ 독성물질과 유해환경에 노출된 현대인들에게 해독이 더욱 필요하다

한의학에는 감두탕 이외에도 환자의 증상에 맞는 다양한 해독약재로 구성된 처방이 있다.

흔히들 TV에서 '어떤 증상에 뭐가 좋더라' 하면 유행처럼 먹는 경향이 있다. 하지만 모든 약은 음식에 비해 성질이 한 쪽으로 기울어져 있는 경향이 있어 약이 될 수도 있고 독이 될 수도 있다. 가장 중요한 것은 내 몸 상태에 맞춘 약을 복용하는 것이다.

혹시 지금 식탁 위에 피로회복에 좋다고 또는 간 해독에 좋다며 자신의 몸 상태도 모르는 채 복용하고 있는 건강기능식품이 있지는 않은가?

최근 가습기 살균제의 유독 물질로 인한 사망 사고를 기점으로 우리 일상 생활용품 속의 독성화학물질 첨가에 대한 내용이 하나 둘씩 밝혀지고 있다. 이미 많이 밝혀진 음식 재료에 들어있는 각종 유해물질뿐 아니라, 물티슈, 치약, 가글 제품, 화장품, 샴푸, 린스, 생리대 등 거의 매일 접하는 생활용품 중에도 독성물질이 함유된 제품이 있다고 하루가 다르게 뉴스에 오르고 있다. 아직 밝혀지지 않은 무수한 독성물질과 이로 인한 부작용들이 우리의 미래에 어떤 영향을 줄지 염려가 된다.

이처럼 해로운 물질들에 둘러싸여 있는 현대 인류의 오염과 중독 현상은 더 이상 방치할 수 없을 정도로 심각하다. 그러므로 이런 중독의 시대에는 해독이 필수라고 보여진다.

● 참고문헌

《승정원일기》

《조선왕조실록》

허준, 《동의보감》, 법인문화사, 1999.

이원섭, 《조선왕조 500년의 자연요법 왕실비방》, 건강다이제스트사, 1999.

이강옥, '李康玉(이강옥)의 人体(인체)경영학' 14. 물·잠·운동 不足(부족)땐 변비, 매일경제신문, 1992년 04월 11일.

이덕일, '事思史 조선 왕을 말하다', 중앙 SUNDAY 제136호, 2009년 10월 18일.

이덕일, '事思史 조선 왕을 말하다', 중앙 SUNDAY 제137호, 2009년 10월 24일.

# 34
# 왕실의 출산과
# 산후조리 비법
_ 달생산, 불수산, 궁귀탕

도제조 김약로가,
"세자빈의 증후는 걱정할 것은 별로 없고 수라를 잘 드시지 못하는
것이 가장 큰 근심일 뿐입니다. 이는 임신 중의 증상이라 당귀산(當
歸散)과 같은 약이 좋습니다. 다른 의관들 모두 금궤당귀산(金匱當
歸散)을 사용함이 옳다 합니다. 팔물탕(八物湯)은 오로지 보(補)하
기만 하는 반면, 금궤당귀산은 미열을 없애면서 또한 보합니다."
라고 하였다.

《승정원일기》 영조 28년 3월 17일

## ❖ 왕실 최고의 관심사였던 임신과 출산

"원자(元子)가 탄생하시는 날은 바로 국본(國本)이 이미 정해지는 날 입니다."

이는 인조에서 현종까지 5번이나 영의정을 지냈던 대신 정태화의 말이다. 장차 임금이 될 왕자를 낳아 대를 잇는 것은 조선 왕실의 최고 관심사였다. 나라의 근본을 잉태하고 출산하는 궁궐 내 임산부의 건강관리가 그 무엇보다 중요했다는 것은 어렵지 않게 짐작해볼 수 있다.

조선에서는 임금을 포함한 왕실 인물들의 건강에 문제가 나타나면 진료과목에 상관없이 왕실 의료기관인 내의원에서 주관하였다. 그렇기 때문에 왕실의 여성이 임신하는 순간부터 출산과 산후조리까지 모든 과정 일체를 내의원에서 관리 받는 것은 당연한 일이었다.

내의원 진료는 그 시대 최고의 의료 서비스임에도 불구하고 조선 시대는 유산율(流産率)과 사산율(死産率)이 높았기 때문에《승정원일

**산실구봉안(국립고궁박물관 소장 및 제공)**
왕비(王妃)나 빈(嬪)이 아기를 낳는 것에 관한 일을 맡아보는 궁내의 임시관청인 산실청에 걸려 있던 현판. 영조 49년(1773년)인 80세 때에 쓴 어필(御筆)이다. 산실구봉안(産室具奉安)은 산실에 쓰였던 용구를 봉안(奉安)하는 곳이라는 뜻이다.

기》나 《조선왕조실록》 등의 기록에는 유산되거나 사산된 경우 또는 기형아로 태어난 원자의 경우도 심심치 않게 찾아볼 수 있다. 그리고 이런 불행한 의료사고가 일어나면 당연히 관련된 의관들은 문책을 당할 수밖에 없었다. 내의원 의관들도 손 써볼 도리 없이 일어난 사고에 책임을 묻는 경우도 심심치 않게 발생하다 보니 그들은 왕실에서 임산부가 생기는 순간부터 항상 촉각을 곤두세울 수밖에 없었다.

❖ 산달에 왕비가 복용한 비방, 달생산

《승정원일기》의 기록을 보면 많은 왕비들이 출산을 위해 내의원의 도움을 받았지만 그 중에서도 가장 많이 등장하는 인물은 18대 왕 현종의 왕비였던 명성왕후이다. 명성왕후는 현종과의 24년 혼인 생활 중

347

숙종을 비롯해 1남 3녀를 출산하였는데, 거의 대부분의 출산 준비과정에서 달생산(達生散)을 복용하였다.

달생산은 일명 축태음(縮胎飮, 태아를 작게 만들어주는 처방)이라고도 하는데, 대복피(大腹皮), 자감초(炙甘草), 당귀(當歸), 백출(白朮), 백작약(白芍藥) 등의 약재로 구성된 처방이다.《동의보감》에는 '임산부가 산월에 임박하여 복용하면 순산하고 산후 합병증이 생기지 않는다.'고 적혀 있다.

효종 9년(1658년) 4월 24일, 세자빈이던 명성왕후는 만삭의 몸이었다. 만삭의 그녀에게 내의원에서 달여 올린 탕약이 도착했다.

"이것이 무슨 탕약이냐?"

"달생산이라는 탕약입니다. 출산하는 달에 미리 복용하시면 순산을 하시는 데 도움이 될 것이옵니다. 앞으로 세 첩을 준비하여 올리고자 합니다."

명성왕후는 달생산을 복용하기 시작했다. 그렇게 사흘이 지난 후 시아버지인 효종은 직접 며느리의 상태를 챙겼다. 사흘 동안 달생산을 복용했는데 더 복용해야 하는 것은 아닌지 의관들로 하여금 상의토록 했다. 며느리의 순산을 기원하는 시아버지의 마음이었으리라. 임금의 명을 받고 내의원에서는 의논 끝에 이렇게 아뢰었다.

"세자빈 마마께서 현재는 평안하신 상태이니 쓴 맛의 탕약은 불필요하고 달생산을 계속 복용하시면 되겠습니다. 앞으로 세 첩을 더 준비하여 올릴 터이니 내일부터 하루걸러 드시도록 하겠습니다."

처음 아이를 출산하는 명성왕후였지만 달생산 덕분이었을까? 새로 준비한 달생산 세 첩을 다 먹기도 전인 다음날 바로 건강한 아이를 출산했다.

명성왕후는 현종 즉위년(1659년) 10월 20일에도 출산 준비를 위해 다시 달생산을 복용하기 시작했다. 11월 4일 명성왕후의 산실이 준비되었고, 내의원 제조와 의관들은 숙직을 시작했다. 산실을 준비한 바로 다음날인 11월 5일, 마침내 산기가 시작되었다. 보름 정도 달생산을 복용한 덕분이었을까? 그녀는 이번에도 순산했다.

## ✛ 순산을 도와주는 부처님의 손길, 불수산

해산하는 달에 달생산을 꾸준히 복용하던 명성왕후는 출산 직전에는 다른 처방을 복용했다. 출산 직전에 복용한 약의 이름은 '불수산(佛手散)'이다. 불수산은 당귀(當歸), 천궁(川芎)으로 구성된 약으로 부처님 손으로 아이를 받는 것처럼 아이를 쉽게 낳게 해주는 약이다. 달생산 애용자였던 명성왕후도 출산 때는 불수산의 도움을 받았는데,《승정원일기》의 기록에서 진정으로 불수산을 애용한 사람이 있었으니 바로 26대 황제 고종의 왕비인 명성황후이다.

고종 8년(1871년) 11월 4일 새벽, 산실에서 첫 출산을 준비 중이던 명성황후에게 내의원에서 탕약을 달여 올렸다.

"중전께서 미약하지만 출산의 기미가 보이니 불수산 1첩을 복용하는 것이 좋을 것 같습니다."

불수산의 도움 덕분인지 명성황후는 첫 출산임에도 큰 산통(産痛)을 겪지 않고 4일 묘시(卯時, 아침 5시~7시)에 원자를 순산하였다. 고종 10년(1873년) 2월 13일, 명성황후는 두 번째 출산에서도 불수산 1첩을 복용한다. 명성황후는 이번에도 불수산의 도움을 톡톡히 받아

공주를 순산하였다.

명성황후는 고종 11년(1874년) 2월 8일, 또 다시 출산을 하였는데 이때 태어난 아기가 27대 임금 순종이다. 그런데 명성황후는 그동안의 출산 경험이 쌓여서인지 이때의 출산에서는 불수산을 사용하기도 전에 순산하였다. 고종은 원자 탄생 후 내의원 삼제조(三提調)의 축하를 받을 때 다음과 같이 말하였다.

"중전이 순산하였고 음식도 잘 들고 있다. 이번에 불수산을 한 첩도 쓰지 않았는데 순산하였으니, 참으로 다행한 일이다."

이와 같은 고종의 말은 그동안 명성황후가 출산할 때 불수산의 도움을 얼마나 많이 받아왔는지 단적으로 알 수 있는 부분이다.

### ✣ 출산이든 유산이든 산후조리 최고의 처방, 궁귀탕

내의원에서는 왕비들이 건강하게 원자를 생산하는 1차 임무가 끝이나서 숨을 돌리기도 전에 출산 후 고생한 왕비의 산후조리라는 두 번째 임무가 남아있게 된다.《승정원일기》에서 내의원 의관들은 산후조리에 수십 년간 공통적으로 궁귀탕(芎歸湯)을 많이 처방한 것을 알 수 있다.

궁귀탕은 산후에 오로(惡露)를 잘 나가게 하며 산후에 피를 많이 흘린 데 쓰는 약이다. 궁귀탕은 당귀와 천궁으로 구성되어 있는데, 이는 사실 불수산과 처방 구성이 동일하다. 불수산은 당귀와 천궁을 3대 2의 비율로 달인 약이고, 궁귀탕은 1대 1의 비율로 달인 약이다. 둘은 처방 구성이 동일하기 때문에 동의어로 쓰이는 경우도 종종 있지만,《승정원일기》에서는 산전과 산후에 불수산과 궁귀탕을 명확히 구별하여 사용한 것이 특징적이다.

인조 24년(1646년) 11월 8일, 세자빈이던 인선왕후는 해산 후 국을 먹으면서 몸을 조리하고 있었다. 그런데 국을 먹은 후 처음엔 괜찮았는데 점점 뱃속에 불편한 증상이 나타났다. 이에 내의원 의관들은 즉시 인선왕후를 진료했다. 인선왕후의 증상은 산후에 나쁜 피가 완전히 흩어지지 않고 남아있는 것이라 진단하고 궁귀탕 1첩을 달여 올렸고, 인선왕후는 곧 뱃속의 불편한 증상이 해소되었다.

인조 26년(1648년) 1월 29일에도 인선왕후는 산후 불편감이 생겼다. 이번에는 뱃속의 불편감만 있는 것이 아니었다. 자신의 증상이 걱정된 인선왕후는 적극적으로 본인의 증상을 이야기하며 먹고 싶은 약까지 내의원에 물어보기도 하였다.

"6번 정도 뱃속에 불편한 증상이 있은 후 두통과 번열(煩熱)의 증상이 있는데, 청심환을 먹는 건 어떻겠는가?"

인선왕후를 진료한 내의원 의관들은 두통과 번열은 산후에 자주 나타나는 증상이라고 설명했다.

인선왕후에게 산후 초기에 성미가 서늘한 청심환을 사용해서는 안된다고 말하며 궁귀탕 1첩을 달여 올렸고, 그녀의 두통과 번열은 곧 호전되었다. 인선왕후는 그 후에도 종종 산후에 뱃속의 혈괴(血塊)로 인한 두통과 번열 증상을 호소하였고, 내의원에서는 그때마다 궁귀탕에 여러 약재를 보태어 산후조리를 도왔다.

한편, 앞서 달생산을 애용하던 명성왕후 역시 산후조리를 할 때는 궁귀탕을 자주 복용하였다.

효종 9년(1658년) 4월 29일, 명성왕후는 출산 다음날 얼굴에 부기와 미약한 두통이 생긴 것을 확인하고 내의원에 문의하였다. 내의원에서는 출산 후에 자주 있을 수 있는 증상이라고 진단하고 궁귀탕 2첩을 처방했다.

현종 즉위년(1659년) 11월 15일, 출산을 치른 명성왕후는 이번에는 복통을 여러 날 느꼈다. 출산한 지 열흘 정도 지났으므로 이제 복통이 사라질 때도 되었건만 어찌된 일인지 그칠 생각을 하지 않았다. 현종은 복통을 다스릴 탕약을 즉각 올리도록 내의원에 명하였다. 내의원에서 궁리 끝에 올린 처방은 궁귀탕에 실소산(失笑散)을 타서 복용토록 하는 것이었다. 혈괴를 없애기 위해 실소산을 사용하고는 싶은데 산후에 약효가 센 약을 쉽게 사용할 수 없기 때문에 성미가 부드러운 궁귀탕을 기본 처방으로 사용한 것이다. 명성왕후는 이후 현종 3년(1662년) 12월 4일 산후 복통에도 궁귀탕을 복용하며 산후조리를 한 기록이 보인다.

태아가 무사히 태어나게 되면 나라의 큰 기쁨이 되고 내의원에서도 마음 편히 왕비의 산후조리에 신경 쓸 수 있을 텐데 불행히도 유산을 하게 되는 경우도 있었다.

숙종 6년(1680년) 7월 22일, 인경왕후에게 유산의 증후가 있었다. 이때 인경왕후의 증상은 뱃속에 가끔 불안한 증상이 나타나는 것이었다. 이에 숙종이 내의원 의관들에게 적당한 탕약을 올리라고 명하였고 내의원에서는 궁귀탕 세 첩을 달여서 올렸다.

순조 8년(1808년) 9월 18일에는 내의원 의관들이 순원왕후에게 유산의 증후가 있다고 순조에게 아뢰었다. 이에 순조는, "유산 후 조치하는 방도는 산후와 다름이 없어야 한다."라고 하며, 내의원 의관에게 마땅한 탕약을 의논하여 올리라고 하였다. 신하들은 곧 바로 순원왕후에게 궁귀탕을 달여 올렸다.

유산은 출산과 맞먹을 정도로 산모에게 부담이 많이 가는 일이다. 이를 아는 조선 왕실에서는 출산뿐만 아니라 유산을 한 산모의 조리에도 많은 신경을 썼음을 알 수 있다. 궁귀탕은 출산한 산모의 조리뿐만 아니라 유산하여 몸과 마음이 모두 지친 산모의 조리에도 꼭 필요한 약이었다.

### ❖ 임신 중 한약 복용에 관한 진실과 오해

조선 왕실에서 내의원의 임산부 관리는 시기에 맞는 적당한 한약을 사용함으로써 태아의 순산을 유도하고, 산후의 산모에게는 적당한 조리를 시행하였다. 출산 약 한 달 전부터 순산을 준비하는 달생산을 복용하면서 출산일이 되면 분만촉진제와 같은 불수산을 복용하여 아이가 무사히 태어나게 했다. 출산과 동시에 산모에게 어혈과 오로 등을 제거하는 궁귀탕까지 복용하게 하면 임신부터 출산 후까지 완벽한 관리가 마무리된다.

현대에는 임신 중 약물 복용을 절대적으로 금기시하고 있는데, 이러한 인식이 생긴 것은 서양에서 나온 신약들이 기형아를 유발하게 된 사례에서부터 시작한다. 신약의 임신 중 약물 부작용 사례가 적지 않다 보니 한약 역시도 비슷한 범주로 묶여 억울한 오해를 받고 있어, 임신 중 한약 복용 역시도 금기시되는 분위기다.

하지만 실제로는 신약이라 하더라도 임신 중 임산부의 병이 악화되어 태아에게 좋지 않은 영향을 끼칠 수 있다면 복용하여야 하는 경우도 있음은 물론이고, 한의사를 통해 적절한 진료를 받은 임산부의 한약 처방은 임산부는 물론 태아에게까지 이로울 수 있다.

아직까지도 임신 중 한약 복용의 안전성에 의문을 품고 있는가? 한약을 통한 임산부 관리는 조선시대 최고 지배층이었던 왕족들이 전적으로 의지했던 방법이다. 그리고 그 어느 때보다도 건강한 원자의 탄생에 촉각을 곤두세우던 시대이다. 《승정원일기》에 기록되어 있는 건강하게 태어난 수많은 왕실의 자손들과 출산 후 곧 건강을 되찾은 왕비들이 역사적 증인으로 남아있다.

현대에는 오히려 잘못된 편견에 사로잡혀 제대로 된 활용을 못하고 있는 것은 아닌지 한번쯤 생각해볼 일이다. 조선시대 왕비들의 출산과 조리법을 보면서 현대의 임산부들도 달생산, 불수산, 궁귀탕 등의 한약을 통해 건강하게 태어난 아이를 돌보며 산후조리를 해보는 것은 어떨까? 물론, 몇 백 년 전에 같은 관리를 받았던 조선 왕비의 기분을 느껴볼 수 있는 것은 덤이다.

● 참고문헌

《승정원일기》
허준, 《동의보감》

# 35
# 루이14세의 약초원과
# 캐나다 인삼 러시

_ 고려인삼

희정당에서 대신과 비국 당상이 인견한 자리에 좌의정 홍치중 등이
입시하여 춘천 등의 사옹원 시장(柴場)을 혁파하는 일 등에 대해 논
의하였다.

홍치중이 아뢰기를,

"대개 인삼이 우리나라에서 생산되기는 하지만 관동(關東)에서 나는
것은 어약(御藥)으로만 쓰이고 민간에서 사용하는 것은 모두 강계
(江界)에서 난 것을 취해 옵니다. (중략) 왜인의 풍속은 병이 날 때마
다 인삼을 써서 효험을 보기 때문에 가격의 고하를 따지지 않고 다
투어 사가는 데다, 한양 시장에서 70냥으로 팔 수가 있습니다. 신은
일찍이 명을 받들고 왜국에 다녀온 적이 있어 그 사정을 대략 알고
있습니다. 이 때문에 근래 인삼이 몹시 귀해져 우리 땅에서 나는 것인
데도 국내서는 쓰이지 못하고 모조리 외국으로 귀속됩니다. 신은 일
찍이 이것을 개탄스럽게 여겼습니다."

라고 하였다.

《승정원일기》 영조 3년 5월 25일

## ✥ 조선 왕과 백성들에게 인삼이란?

조선 왕조 역사에서 두드러지는 번영과 오랜 수명을 누린 영조. 그가 가장 선호했던 약재가 인삼이라는 것은 익히 알려져 있다. 위의 기록에서도 볼 수 있듯이 인삼은, 생선 위주의 식습관과 습한 환경에 놓인 섬나라 풍토병에도 탁월한 효과가 있어 17세기 일본 에도 시대에 유행한 인삼은 부르는 게 값이었다.

인조 3년(1625년)년 2월 9일자, "근래 중국 사신이 찾는 것은 인삼만한 것이 없는데, 인삼이 금처럼 귀하여……"라는 언급에서 볼 수 있는 것처럼, 인삼이란 약재 이상의 존재였음을 이해할 수 있다. 인조 말년의 약 처방에서도 자주 등장하지만 재위기간 동안 인조의 병증세에 처방된 인삼의 기록보다는 전쟁 후 주변국과의 관계 정상화를 위한 외교수단으로서, 그래서 국력 강화를 위해 비축해두어야 할 국고로서 인삼이 모자랄 경우를 항시 염려하는 기록들이 두드러져 보인다.

반면 영조 때 기록을 보면 다양한 인삼 처방은 물론이거니와 미음과 차로 인삼의 활용도가 다양해졌다. 영조 41년(1765년) 12월 29일 실록의 기록을 빌어보면, 다음과 같다.

> "내가 얻은 것은 인삼(人蔘)의 정기(精氣)인데, 1년간 진어(進御)한 것이 몇 근(斤) 정도인가?" (중략)
>
> 여러 의원들이 1년간 진어한 인삼이 거의 20근(12킬로그램)임을 아뢰었다. (중략)
>
> "가령 인삼이 선단(仙丹) 영액(靈液)이라 하더라도 이를 사책(史冊)에 써서 후세의 법으로 삼는다면, 어찌 재물을 다 허비하여 민망한 일이 되지 않겠는가?"

영조는 본인이 인삼을 몇 근이나 소비했는지 자주 물었고, 인삼을 많이 소비해서 민망하다는 사과의 말까지 역사의 기록에 남기고 싶었나 보다.

영조 시대에 인삼의 명성과 가격은 날로 높아졌지만 시중에서 인삼을 찾기란 하늘의 별 따기였던 품귀현상이 오기도 했다. 마침내 조선 18세기 중반 이후, 즉 정조 이후부터는 개성 주변지역으로 재배가 보급되었고, 가삼(家蔘)의 품질을 높이기 위해 포삼(홍삼) 제조법이 정착하는 것을 확인할 수 있다.

고종은 인삼을 식치(食治)로 잘 활용한 특징이 엿보인다. 재위1년(1864년) 1월 3일을 기시로 해서 재위기간 40년 이상 동안의 기록 중, "복용할 인삼을 넣은 속미음을 달여 들이라고 탑전하교하였다."는 기록이 대부분을 차지할 정도로 반복되어 있다. 항시 복용했던 인삼은 고종에게 건강관리의 수단이었으며, 전 재위기간 동안 대왕대비, 대비, 중궁, 세자궁까지 인삼을 넣은 속미음을 챙기는 자상함을 엿볼 수 있었다.

또한 인삼은 노자로서 해외 출국 시 다량 유출을 막기 위해 그 소지량이 제한되기도 했고, 순도 최상급 은의 보유량을 늘려주는 최고의 수출품이었다. 외국 사신들이 가장 선호했던 예단으로서 일본과의 관계 회복에 인삼이 주로 사용되었고, 일본과 조선의 관계 회복에 시기, 질투하는 중국을 잠재우는 역할을 담당하기도 했다. 또 많은 기록에서 인삼을 찾아 국경을 넘어간 백성들을 찾아오거나 인삼을 캐러 넘어온 이웃나라 사람들의 문제로 상의하는 내용이 전해진다.

한편 인삼이 단지 국영사업 품목 기록에만 있는 것은 아니다.

> "배 안에 배 기름 냄새하고 소, 말을 넣어서 소, 말 냄새가 나고, 구역질이 나고, 밥을 먹으라고 종을 치면 다른 사람들은 밥을 가져와 먹는데 나는 구역질이 나고, (중략) 열흘을 굶고 있으니 기운이 하나도 없어. 그 전에 대한(大韓) 땅에서 가져온 삼(蔘)이라는 걸 칼로 갈아가지고 물 떠다가 한 갑씩 물먹고 삼가루 조금 타서 먹기를 일주일 반, 열흘 동안 먹고……." (후략)

한국이민사박물관에 전시된 1905년 최초의 미주 이민자 함하나 할머니의 육성 증언을 들어보면, 오랜 항해기간 동안 뱃멀미로 약해진 비위를 삼으로 달래는 모습이 보인다. 이처럼 계층을 막론하고 인삼으로 시작해 인삼으로 결론 나는 한민족의 애환을 같이 했던 인삼은, 단순히 효과 있는 약재가 아니라 운명의 공동체였음을 엿볼 수 있다.

## ❖ 아시아 신세계에서 온 치료의 신(神)

인삼은 한반도와 아시아에서만 유명한 약재가 아니었다. 해외 인삼 관련 기록들을 살펴보면, 고려시대 페르시아 상인들과 활발한 교역을 했던 사실과 조선에 체류했던 하멜의 체류기를 제외하더라도 16세기 이후 문헌들에서 인삼은 계속 언급된다.

실제로 프랑스에 거주하는 나의 옆집에 사는 할머니 마들렌 씨는 매번 한국에 가는 나에게 맛있는 인삼 절편을 부탁하시고, 《동의보감》에 심취한 피에르 릴 의사 선생님은, 아스피린을 1년에 몇 번 복용할까 말까 한 분인데, "약은 모두 독이지요. 하지만 인삼은 예외입니다."라며 항시 인삼을 복용한다.

'저분들 참 특이하시네!'라고 생각할 수 있겠지만, 인삼은 이미 수백 년 전부터 유럽 역사에 등장했던 아시아를 대표하는 최고급 약재

**스페인 바르셀로나 델 레이 약초방에 진열된 고려인삼(나향미 제공)**
1823년부터 바르셀로나에 현존하는 델 레이(Del Rei) 약초방. 고려인삼이 약장 맨 위 가운데에 보인다.

로, 이제는 유럽의 약국 한 모퉁이를 차지하고 있다.

약국의 건강보조식품 코너에는 인삼캡슐이 필수품이 되었고, 비타민제에 인삼을 첨가해서 시너지 효과를 더했고, 유명 이탈리아 라바짜(LAVAZZA) 커피회사는 인삼 첨가 커피를 시판하고 있다. 고령 인구가 점점 늘어나는 프랑스 사회에도, 의학의 개념이 치료에서 예방으로 바뀌면서 인삼은 또다시 각광받게 되었고 '나만의 안티 에이징 노하우' 애용품이 되었다.

의학의 아버지 히포크라테스 선서에 등장하는 치료의 신(神) 파나케아가 최고등급 인삼인 한국 원산지 인삼을 1843년에 '파낙스 진생 시에이 메이어(Panax Ginseng C.A.Meyer)'로 공식 명명하기까지 서양인들의 자발적인 노력들도 많이 있었다.


## ❖ 태양왕 루이14세, 태국 왕으로부터 인삼을 선물 받다

《승정원일기》와《조선왕조실록》에 섬라국, 시암, 남만(남쪽의 오랑캐)이라 기록된 오늘날 태국은, 임진왜란 당시 수군으로 참전해 조선을 도왔던 나라이다. 고종 10년(1873년) 8월 13일 기록에 의하면, 조선 건립 초기까지 여진과 더불어 조공을 바쳤던 기록이 있고, 1901년인 고종 38년에 조선과 국교를 맺으려는 시도도 있었다.

또 고종 17년(1880년) 11월《승정원일기》와《비변사등록》의 기록에는 태국 출신 상인 20여 명이 충청도 비인현에 표류했는데, 사연을 들어보니 교역을 위해 중국 항구들을 거쳐 요동까지 왔는데, 다시 태국으로 돌아가는 도중 산동반도 인근에서 조난을 당했다고 진술했

다. 그들이 소지했던 물품목록 중에 홍삼 아홉 궤짝이 있었는데, 본
선을 버리고 구명선으로 대피하는 다급한 와중에도 홍삼은 꼭 챙겨
서 대피했다는 기록이 있다.

《승정원일기》의 기록에도 중국으로 가는 조선의 사신들이 팔포법
(八包法)에 의해 노자로 가져간 인삼을 사(私)무역할 기회가 있었기
에 섬라, 태국과 직접적인 교역은 없었다 하더라도 태국인이 한반도
의 인삼을 구하는 일은 어려운 일이 아니었다.

조선에게 오랑캐 취급을 받았던 태국이었지만, 세계사 속에서 그
들의 명성은 높았다.

16세기 이후 서양 열강들의 식민지화 정책에도 독립적으로 외유
내강하게 맞섰던 섬라국, 태국은 17세기 초 열강들의 알력을 버텨나
갈 유럽 대륙의 힘센 파트너를 찾고 있었고, 에스파냐를 치고 네덜란
드와의 전쟁에서 이기며 승승장구하고 있던 프랑스의 태양왕 루이14
세는 뒤늦게라도 아시아의 전략적 위치에 발판을 마련하고자 서두를
때였다.

태국 왕과 루이14세의 친서가 오갔고, 프랑스 대사와 여섯 명의 수
학자 선교사가 특사로 도착했다. 천문학 서적들과 천체망원경, 포,
옷감 등을 프랑스로부터 전해 받은 태국 왕은 1685년 12월 22일 아시
아의 보물들을 잔뜩 싣고 세 명의 사신을 프랑스로 보내게 된다. 태
국 왕은 그의 보물창고를 개방했고, 루이14세의 특사로 태국에 온 선
교사들과 오랫동안 영국 동인도회사 경험이 있던 태국 왕의 고문이
자 태국의 총리 역할을 했던 그리스인 콘스탄스 푸콘이 선물 품목들
을 준비하게 되는데, 슈와지 신부가 인삼 품목에 관여를 한 것으로
보인다. 그가 기록한 항해 일지에는 다음과 같은 기록이 있다.

"태국 사신들에게 인삼과 새둥지를 어떻게 준비하는 것인지 막 배웠다. 둘 다 프랑스로 가져간다. 이곳의 보물들이다. 인삼은 세상 어디에도 없고 중국 한 지역과 고리(꼬레)의 지방에서만 나는데 주요 작용은 혈을 보충시키고 기운을 회복하게 한다. 복용방법은 물 한 잔의 양을 끓인 후 거기에 인삼은 조각내어 넣고 뚜껑을 덮고 우려지기를 기다린 후에 물이 미지근하게 식으면 아침 공복에 마신다. 인삼은 그대로 두었다가 물의 양을 처음의 절반으로 줄여서 저녁에 다시 끓여 식으면 마신다."

"인삼은 다시 햇볕에 말려서 술에 담가 놓거나 재사용할 수 있다. 인삼과 새둥지를 오골계 속을 깨끗이 비우고 넣어 꿰맨 후에 도자기 그릇에 넣고 뚜껑을 엎은 다음 물을 부은 솥에 넣어 숯불에 올려놓는다. 밤새 익힌 후 아침에 간을 하지 않고 먹으면 된다. 쌀로 만든 죽에 넣어도 좋은데 늦은 오후에 먹는다."

태국 사신은 인삼 복용법에 익숙했다. 루이14세를 위한 선물 품목은 대부분이 중국과 일본에서 최상품들을 구입한 것이었고, 도자기류가 매우 다양했고 그 규모가 마차 다섯 대 분량이었다 한다. 태국 사신들의 행렬은 프랑스 서북부 브레스트의 항구부터 베르사유 궁전까지 석 달이 걸렸다 하니 조선통신사의 일본 방문과 비교한다면 이해가 쉬울 것이다.

보여주기를 좋아하는 성향을 가진 루이14세는 아시아에 첫 발을 디딜 프랑스 기지를 꿈꾸며 시암 사신들이 도착하기 몇 년 전부터 베르사유 궁전을 꾸미고 연회 준비로 역사에 길이 남을 재정을 소비하게 된다. 베르사유 궁전이 금과 은으로 빛날수록 평민들의 삶은 궁핍

해져갔다. 베르사유 궁전에서 외국 사신들을 맞이하는 연회가 처음은 아니었지만, 자신이 절대적 군주라는 것을 만천하에 알릴 기회로 삼고 싶어 했다. 유리의 방에서 태국 사신들을 접견하고 귀족들을 모두 집결시킨 연회에는 약 1,500명이 참가했다. 한 편의 연극이었다.

루이14세가 인삼을 장기 복용했는지는 알 수 없지만, 이 기회에 프랑스 사교계에 눈도장을 찍은 것은 확실했다. 그 이후 1697년 파리의 왕립과학학술원에서 '려동' 인삼에 관한 공식 학술자료들을 발표하게 된다. 1712년 네덜란드 동인도회사의 본초학 전문의사였던 캠퍼는 부산을 통해 일본으로 수입된 조선 약재 중에서 유럽인의 기호와 체질에 맞는 고려인삼을 유럽으로 수입한다는 사실과 인삼의 효용을 《본초서》에 기록한다.


✣ 인삼, 사람을 살린다


1711년 4월 11일 북경에 거주하던 피에르 쟈투 신부가 직접 본 인삼 정보를 프랑스에 보낸 보고서 내용을 보면 다음과 같다.

> "중국 황제의 명으로 타타르(만주) 지역의 지도를 제작하는 동안 중국에서는 그 유명한 인삼을 보게 될 기회가 생겼다. 1709년 7월말에 꼬레에서 약 4리밖에 안 떨어진 한 마을에 도착하게 되었다. (중략) 타타르 사람 한 명이 우리에게 이웃 산에 가서 바구니 가득 인삼 4개를 가지고 왔다. 우연히 하나를 집어서 크기와 비율을 실물과 비슷하도록 최대한 맞추고 스케치를 했다. (중략) 확실한 것은 혈을 고르게 하고 혈행을 촉

진하고 따뜻하게 하며 소화를 돕고 매우 강화시킨다는 것이다. (중략) 맥을 먼저 짚어본 후 생으로 반 뿌리를 먹고 한 시간 후 다시 맥을 짚어 보니 맥이 훨씬 많이 채워지고 활발했다. 이런 적이 없었는데 식욕도 생기고, 힘이 나서 일하기도 훨씬 나았다. 삼의 잎, 특히 잎의 섬유질을 씹어 먹었더니 효과가 비슷했다. 차 대신 인삼잎을 넣어 차 대용으로 마셨는데, 차보다 맛이 나았다. 색도 좋았고, 향도 아주 좋았다. 뿌리를 끓여 마실 때는 차보다 좀 더 오랫동안 우려야 인삼의 기운이 제대로 우려진다. (중략) 위치는 북경에서 북위 37도에서 47도 사이이며, 동경 10에서 20도 사이이다. (중략) 마티니 신부 외에 많은 책에서 표시한 것처럼, 북경지방의 량핑에서 자란다고 했는데, 약간의 착오가 있는 것 같다. 량핑은 타타르 지역에서 오는 인삼의 집결지이다. (중략) 인삼 복용법은 인삼 뿌리를 잘게 잘라서 약칠이 된 토기에 물을 절반 정도 넣고 잘 닫은 다음 약한 불에서 끓여 물 한 잔 정도 양이 되면 마신다."

1736년 파리에서 폴리오가 인삼에 관한 의학박사 논문을 발표한다. 논문의 제목은 〈인삼은 피로회복제로 적합한가?〉였는데, 그의 논문에서 특이한 점은 인삼을 '인생(人生)'으로 표기하였고, '사람을 살리는 약초'라 해석한다.

쟈투의 보고서는 캐나다와 미네소타의 미국 인삼을 발견하는 데에도 실마리가 된다. 레날 라사르의 보고서에 의하면 다음과 같다.

"피에르 쟈투 신부가 중국에서 직접 체험한 산삼을 본국에 보고한 내용을 보면, 지형이 당시 프랑스령 캐나다와 비슷하다고 했다. 루이 14세의 남동생인 필립 오를레앙 공작의 지시로 1716년 조제프 프랑수아

**1736년 폴리오가 쓴 논문, 〈인삼은 피로회복제로 적합한가?〉**(나향미 제공)

이 논문에서 폴리오는 인삼을 인생(人生)으로 표기했다.

라피토가 캐나다에 인삼이 자생하는지 탐사가 시작되고 원주민의 도움을 받아 마침내 인삼을 발견한다. 당시 왕립과학학술원 소속 의사 골티에 연구팀에 의해 효능이 입증된 약초의 하나로서, 루이 14세의 로열약초원에 등록된다. 또한 인삼이 캐나다산 약초로 사전에도 등록된다. 1776년 인삼은 프랑스 아카데미사전 목록에도 등록된다. 동인도회사를 통해 수입되던 인삼은 매우 고가였기에, '금 약초'라고 부를 정도였고, 영국 청교도인들이 금광을 찾아 신대륙으로 이민을 갔다면, 당시 프랑스인들은 금초 인삼을 캐러 캐나다로 몰려들었다."

인삼의 인기가 좋아 캐나다의 친척과 지인에게 본국으로 인삼 몇 뿌리만 보내 달라는 요청이 쇄도했었고, 한동안 캐나다 산지에 마구

잡이로 인삼을 채취해서 출입금지령까지 내려졌다. 식물표본도감 제작과 본초 용어사전 제작에 심취해 있던 '세기의 반항아' 장자크 루소가 고가의 커피 한 포대를 친구에게 선물 받고 보답으로 인삼 한 뿌리를 건네준 일화는 매우 유명하다. 1741년부터 1757년 사이 프랑스는 캐나다로부터 인삼을 유통해 유럽 내 공급을 담당하며 막대한 자금을 축적할 수 있었다. 그러나 재배의 노하우를 잘 익히지 못한 채 무리하게 진행된 생산은 결국 인삼의 질을 하락시키고 인삼무역마저 점점 쇠퇴하게 된다.

아시아에 대한 관심과 유행은 인삼과 더불어 그렇게 지나가는 듯했다. 중국과의 사이가 틀어지자 인삼의 효능이 거짓이라는 비판도 돌았지만 러시아 식물학자 칼 안톤 폰 메이어가 1843년 세계 식물학회에 고려인삼을 '파낙스 진생 시에이 메이어(Panax Ginseng C.A.Meyer)'로 등록하면서 공식화한 후, 그들의 '과학적 이성주의'적인 검증 테스트를 모두 거치고서 인정받게 된다.

인삼은 서양인들에게 아시아인들의 문화와 사회 환경을 이해할 수 있는 새로운 경험이었고, 동아시아 의학을 대표하는 처방을 직접 경험한 그들의 역사이기도 했다. 인삼 경험을 통해 본 동아시아 의학이란 그들에게 병을 치료하는 효과적인 비법들이었다. 그들은 동아시아 의학에 대해 '타박상 및 상처에 더 우수하다', '정성과 인내심이 대단하다', '섬세하다', '효과가 빠르다', '상처 부위가 깨끗하다', '처방이 간단하고 자연적이다'와 같은 시각을 갖게 되었다.

한평생을 의학에 바치고 침구를 연구하고 강의한 릴 교수님께 물었다.

"한국에 갔을 때 제일 인상 깊었던 경험이 무엇이었나요?"

그의 대답은 의외였다.

"식사하러 가는 식당마다 '동의보감에 의하면' 하고 의학지식들을 잔뜩 인용해놨는데, 너무 좋은 문화더라. 아주 새로운 경험이었다."

한국인들은 인삼과 약재들의 사용법을 정말 잘 이해하고 있을까? 한국인에게는 지겨울지도 모르는 인삼 연구가 앞으로도 계속되어야 할 우리의 과제이며, 식당마다 써 놓은 《동의보감》 인용구가 혹시 오천년 역사가 남긴 우리의 위대한 문화유산이 아닐까!

● **참고문헌**

《승정원일기》

《조선왕조실록》

《일성록》

Victor-Donatien de Musset, 《Histoire de la vie et des ouvrages de J. J. Rousseau》, Cautaerts, 1822.

Engelbert Kaempfer, 《Amoenitatum exoticarum politico-physico-medicarum fasciculi V》, 1712.

나향미, 〈조선인삼의 가공법과 유럽 전파〉, 한국의사학회, 2012.12.

Gavart Marie(나향미), 김남일, 안상우〈Ginseng(Insam) History in the West〉, ICOM, 2012.

Philippe Rousseau, 〈Les relations entre la France et le Siam sous Louis XIV〉, INALCO, 2004.

Helene BELEVITCH-STANKEVITCH, 〈Le gout chinois en france au temps de Louis XIV〉, J&C, 1910.

Francois-Timoleon de Choisy, Boisson, 〈Journal du Voyage de Siam, fait par M. lAbbede Choisy〉, Nouvelle edition, augmentee d'une table des matieres, Par la Compagnie, 1741.

Vandermonde Jean-Francis, Huard Pierre, Imbault-Huart M.J., Vettre Th., Wong Ming, 〈Une these parisienne consacree au ginseng〉, Bulletin de l'Ecole francaise d'Extreme-Orient, Tome 60, 1973.

'인삼 유통을 통해 바라본 물류', 글로벌 물류기술 통합 정보 시스템(http://www.glotiis.or.kr)